万亿指数

TRILLIONS
HOW A BAND OF WALL STREET
RENEGADES INVENTED THE INDEX FUND AND CHANGED FINANCE FOREVER

[挪威] 罗宾·威格斯沃思 著
（Robin Wigglesworth）

银行螺丝钉 译

中信出版集团｜北京

图书在版编目（CIP）数据

万亿指数 /（挪威）罗宾·威格斯沃思著；银行螺丝钉译. -- 北京：中信出版社，2024.3

书名原文：Trillions: How a Band of Wall Street Renegades Invented the Index Fund and Changed Finance Forever

ISBN 978-7-5217-6250-1

Ⅰ.①万… Ⅱ.①罗…②银… Ⅲ.①指数－金融投资－研究 Ⅳ.① F830.59

中国国家版本馆 CIP 数据核字（2023）第 241818 号

Copyright © 2021 by Robin Wigglesworth
Simplified Chinese translation copyright © 2024 by CITIC Press Corporation
ALL RIGHTS RESERVED
本书仅限中国大陆地区发行销售

万亿指数

著者： ［挪威］罗宾·威格斯沃思
译者： 银行螺丝钉
出版发行：中信出版集团股份有限公司
（北京市朝阳区东三环北路 27 号嘉铭中心 邮编 100020）
承印者： 北京通州皇家印刷厂

开本：787mm×1092mm　1/16　　插页：4
印张：26　　　　　　　　　　　字数：300 千字
版次：2024 年 3 月第 1 版　　　印次：2024 年 3 月第 1 次印刷
京权图字：01-2021-6065　　　　书号：ISBN 978-7-5217-6250-1
定价：88.00 元

版权所有·侵权必究
如有印刷、装订问题，本公司负责调换。
服务热线：400-600-8099
投稿邮箱：author@citicpub.com

精彩推荐

有时候，看起来最简单、最不起眼的想法，却能改变世界。拿上爆米花，找个靠前的位置坐好，罗宾·威格斯沃思将要给你讲一个引人入胜的传奇故事。

——蒂姆·哈福德（Tim Harford），《拼凑真相》（*How to Make the World Add Up*）作者

这本书不仅有趣，还富有哲理。威格斯沃思深入探究了现代最重要的金融创新之一，并阐述了这项创新对金融市场、投资者、全球经济及资本主义自身的广泛影响。这是超级棒的一本书，随着指数投资的规模越来越大，这将是一个越来越重要的话题。

——格里高利·祖克曼（Gregory Zuckerman），《华尔街日报》专栏作家、畅销书《征服市场的人》（*The Man Who Solved the Market*）和《拯救世界的疫苗》（*A Shot to Save the World*）作者

罗宾·威格斯沃思作为一名金融记者，他撰写的报道是通俗易懂、令人兴奋的。这本书通过讲述一个个富有魅力的创新者的故事，为我们呈现了席卷投资世界的巨大变化。这是一段奇妙的旅程，是任何想要了解金融市场的人必读的一本书。

——布拉德利·霍普（Bradley Hope），巴森工作室（Project Brazen）撰稿人、《鲸吞亿万》（*Billion Dollar Whale*）和《血与油》（*Blood and Oil*）作者

只有无与伦比的罗宾·威格斯沃思才能做到这一点。相比大多数模糊不清的投资业历史书，他在这本书中绘声绘色地讲述了一个伟大的故事，这里面有令人钦佩的英雄，有政治斗争，有引人入胜的逸事，还有出乎意料的胜利。

——威廉·科汉（William Cohan），《名利场》（Vanity Fair）特约记者、《最后的大佬》（The Last Tycoons）作者

能讲好一个伟大故事、帮我们了解一个伟大想法的作家，并不多。而罗宾·威格斯沃思记者，正是这少数人当中的一个。他所讲述的指数投资的历史，是任何一个想要了解金融市场来龙去脉的人必读的书。这本书也是对过去半个世纪的市场新闻非常精彩的解读。

——拉娜·弗洛哈尔（Rana Foroohar），《金融时报》全球商业专栏作家、《不要作恶》（Don't Be Evil）作者

这是一部杰作。指数投资已经成为金融业的基石，然而投资者对于它从何而来、如何影响市场、如何影响我们所有人，却知之甚少。威格斯沃思把这个神秘的传说变成了一本通俗易懂、趣味十足的书，一个个鲜活的人物形象跃然纸上，他揭秘了那些不为人知的金融业真实的运作细节。任何想要了解现代投资行业的人，都应该读一读这本书。

——吉莲·邰蒂（Gillian Tett），《金融时报》主编、《疯狂的金钱》（Fool's Gold）作者

这是一本引人入胜、发人深省的书，它汇集了多条历史脉络，讲述了指数基金和ETF是如何发展为投资行业的主力军并永久性地重塑了金融业，及其给未来金融业的稳定性和经济福祉所带来的潜在风险。

——穆罕默德·埃里安（Mohamed EI-Erian），安联（Allianz）首席经济顾问、《碰撞》（When Markets Collide）作者

威格斯沃思写了一本很重要的书。指数投资在很大程度上是一件好事，但它对未来的影响并不完全是有益的。投资者、企业和监管机构，都需要了解真实现状。

——帕特里克·霍斯金（Patrick Hosking），《泰晤士报》金融编辑

过去100年里投资领域最大的变化，被威格斯沃思描述得如此栩栩如生。这本书是前所未有的，太引人入胜了！

——弗雷德·格劳尔（Fred Grauer），富国银行投资顾问部前首席执行官

一个关于投资革命的精彩故事。这本书不仅值得百万富翁、千万富翁和亿万富翁阅读，也值得任何一位拥有养老金计划、个人储蓄账户、直接或间接地投资了股票市场的人阅读。

——伊恩·弗雷泽（Ian Fraser），《文学评论》（Literary Review）

这是一部权威的、令人愉悦的历史著作，它介绍了一个个开创指数基金革命的学者和企业家。他们的智慧，将使所有投资者受益。

——《华尔街日报》

献给
玛蒂尔德与芬恩
爸爸对你们的爱胜过一切

译者前言

2022—2023年的资本市场，相对冷清。很多主动基金管理人的规模，相较2021年的高位，普遍下降了30%~40%。

然而，与此同时，指数基金的数量和规模，却依然高歌猛进。到2023年年底，国内ETF型指数基金市场的规模，刚好突破了2万亿元。这还只是场内的，如果再加上场外的，那指数基金这几年的发展速度可谓惊人。

但是，如果时间回到2015—2016年，在螺丝钉撰写《指数基金投资指南》的时候，国内指数基金的规模还比较小，仅在4 000亿~5 000亿元。市场上也不乏一些反对者认为主动基金更适合A股市场，指数基金在A股缺少认同者和发展"土壤"。

▲

事实胜于雄辩。

我们不禁好奇：指数基金为何发展速度越来越快？为何能从一个小众品种，成长为一个不容忽视的大类品种？

有人可能会说，是因为指数基金业绩表现好的时候规模才会增长，其实不然。

以2022—2023年为例，有的指数短期收益不错，例如红利类、低波动类指数；也有的指数短期收益相对低迷，例如创业板、科创板指数。但这些指数对应的指数基金的规模，都迎来了大幅增长。

这足以说明，指数基金吸引投资者的，绝不只是短期收益。它有几个更重要、更长久的优势。

1. 低成本

指数基金最大的优势，是低成本。

国内主流指数基金的管理费率，每年约为0.5%。而主动基金的管理费率，每年为0.8%~1.2%。长期来看，省到就是赚到。

低成本，也是"指数基金之父"约翰·博格一直强调的指数基金的核心优势。

在美股，指数基金已经为投资者节省了数千亿美元的费用，这些费用不再给到管理公司和基金经理，而是留在了投资者自己的口袋里。未来，这一数字将毫无疑问地达到数万亿美元。

2. 透明

主动基金经理通常把自己的持仓看作核心机密，而指数基金则是让自己变得更加透明。

指数包含哪些品种、每个品种占多少比例、什么时候调仓、调仓比例是多少等信息，均会公开透明地展现在投资者面前。

透明，意味着减少了很多暗箱操作的风险，这能让投资者更放心。

3. 分散配置

投资单只股票，对许多人来说难度比较大。有的时候虽然行业蒸蒸日上，但单只股票会面对公司的经营风险，可能会因为管理层的失误、违法等行为，遭遇损失。

指数，天然就是分散配置的。依靠"分散配置+定期调整"，指数可以实现"新陈代谢"，这有效地减少了个股层面的风险。

甚至一些主流的指数，可以实现"长生不老"：只要股市还存在，指数就可以继续存在下去。

4. 减少人为因素的影响

投资主动基金，人的风险无法避免，大多数投资者最怕的就是基金经理离职。国内基金经理平均任职年限在 4~5 年，基金经理一旦离职，那么继任的基金经理业绩如何、投资风格如何等，又需要重新考察。

指数基金，基本上不会受到人的影响。指数基金经理，主要负责让基金追踪好指数，至于谁来当指数基金经理，不太重要，换人对指数基金的运作影响很小。

这一点，不仅有益于个人投资者，也有益于基金公司。如今，明星基金经理离职、"公奔私"① 的案例屡见不鲜。如果依靠单个明星基金经理，那么基金公司的运作可能会存在不稳定的隐患。于是，发展不依靠明星基金经理的指数基金，也就成为很多基金公司的必然选择了。

5. 认知成本低

指数，是按照事先制定好的规则来选股，这个规则通常不难理解。比如沪深 300 指数，就是挑选 A 股规模最大的 300 家上市公司；中证 500 指数，就是挑选 A 股规模最大的第 301~800 家上市公司。

指数长期存在，一次学习，终身使用。投资者一旦了解了指数的规则、投资风格、特征等，后续就可以长期稳定地把指数基金作为自己的投资工具了。

---

① 公奔私，是指基金经理从公募领域转向私募领域。——编者注

6. 投资理念的产品化

每一个指数，都有自己明确的投资规则，这个规则可以是成熟的投资理念的产品化。例如：红利指数，代表的是高股息率策略；成长指数，代表的是成长股策略；价值指数，代表的是价值股策略。

投资者认可这种理念，就可以选择这种工具。这与传统的依靠短期业绩来挑选基金的方式，截然不同。

正因为具备这些优势，指数基金才能逐渐成为一股不可忽视的力量。

那指数基金就没有缺点吗？也不是。

指数基金持有的股票数量比较多，往往会比较分散，在进攻性或弹性上，可能没有一些集中投资的主动基金强势。但对没有太多时间研究股票和基金经理的投资者来说，指数基金是不错的选择。

▲

开篇提到，2023 年 A 股 ETF 型指数基金的规模已经达到 2 万亿元，但实际上，与基金市场近 30 万亿元的总规模相比，指数基金仍然处于早期阶段。

每年还有很多新的指数基金，不断涌现。一些经典的指数品种，例如全市场指数基金等，在 A 股还没有成长起来。

以史为鉴，可知兴替。

《万亿指数》这本书，犹如一部精彩的故事片，充满了真实的、有血有肉的人物和生动有趣的情节，讲述了指数基金"在怀疑中诞生、在犹豫中成长、在兴奋中爆发、在平淡中成熟"的发展过程，也让我们近距离地了解到那些聪明、睿智、伟大的投资大师和行业精英，为他们一生的努力和成就而喝彩。

美股指数基金，从最初遭遇募集失败，到如今高达万亿美元规模，经历了半个多世纪的时间。

国内指数基金，如今尚处在襁褓之中，无论是目前正在经历的，还是未来可能会走的发展方向，都可以参考这段历史，更好地服务于投资者。

▲

这样一本拿起来就放不下的书，适合哪些朋友阅读呢？

1. 对投资感兴趣的个人投资者

指数基金，是更适合普通投资者入门的基金类别。从这本书里，我们可以了解到指数基金这类品种的优势，例如低成本、透明、分散配置等。

2. 有养老规划的上班族

对上班族来说，一般都有缴纳社保，退休后可以领取养老金，或是自己提前就做好养老规划。如今全世界许多社保和养老金，都是采用跟踪指数的方式来投资。不知不觉间，上班族们就已经享受到指数基金带来的好处了。

3. 希望管理较多资金的机构投资者

指数基金天然可以容纳大量的资金，甚至单只指数基金就可以达到 1 万亿美元以上的规模。对机构投资者来说，指数基金是重点品种，不可不察。

4. 金融从业者

无论是金融公司的高管、基金经理，还是研究员、助理等，都应该读一读这本书。这本书里的众多案例，可以帮助基金公司规划长期发展方向，或是帮助个人思考职业发展路径。

5. 所有为了美好生活和理想而努力拼搏、奋斗的人

这本书里的伟大学者、行业领袖、部门领导、普通助手和员工，身上都有值得我们学习的地方。

有的人去世时默默无闻，却在几十年后才被发现他生前的研究所蕴含的巨大价值；

有的人最初并不接受指数基金这个新思想，甚至公开发表批评言论，却在后来成为虔诚的皈依者，成为最不遗余力推广指数基金的人；

有的人从行业明星一夜之间跌落成公司的罪人，却最终创办出一家全世界规模最大、影响力最广的投资集团；

有的人初入职场时只是一名不起眼的秘书，却能逐渐成长为一家跨国投资集团的掌舵人，帮助公司取得一个又一个的胜利；

有的人前半生跟金融行业毫无关系，却误打误撞地在晚年进入投资行业，并发明出一个彻底改变全球投资方式的新产品；

有的人虽然只是一名普通的投资顾问，却想方设法开展投资者教育，致力于把正确的投资理念传播到每个角落……

他们的故事，一天一夜都讲不完。为了美好生活和理想，他们愿意努力拼搏、勇敢奋斗，这样的精神激励着我们每一个人。

我们每个人，都希望拥有一个有意义、有价值、不虚度的一生，那么无论是在生活中，还是在工作中，都这般地投入和用心吧！

▲

螺丝钉自 2014 年开始，每日坚持更新指数估值表，到 2023 年已经全勤日更 9 年之久了，也跟许多志同道合的投资者一起，相约估值表 10 000 期。

10 000 期，差不多是 40 年。到那时，国内指数基金会发展成什么样子呢？

虽然坚持日更不容易，但螺丝钉希望能用这种方式，陪伴着广大投资者，一起见证国内指数基金发展的黄金时期。

指数市场，大有可为。

主要人物

沃伦·巴菲特（Warren Buffett） 伯克希尔 – 哈撒韦公司（Berkshire Hathaway）董事长，世界上最著名的投资者。通过指数基金与对冲基金的一次较量，在投资业的一场世纪赌局中胜出。

泰德·西德斯（Ted Seides） 对冲基金投资公司普罗蒂杰（Protégé Partners）联合创始人。他接受了巴菲特的赌约，即在 10 年的时间里，指数基金可以战胜世界上最好的主动基金经理。

约翰·博格（John Bogle） 先锋领航集团（Vanguard）创始人，世界上规模最大的指数基金管理人之一。他也常被称为"圣徒杰克"（Saint Jack），因为他不遗余力地劝导投资行业，通过低成本的被动投资工具让更多人得到公平交易的机会。

路易斯·巴舍利耶（Louis Bachelier） 20 世纪初的一位法国数学家。虽然去世时无人问津，但他对股价"随机游走"的研究，使他成为被动投资的思想教父。

阿尔弗雷德·考尔斯三世（Alfred Cowles III） 一家报社的继承人，

富有但身患肺结核。首次对专业投资人员相较于股市整体的实际业绩表现进行了严谨的研究。

詹姆斯·罗瑞（James Lorie） 芝加哥大学一位善于交际的教授，受美林证券委托，研究股票的长期回报。他的研究结果是迄今为止规模最大、最全面的，并且为指数基金的发展提供了原始素材。

哈里·马科维茨（Harry Markowitz） 资深经济学家。1952年发表的关于金融市场研究的博士论文，非常具有创新性，成为金融领域最有影响力的论文之一，并因此赢得了诺贝尔经济学奖。他的"现代投资组合理论"为今后被动投资的兴起奠定了基础。

威廉·夏普（William Sharpe） 曾是一名医学生，后来成为第一批使用计算机编程的经济学家之一。他基于导师哈里·马科维茨的研究，论证了"市场投资组合"的力量，即指数基金的威力。

尤金·法马（Eugene Fama） 曾是一位运动员，后来成为芝加哥大学大名鼎鼎的经济学家。他的"有效市场假说"，解释了为什么投资者很难战胜市场，由此激发了被动投资的诞生。

约翰·麦克奎恩（John McQuown） 一位意志非常坚定，痴迷于计算机的银行家。他说服美国富国银行建立了一个臭鼬小组（skunk works）①，召集了一群知名经济学家，组建出一支最强明星团队。

---

① 臭鼬小组的意思是创新项目组。——译者注

他们发行了第一只被动投资基金，彻底改变了金融行业。

雷克斯·辛克菲尔德（Rex Sinquefield） 曾是尤金·法马的学生，自诩为有效市场假说的"阿亚图拉"（Ayatollah）①，在芝加哥美国国家银行创立了第一只标普500指数基金。随后与约翰·麦克奎恩的门生大卫·布斯共同创立了维度基金公司（Dimensional Fund Advisors，简写为DFA）。

迪恩·李巴伦（Dean LeBaron） 一位坚持不走寻常路的基金经理，在20世纪60年代繁荣向上的股市中成名。即便在没有找到初始投资者的情况下，也依然在他自己的百骏公司（Batterymarch）建立了首批指数基金中的一只。

吉姆·维汀（Jim Vertin） 富国银行信托部门研究负责人。他最初是约翰·麦克奎恩坚定的反对者，但最终转变为被动投资的支持者和推广者。

威廉·福斯（William Fouse） 一位留着大胡子的美食家，大学时代在玩爵士乐中度过。在离开梅隆银行（Mellon Bank）后，他进入富国银行，成为把约翰·麦克奎恩臭鼬小组所做的前沿研究传递给富国银行其他投资部门的桥梁。

---

① 阿亚图拉，是伊朗等国伊斯兰教什叶派宗教领袖的尊称，这里代表的是精神领袖。——译者注

吉姆·里普（Jim Riepe）　约翰·博格在威灵顿管理公司（Wellington）的主要助手，一直追随博格，共同经历了"大分歧"（the great bifurcation）和先锋领航的创立等时光，并对第一指数投资信托（First Index Investment Trust，简写为 FIIT）的发行起到了至关重要的作用。①

简·特瓦多夫斯基（Jan Twardowski）　博格身边的年轻量化分析员，编程设计了先锋领航的第一只指数基金（当时的编程语言如今已不再使用）。尽管这只基金一开始不受投资者欢迎，募集规模很小，但他仍然确保了基金追踪指数的误差没有太大。

伯顿·麦基尔（Burton Malkiel）　经济学家，著有《漫步华尔街》，书中介绍了尤金·法马等人提出的许多理论。后来他成为先锋领航的董事会成员之一，并担任美国证券交易所（American Stock Exchange，简写为 Amex）新产品部门负责人，交易所交易基金（ETF）正是该部门发明的。

杰克·布伦南（Jack Brennan）　一位波士顿上流人士，曾是约翰·博格非常信赖的助手和继任者，协助博格将先锋领航打造成一家大型投资集团。但后来两人闹得不愉快，导致那段时间公司陷入争斗，差点儿使先锋领航的发展偏离正轨。

---

① 第一指数投资信托，现已更名为先锋领航 500 指数基金（Vanguard 500 Index Fund）。——译者注

大卫·布斯（David Booth） 一位热爱篮球的堪萨斯州人，放弃了芝加哥大学博士学位，进入富国银行工作，成为约翰·麦克奎恩的手下。后来和同事也是尤金·法马的学生雷克斯·辛克菲尔德一起创立了 DFA，并帮助其开辟了指数基金发展的新领域。

拉里·克洛兹（Larry Klotz） 曾是贝克尔（AG Becker）公司顶级销售人员之一，和大卫·布斯、雷克斯·辛克菲尔德一起创立了 DFA，帮公司拉来了第一批大客户，之后却被合伙人赶出公司。

珍妮·辛克菲尔德（Jeanne Sinquefield） 雷克斯·辛克菲尔德的妻子，聪明且严谨，是一位社会学博士，设计发明了金融衍生品，后来成为 DFA 交易部门的主管。每位新成员都必须通过她的"珍妮测试"（Jeanne Test）才行。

丹·惠勒（Dan Wheeler） 一位口若悬河的前海军陆战队员，后来成为一位投资顾问。帮助建立了 DFA 的零售业务，并组建了新手训练营，这个训练营帮助把有效市场假说传播到金融业的每个角落。

内特·莫斯特（Nate Most） 一位面容慈祥的极客，曾是物理学家和潜艇员。职业生涯的前期跟金融业关系不大，但后来加入美国证券交易所，为 ETF 的发明做出了不可磨灭的贡献。

史蒂文·布洛姆（Steven Bloom） 内特·莫斯特在美国证券交易所的助手，聪明且年轻，拥有哈佛经济学博士学位，能完美实现内特·莫

主要人物

斯特的创意想法。后来进入纳斯达克工作,又在西点军校和艾森豪威尔美国国家安全和资源战略学校任教。

艾弗斯·莱利(Ivers Riley) 一位前海军飞行员,曾跟迪克·格拉索(Dick Grasso)竞争纽约证券交易所(New York Stock Exchange,简写为NYSE)首席执行官的职位,落败后加入美国证券交易所。他看到了内特·莫斯特和史蒂文·布洛姆发明的产品的潜力,认为这项发明有望成为帮助美国证券交易所"改变命运的产品"。

弗雷德·格劳尔(Fred Grauer) 曾是一位学者,被富国银行投资顾问部(WFIA)随意解雇,后来却成为该公司的领导者。格劳尔帮助公司走出困境,并逐步向前迈进,成为世界上最大的投资集团之一。

帕特里夏·邓恩(Patricia Dunn) 一位很有魅力的新闻学学生,最初以秘书的身份进入富国银行投资顾问部,随后迅速晋升。最终,她取代了她的导师弗雷德·格劳尔,成为巴克莱全球投资公司(Barclays Global Investors,简写为BGI)的首席执行官,这让格劳尔惊讶不已。

李·克兰弗斯(Lee Kranefuss) 企业家出身,曾担任邓恩的顾问,帮助把世界股票基准份额(World Equity Benchmark Shares,简写为WEBS)以ETF的形式推出,名为安硕(iShares)。他很容易发怒,不过做出的成绩大大超出了人们的想象。

拉里·芬克（Larry Fink） 曾经是第一波士顿（First Boston）的明星债券交易员，桀骜不驯的他在一次惨败后被迫离职。然而他重整旗鼓，创立了贝莱德（BlackRock），打造出世界上最大的投资集团。

罗布·卡皮托（Rob Kapito） 无论是在第一波士顿还是在贝莱德，都是芬克的得力助手，喜爱红酒，很有进取心，坚韧不拔，在贝莱德的发展过程中起到了非常重要的作用。

拉尔夫·施洛斯泰因（Ralph Schlosstein） 前财政部官员，曾经在雷曼做银行家，和芬克一起创立了贝莱德。由于具有政治家风范和外交手段，他负责整合贝莱德对道富研究公司（State Street Research，简写为SSR）和美林投资管理公司（Merrill Lynch Investment Managers，简写为MLIM）的收购事项。

马克·维德曼（Mark Wiedman） 曾是律师和财政部官员，负责将巴克莱全球投资公司顺利并入贝莱德。他的成功，意味着一旦芬克退休，他将是最有潜力的接班人之一。

目录

第一章　巴菲特的赌局 / 001

第二章　教父 / 025

第三章　征服运气之神 / 045

第四章　量化投资者 / 065

第五章　守卫叛逆 / 081

第六章　刺猬 / 101

第七章　博格的蠢事 / 121

第八章　先锋领航崛起 / 139

第九章　新的维度 / 159

第十章　智能贝塔 / 175

第十一章　蜘蛛的诞生 / 195

第十二章　开创者的背水一战 / 215

第十三章　拉里·芬克的妙手 / 239

第十四章　世纪交易 / 261

第十五章　珀迪猎枪 / 277

第十六章　新资本队长 / 295

第十七章　这就是水 / 311

第十八章　新的企业霸主 / 335

后记 / 353

致谢 / 357

参考资料 / 361

第一章

巴菲特的赌局

2007年，在一个慵懒又漫长的夏日，纽约现代艺术博物馆大厦15楼拐角的一间豪华办公室里，泰德·西德斯坐在一张时尚的长方形办公桌后面，室内大声播放着美国消费者新闻与商业频道（CNBC）的新闻。没什么别的事可做，于是西德斯决定查看一下电子邮箱中的未读邮件，结果发现了一件很有趣的事情。

来自一位朋友的邮件，里面的内容是沃伦·巴菲特与一群大学生会面的详情。西德斯一直是这位传奇的"奥马哈先知"（Oracle of Omaha）的粉丝，也是巴菲特的大型投资集团伯克希尔-哈撒韦每年股东大会的忠实参与者。然而，那天早上，这封邮件中的内容却让他气急败坏。

一名学生向巴菲特问起他在一年前下的一个赌注：一只简简单单跟踪美股市场的基金，能够击败任何一位自信满满的对冲基金经理。这位伯克希尔的董事长表示，至今为止，尚未有对手敢跟他打这个赌，于是他告诉学生们："所以我认为，我是对的。"

西德斯，长相酷似把胡子刮干净后的美国导演贾德·阿帕图

（Judd Apatow），一向沉着冷静。而巴菲特这种轻蔑的态度，让这位36岁的华尔街人很生气。毕竟，对冲基金正是他所从事的职业，是他的收入来源。

他从耶鲁大学捐赠基金的管理人大卫·史文森（David Swensen）那里，学会了如何挑选出最好的那一只股票的技巧。几年前，西德斯创立了普罗蒂杰公司，这是一家投资机构，发行的产品是投资对冲基金的基金，专门为养老金和私人银行打理资产。到2007年，普罗蒂杰帮助客户管理了35亿美元的对冲基金，回报率高达95%，轻松击败美股市场整体回报率。[1]

对冲基金行业最早诞生于20世纪60年代，但直到过去10年才开始爆炸式增长，到2007年全球对冲基金的总规模达到近2万亿美元。像乔治·索罗斯和肯·格里芬这样的大型对冲基金经理积累了巨额财富，甚至金融业其他收入颇丰的领域的从业者也投来了羡慕的目光。到2005年左右，几乎所有华尔街年轻人都梦想着能管理一只对冲基金，不再埋头在投资银行辛苦工作，或是处理像公司贷款这样单调乏味的事情，但这也只是想想而已。

对冲基金的这种增长让巴菲特很懊恼。一直以来，巴菲特认为投资行业的这些经理水平都非常一般，实际上，他们几乎除了从客户那里收取高额费用来放入自己腰包，就没有做什么了。在2006年伯克希尔－哈撒韦的股东大会上，巴菲特第一次提出了这个赌局，同时狠狠批评了这个行业。

"如果你的妻子要生孩子，那你最好请一位产科医生，而不是自己接生。如果你的水管堵塞了，那你最好打电话给水管工。大多数职业都有附加价值，是一个外行做不来的。然而在投资行业，总的来说，情况并非如此。"巴菲特向参会者说，"所以你聘请了这么一大群人——我估计一年总花费为1 400亿美元,而他们所做的事情,仅仅是一个人自己花10分钟就可以完成的事。"

西德斯在某种程度上是赞同巴菲特的观点的,确实有一些专业基金经理业绩表现不佳,但在西德斯看来,这个赌局是愚蠢的。那个夏天的早晨,CNBC的新闻播报声音在办公室里回荡,美国次贷危机刚刚开始,西德斯想到,否极泰来,事情在变好之前,往往都会先变得更加糟糕。在对冲基金行业,这些随心所欲的海盗,看起来更善于在即将到来的风暴中航行。毕竟,对冲基金在市场的上涨和下跌中都可以获益,并且比起巴菲特在赌局中给出的标普500指数,对冲基金能投资的品种也要多得多。在收费上,对冲基金可能确实比较高,但西德斯有信心克服这个障碍,轻松击败标普500指数。当时标普500指数的估值极高,人们并没有注意到正在酝酿的金融危机。

虽然西德斯错过了巴菲特在2006年伯克希尔-哈撒韦股东大会上第一次提出赌局的时间,但一年过去了,并没有对手回应巴菲特。这是漫长的一天,西德斯开始用传统的方式给巴菲特写信,提出接受他的赌局。"亲爱的沃伦,"信件开头如是说:[2]

> 上周,我听说你在最近一次年度股东大会上提出一个挑战,我很期待能跟你打这个赌。我完全同意你的观点,投资者在对冲基金里的总回报,被基金经理收取的高额费用吞掉了。事实上,如果小弗雷德·施韦德(Fred Schwed)放在现在写故事,很可能就把他的书命名为《客户的G5s在哪里?》[①]

[①] 小弗雷德·施韦德出版的书的书名是《客户的游艇在哪里》(Where Are the Customers' Yachts)。——译者注

然而，我想赌的是，你在大体上是对的，但在细节上不对。实际上，我完全相信优秀的对冲基金投资组合，随着时间推移，表现要比市场指数好得多。我让你一步，只挑选5只对冲基金，而不是10只。想必你会对此非常期待！

令西德斯高兴的是，巴菲特很快就回了信，他草草在西德斯的信上写了一条简短的信息，寄回到西德斯在纽约的办公室。随后，他们开始讨论具体如何安排这场赌局。最终，他们达成一致，以100万美元作为赌注。就这样，两种完全相反的投资理念的对决，开始了。一方是傲慢的、昂贵的投资经理，全方位挖掘全市场那些最能赚钱的投资机会；另一方是便宜的、"被动的"基金，闭着眼买下整个市场。这也是一场力量悬殊的对抗，一边是聪明睿智的强势方，一边是不被看好的弱势方。

▲

虽然身为一名很有声望的投资者，但巴菲特始终对自己的职业很谨慎。这一点在1975年的一封他写给凯瑟琳·格雷厄姆（Katharine Graham）的信中就有所体现。凯瑟琳·格雷厄姆是《华盛顿邮报》的前董事长、华盛顿特区的社会名流。"如果以是否高于市场平均收益，作为评价他们的标准，那大多数基金经理都不及格。"巴菲特闷闷不乐地写道。[3]

信件的主题是养老金。巴菲特用他独特的智慧，向他的朋友凯瑟琳·格雷厄姆解释了退休计划的精算算法。通过退休计划，人们可以拿到一定金额、定期发放的退休金。但他最直言不讳的讨论点是，养老金聘请来管理资金的专业基金管理人到底能不能起到作用。

巴菲特非常清晰地指出，对养老金的表现能高于市场平均的所有期待，"注定都将落空"。毕竟，它们实际上就是市场本身。巴菲特将此比作一个坐在扑克桌前的人，这个人说："好，伙伴们，如果我们今晚所有人都玩得非常认真，那我们所有人都应该能赢一点。"如果再加上交易成本以及支付给基金管理人的薪水，那么毫无疑问，基金的平均收益，将比市场整体还要低一些。

当然，很多投资集团，以及把资金委托给这些投资集团的养老金管理者，会反驳说，诀窍在于只投资那些表现高于市场平均的基金经理。虽然会存在表现不好的基金经理，但只要好好筛选，还是可以找出能持续打败市场的选股明星的。

在如今这个监管更为宽松的时代，精英人士会宴请上市公司管理层，以获取真实且重要的市场动态信息，比大量普通投资者都要更早知晓。他们也享有特权，能获取华尔街机构对这些公司业务的研究报告。并且，市场上还有大量的散户，像牙医、律师等，听从一大群专业能力和职业道德都不怎么靠谱的股票经纪人的建议来做交易。在这种环境下，专业的基金经理能持续打败市场，难道不是理所当然的吗？

这种认知，在当时是很普遍的。20世纪60年代，涌现出第一批共同基金的明星基金经理，他们是聪明的选股人，凭借着投资能力名扬四海。按照当时业内金融杂志《机构投资者》（*Institutional Investor*）里的描述，直到那时，主导行业的都是"在神圣机构中的精英人士，静静照料着缓慢成熟的资本"。但随后出现的牛市——开启了一段沸腾岁月，也被称为"快速获利时代"（go-go era）——改变了这一切。《机构投资者》是这样记录的："现在的基金行业对收益的渴求是如此强烈，以至于基金经理都是明星，并且能从中分到一杯羹，仿佛保罗·纽曼和伊丽莎白·泰勒。"[4]

这些明星基金经理，试图通过投资那些有活力的快速成长型企业，比如施乐和伊士曼柯达等，来击败市场。这些企业由于股价表现很好，被称为"漂亮50"（nifty fifty）。但到了20世纪60年代末，泡沫破裂，这些企业的光芒快速黯淡，"漂亮50"也跌落谷底。

在写给凯瑟琳·格雷厄姆的信中，巴菲特用了一个巧妙的比喻，来解释为什么即便是依靠一位投资业绩堪称典范的基金经理往往也是错误的选择。他将此比作一场掷硬币比赛。如果有1 000人来预测一系列掷硬币的结果，那么从概率上讲，应该会有31个人能连续猜对5次。受过良好教育、勤奋工作的基金经理，自然会对暗喻他们只是投币人感到非常不满，但概率就是这么清晰。

后来，巴菲特在著名的1984年演讲中也强调，人们甚至可以想象一场由2.25亿美国人参加的全国掷硬币比赛，每个人为猜测结果下1美元的赌注。每一天，猜错的人离场，留下赌注累积到下一天。10天后，将有大约22万美国人连续猜对10次，每人获利超过1 000美元。"现在，这群人很可能会开始膨胀，人性就是如此，"巴菲特说，[5] "他们可能会想着要谦虚一些，但在鸡尾酒会上，还是偶尔会向有魅力的异性介绍他们使用了什么技巧，为掷硬币领域带来了多么棒的见解。"

假如这场全国掷硬币比赛继续进行，又过了10天，理论上将有215人连续猜对20次，每人当初的1美元将变为100多万美元。最终结果仍然是2.25亿美元的损失和2.25亿美元的赢利，但到了这个阶段，巴菲特预测，这些掷硬币获胜者将真的开始相信自己吹嘘的鬼话，他开玩笑说："他们可能会出书，书名就叫《我如何在20天内，每天早上只花 30 秒，将 1 美元变成 100 万美元》。"

巴菲特承认，发掘出真正有投资能力的基金经理，也是有可能的。并且，作为投资大师、"价值投资"理念创始人本杰明·格雷厄姆的学生，巴菲特也经常强调，有很多成功的基金经理，都把格雷厄姆视为他们"共同的智慧导师"。但他仍然坚称，能持续跑赢市场的人寥寥无几。

在写给凯瑟琳·格雷厄姆的信的末尾，巴菲特给出了自己的建议："要么，继续使用一群大型主流机构的专业基金管理人，并接受华盛顿邮报公司养老金的表现可能会比市场差一些的结果；要么，寻找规模较小、擅长某个细分领域的基金管理人，他们更有可能跑赢市场；要么，干脆建立一个广泛的、分散化的投资组合，反映整个市场的表现。"巴菲特婉转表示："最近成立了几只基金，来复制市场的平均表现，清晰体现了这样一个原则，即不需要人来管理的基金，费用会更加便宜，在扣除交易成本之后，它们的业绩表现会略高于一般的主动管理型基金。"

在当时，还没有一个专门的词汇，来描述这种看起来十分"懒惰"的投资策略。也只有一些在旧金山、芝加哥和波士顿的三线地方银行工作的怪人，支持这种理念。但如今，人们称之为"指数基金"，这种投资理念则叫作"被动投资"。

指数基金是一种简单跟踪一系列金融证券的投资工具。这些指数有的很大、很出名，比如美国的道琼斯工业平均指数、英国的富时 100 指数或日本的日经指数；也有的更加专注于细分领域或国际化市场，比如追踪发展中国家债务情况的基准指数。当专业基金经理管理的主动基金，试图挑选出表现更好的股票，避开表现比较差的股票时，指数基金所做的，仅仅是按照预先设定好的规则，买入符合规则的所有股票。

拿标普500指数来举例,这个指数被认为是最能充分反映美股市场整体表现的。一只追踪标普500指数的基金,会买入指数里全部500只股票,并根据这些股票的市值大小来确定各自买入多少,比如买入苹果公司的资金就会比阿拉斯加航空集团的多。

这个方式也许看起来很奇怪,但巴菲特认识到,即使是精明的华尔街专业人士,在挑选股票方面也可能表现相当糟糕。并且,考虑到支付给基金管理人及其员工的费用,他们必须大幅超越基准,投资者才能实现不亏不赚。用体育界的话说,选择高费用的主动管理型基金,相当于在每场比赛开始之前都落后对手一个球。更糟糕的是,好像没有什么方法能持续找到那些有能力进两个球的人,来弥补这个差距。

事实胜于雄辩。一直以来都有数据表明,也许有人能在几年内都比较走运,但没有人能长期做到。具体的数据在不同国家和市场,可能会有差别,但大致来说,在任何一个滚动的10年期间,只有10%~20%的主动基金跑赢了基准指数。换句话说,投资是一种罕见的反常行为,基本上你越是懒惰,越是挑选便宜的被动基金,反而越会得到好的回报。

不过,回到20世纪70年代,那时,这些数据还不为人知,"指数投资"仍处于起步阶段。很多人嘲笑这个荒谬的想法,即无论股市发生了什么,人们都应该不为所动,躺平接受。对《华盛顿邮报》来说,把养老金投入这么一个古怪的策略中,实在是跨度太大了,难以接受。于是,《华盛顿邮报》还是将养老金委托给了巴菲特亲自推荐的少数几位基金管理人。

平心而论,巴菲特的谨慎,确实帮助了华盛顿邮报公司养老金的顺利投资，确保其拥有充足的资金，而许多其他公司的养老金则陷入困境。不过，巴菲特也很有先见之明，对一系列只是简单地用低成本来追踪股票市场的创新型基金，表示了认同。几十年后，这将帮助他在投资行业的一场世纪赌局中胜出。

▲

西德斯最初打算跟巴菲特赌10万美元，这也是巴菲特的年薪，但巴菲特想让赌局变得更有趣。考虑年龄以及10年的时间长度可能涉及去世后对遗产的处理，所以巴菲特表示只对50万美元以上的赌注感兴趣。即便如此，他在给西德斯的信中还是写道："我的遗产律师肯定会认为我疯了，因为我把事情搞复杂了。"[6]

这个金额对西德斯个人来说有点多了，于是普罗蒂杰公司成了巴菲特赌局的对手方。双方各拿出约32万美元，用于购买美国国债，到2018年赌局结束时将价值大约100万美元。如果普罗蒂杰获胜，收益将捐给无保留援助儿童基金会（Absolte Return for Kids），这是一个由对冲基金界知名人士支持的慈善机构。如果巴菲特获胜，这笔钱将捐给"女孩公司"（Girls Inc.），这是巴菲特家族长期支持的一家历史悠久的慈善机构。

虽然巴菲特在2006年最初提出这个赌局时说的是10只对冲基金，但普罗蒂杰挑选的是5只FOF。这些FOF，是类似于普罗蒂杰自身这样的，投资于一系列对冲基金的基金。加起来，这5只FOF的底层，投资了超过100只对冲基金。这样，整体表现就不会受制于其中某一只业绩特别好或者特别差的基金。一向爱出风头的巴菲特，坚定表示他会在每年伯克希尔－哈撒韦公司的股东大会上，告诉大家赌局的进展情况。

由于美国一些州对赌局有法律上的限制，所以赌局是通过一个名为"长期赌局"的平台安排的，这是一个管理长期大赌局的论坛，背后的支持者是亚马逊的创始人杰夫·贝佐斯。一场友好的赌局，即便看起来不那么严肃，也能产生巨大的影响力。1600年，约翰内斯·开普勒与一位丹麦天文学家打赌，他可以在8天内计算出火星绕太阳轨道的公式。最后，他花了5年的时间，终于算出来了。这项工作也给天文学带来了革命性的变化。[7] 长期赌局平台所鼓励的，正是这种精神，而巴菲特和普罗蒂杰的赌局，正好完美体现了这一点。2008年6月，著名记者、巴菲特的朋友卡罗尔·卢米斯（Carol Loomis），在《财富》杂志的一篇文章中，正式宣布了这一消息。

巴菲特认为，普罗蒂杰选择FOF是个错误，虽然通过这种方式可以避免一颗烂苹果毁掉一整篮的局面。对冲基金的费用很高，通常收取资金管理规模2%的管理费，再加上20%的业绩报酬。而FOF在此之上又加收了一层费用。相比之下，巴菲特挑选的被动追踪美股市场的投资工具——曾经在多年前向凯瑟琳·格雷厄姆提过的指数基金的其中一只，每年仅收取0.04%的费用。

"一小部分聪明人在管理对冲基金，但在很大程度上，他们的努力其实是白费功夫，他们的智商配不上加在投资者身上的费用。"巴菲特宣称。[8] 西德斯承认，传统的只投资于股票的共同基金管理人，平均表现确实不如标普500指数这样的基准指数。但他认为，这种对比是风马牛不相及，因为对冲基金在证券下跌时也能获利，并可以投资于更广泛的一系列市场，并不仅限于股票市场。

"对冲基金，可以通过在市场萧条时表现更好来获利，也可以通过在市场景气时表现不佳来获利。经过一个周期后，顶级对冲基金经理在扣除所有费用后仍然能获得超过市场的回报，同时承担的风险还更低。"西德斯争论道。虽然，FOF 的另一层费用确实是个问题，但西德斯相信，通过挑选最好的对冲基金，可以解决这个问题。

事实上，巴菲特一开始估计自己获胜的概率大约在 60%，因为对手是"充满智慧、激情和信心的精英团队"。[9]西德斯则认为，自己获胜的概率能达到 85%。[10]"幸运的是，我们要打败的是标普 500 指数，而不是巴菲特。"西德斯说。

起初，这位奥马哈先知看似不得不忍气吞声。在 2009 年伯克希尔股东大会上，巴菲特拒绝讨论这场赌局，当时他远远落后于对手。随着美国次贷危机席卷金融市场，对冲基金相比 2008 年跌了 20%，但巴菲特挑选的指数基金下跌了 37%。看起来，西德斯宣称对冲基金在熊市更抗跌的观点是对的。

到 2010 年事情仍然没有好转，但巴菲特首次在伯克希尔股东大会上提到了这场赌局，虽然只是粗略提了提。到 2011 年，针对这场老生常谈的赌局，他变得有些急躁。在股东大会午休之前，他说："目前唯一领先的人是投资经理。"到第 4 年，标普 500 指数开始缩小差距，但巴菲特仍然落后。考虑到当时的欧洲危机，这个结果十分令人担心。

▲

2016 年 12 月，约翰·博格收到了一封来自老朋友、摩根士丹利前战略家史蒂文·加尔布雷思（Steven Galbraith）的神秘来信，请他空出明年 5 月的第一个周末，那时博格将迎来自己 88 岁的生日。加尔布雷思将做点特别的事情来为老朋友庆生，但具体是什么事，要先保密。

40年前，约翰·博格创立了先锋领航集团，向大众推广指数基金。虽然1974年刚创立时经历了不少挫折，但创始人勇往直前的救世主精神，使先锋领航成为世界上最大的基金管理公司之一。公司旗下有一系列费用很低的基金，所做的仅仅是跟踪市场，而不是试图超越市场。事实上，巴菲特在赌局中选取的用来打败西德斯的基金，正是先锋领航旗下的基金。这场赌局宣布最终获胜者的时间，恰好是在博格88岁生日前后。

随着88岁生日的临近，博格不再像年轻时那样仪表堂堂，他棱角分明的脸庞已经变得柔和，理了大半辈子的平头也变得稀疏，身体也饱受疾病的影响，不再挺拔。博格31岁时遭遇了第一次心脏病发作，38岁被确诊患有一种很少见的名为致心律失常性右室发育不良（Arrhythmogenic Right Ventricular Dysplasia，简写为ARVD）的心脏疾病。67岁时，他终于接受了心脏移植。但博格的声音始终像雾角那样响亮，思维一如既往的敏捷，冒险精神一点儿也没丢。于是，他兴致勃勃地接受了加尔布雷思的秘密计划提议。

2017年5月5日上午，博格和家人开车从位于布林莫尔的家，前往费城的大西洋航空私人飞机机场。在那儿，加尔布雷思已经在一架喷气式公务机上等候，接上他们后，直飞奥马哈。这是博格第一次参加伯克希尔-哈撒韦的年度股东大会。

伯克希尔-哈撒韦股东大会通常被称为"资本主义的伍德斯托克"（Woodstock of capitalism）[1]。这是一个论坛，任何一位持有伯

---

[1] 伍德斯托克是指一个著名的摇滚音乐节，最早于1969年在纽约的伍德斯托克小镇举办，主题是自由、和平和博爱，非常盛大，影响深远。——译者注

克希尔－哈撒韦股票的人,都可以向巴菲特和他的搭档查理·芒格提问,涉及从商业到地缘政治,再到个人价值观等一切问题。两个人很喜欢这种形式,巴菲特会熟练地用通俗又风趣的话来回答,芒格的话风则是简短又尖锐。

在奥马哈的希尔顿酒店办理入住时,博格收到了他第一份有点尴尬但非常愉快的惊喜:一群带着苹果手机的客人,让这位先锋领航创始人完整地体验了一次狗仔队似的热情,他们纷纷拿出手机,给这位长途跋涉来参加内布拉斯加州资本嘉年华的金融业最热门的名人拍照。据加尔布雷思回忆说:"当时那感觉,就像是在护送波诺①。"博格的妻子伊芙,考虑到博格的身体,对这种狂热的场景有些担心,但博格乐在其中。这样的拍照持续了一整天,包括晚些时候在酒店吃晚饭时,还有人拍照。博格后来写道:"我很快就意识到,直接说同意,比拒绝然后再解释理由,效率要高得多。"[11]

周六早上,当博格醒来,从酒店窗户向外望去时,他才意识到伯克希尔－哈撒韦的股东大会到底有多么盛大。4人宽的队伍非常长,从会议中心一直蜿蜒着伸向远方,绵延不绝,一眼望不到头。成千上万的人冒着清晨的严寒早早就赶来了,只为了能坐得离巴菲特和芒格更近一些。那一年,有4万人参加了会议,其中一半以上的人只能挤在外围观看视频。不过博格一家和加尔布雷思被安排坐在会场前方的预留位置,前排坐的是持有伯克希尔－哈撒韦股票时间最久的股东,旁边坐的则是公司的董事。

与以往一样,巴菲特和芒格这对搭档,用了一个蹩脚的笑话开场。"人们很容易区分我俩,我们一个能听,一个能看,这也是我

---

① 波诺是U2乐队主唱,爱尔兰著名歌手。——译者注

们能在一起合作如此顺利的原因。"巴菲特俏皮地说。接着,他像往常一样继续讨论伯克希尔-哈撒韦上个年度的业绩。尽管这很有趣,但博格开始想,为什么在他如此高龄以及身体状况不太理想的情况下,加尔布雷思仍然要带他来奥马哈。突然,巴菲特的话来了个急转弯,一切都开始变得清晰起来。

"今天,我还要向大家介绍一个人,我很确定他在这里。我没见着他,但我知道他会来。"巴菲特扫视一圈观众,说:"我相信他已经顺利到达,他就是约翰·博格……约翰·博格为美国投资者所做的贡献,可能比全美任何一个人都要多。博格,你能站起来吗?他在那儿。"在雷鸣般的掌声中,身穿深色西装和格子开领衬衫,瘦削但容光焕发的博格站了起来,向人群挥了挥手,并向着巴菲特和芒格讲台的方向,轻轻鞠了个躬。

巴菲特担心有的参会者可能不认识这位老人,于是向大家介绍了先锋领航率先发行的指数基金,是如何发展并颠覆了资产管理行业的。"我估计,博格已经帮助投资者省下了很多很多,至少数百亿美元的资金,使投资者把这些钱留在自己的口袋里,并且随着时间的推移,这一数字将变成更多,至少数千亿美元。"巴菲特说,"然后,周一是博格88岁的生日,我只想说,生日快乐,谢谢你为美国投资者所做的一切。"会场里再次爆发出真诚热烈的掌声。

对博格来说,在几万人面前受到巴菲特的赞扬,是一次非常激动人心的经历。"我对很多事情不会太激动,但这次真的太棒了。"加尔布雷思说:"这对他意义重大。"想和博格拍照的人实在太多了,以至于博格不得不提前离场,才能有时间离开。后来博格写道:"我开始明白为什么摇滚明星会如此希望避开狗仔队。"不过,对一个经历了漫长又波澜起伏的人生,富有却不富裕,且即将走向生命终点的人来说,自己留下的惊人遗产被大众所认知和歌颂,这种感受无以言表。

"我承认,在这次盛会上,人们认可我对投资行业所做的贡献,认可我对那些把资产托付给先锋领航指数基金的人所做的贡献,我感到非常开心。"博格补充说,[12] "我只是个凡人!"

当然,巴菲特也是个凡人,博格的造访对这位奥马哈先知来说,也是非常开心的,这有点类似于胜利后的绕场一圈庆祝。

▲

就在这次伯克希尔-哈撒韦股东大会的前几天,西德斯正式承认他输掉了赌局。几年前,他离开了普罗蒂杰,但他仍然代表普罗蒂杰,承认赌局只剩下8个月的时间,他注定会输掉。

长期赌局论坛上的人们已经开始扬扬得意。其中一位说:"沃伦把普罗蒂杰按在地上摩擦,没有什么悬念……指数基金是主宰。"卡罗尔·卢米斯在《财富》杂志工作了60年,她在其非凡职业生涯的最后一篇文章中,称赞了巴菲特是如何"烧毁对冲基金"的。博格头(Bogleheads)——一个聚集了先锋领航创始人粉丝的在线论坛——的成员们也感同身受地骄傲喜悦。一位成员大笑着说:"奥马哈先知证明了约翰和博格头一直以来都知道的事情,被动投资这条路才是正确的方向。"

对赌双方的结果,相差很远。先锋领航500指数基金,虽然40年前博格发行它的时候险些被人们认为是个失败之作,但在过去10年取得了125.8%的收益率。5只对冲FOF平均只有36.3%的收益率。实际上,在这5只里,也没有任何一只的表现能赶得上标普500指数。

在年度报告中,巴菲特不免有些骄傲。"请记住,FOF 底层对冲基金的 100 多位基金经理,每一位都有足够的财务激励来促使他做到最好。"他写道,"并且,泰德选择的 5 只 FOF 的基金管理人也有类似的激励,让他们有动力来挑选最好的底层对冲基金,因为这 5 只 FOF 可以根据底层基金的表现来收取业绩报酬。我敢肯定,无论是 FOF 层,还是底层的管理人,都是诚实且聪明的人,但对其投资者来说,结果却令人沮丧——真的很沮丧。"

西德斯认可巴菲特所说的,费用因素的影响很大,但坚持认为巴菲特的观点太夸张了。他声辩说,他的错误在于不应该拿股票基金来跟一系列投资范围更广的对冲基金做对比,很多对冲基金主要是投资低回报的公司债券及国债。并且,尽管受到金融危机的影响,但这场赌局所跨越的 10 年,正好是美股表现非常好的 10 年。

最终,女孩公司实际上获得的收入总计达到 220 万美元,这要归功于巴菲特和普罗蒂杰之前及时把赌注所投资的品种,从国债转换成伯克希尔-哈撒韦的股票。当然在这一点上,也凸显了人类的判断力和决策仍然能发挥重要的作用。这笔资金被用于资助女孩公司的一个项目,该项目位于奥马哈郊区一所改建的修道院,旨在为弱势年轻女性提供帮助。如今,该修道院已更名为普罗蒂杰之家。

不过回想起来,西德斯确实做了一个重要让步:如果他现在是一个年轻人,他不会选择把投资作为职业。这个领域的竞争已经非常激烈,难度大大增加,并且一个人取得的业绩到底靠的是运气还是能力,基本上无法判断。再加上,这是一条不同寻常的职业道路,过往积累的经验并不一定会让你更加厉害,而只具备平庸的能力则肯定是没有任何价值的。"一个水平一般的医生仍然可以挽救生命,而一个水平一般的专业投资者却会让社会价值减少。"西德斯承认。

当然，巴菲特认为，想要成为一名专业投资者，并不是一件不可能完成的任务，但成功的人不会太多。另外还有一些人，会发现他们的业绩，随着时间的推移逐渐降低。良好的业绩纪录，意味着基金管理人能吸引很多新的投资者。但管理的资金量越大，就越难发掘出赚钱的机会。由于大部分管理人都是根据自己所管理的资金量来获取报酬的，资金量越大报酬越多，因此他们并没有动力去限制自己的资金管理规模。"当数万亿美元都由收取高额费用的华尔街人士管理时，通常是管理人获得了巨大的收益，而不是客户。无论是大资金量还是小资金量的投资者，都应该选择低成本的指数基金。"巴菲特说。[13]

这场赌局，标志着投资行业发生了巨大的转变。华盛顿邮报公司当初没有选择20世纪70年代中期刚刚萌芽的指数基金，而如今这些基金占据着投资行业的半壁江山。根据业内知名数据提供商晨星（Morningstar）的数据，截至2020年年底，美国公募市场指数基金的规模已经接近16万亿美元。除此之外，对许多大型养老金计划和主权财富基金来说，有的是在机构内部使用了非常多跟踪指数的投资策略，有的则是聘请了一家投资集团来帮助管理资金，虽然没有使用正式的基金结构，但实际上采用的也是类似指数这样的策略。全球最大的资产管理公司贝莱德在2017年估计，在私募领域大约有6.8万亿美元使用的是被动投资策略，由机构内部或类似贝莱德这样的公司管理。假设私募领域指数基金的规模增长率与公募市场相似，这意味着，保守估计，如今大约有26万亿美元，所做的仅仅是完全跟踪某个指数，比如美股的标普500指数、美债的彭博巴克莱综合指数，或摩根大通新兴市场债券指数等。

如今，世界上规模最大的股票基金是一只指数基金，世界上规模最大的债券基金也是一只指数基金。规模最大的黄金指数基金，现在持有的黄金比大多数央行还要多，达到惊人的1 100吨。这相当于诺克斯堡①所有金条的1/4。难怪彭博社（Bloomberg）一档关于ETF的博客名为"万亿"（Trillions），这是特意对应"数十亿"的幽默用语。《数十亿》（Billions，中文又名《亿万》）是娱乐时间电视网（Showtime）的一个系列节目，讲述的是一位虚构的对冲基金经理鲍比·阿克塞尔罗德（Bobby Axelrod）的故事。

几乎每个人，都已经直接或间接地从指数基金中受益。美联储前主席保罗·沃尔克曾在2009年说过一句名言，金融业在过去20年做出的唯一有价值的创新就是自动取款机。如果时间再往前一些，回顾过去50年，那我会说，最大的创新是20世纪70年代初诞生的指数基金。在过去20年中，得益于指数基金的发展，以及指数基金的低费用给投资行业在其他各项费用方面所带来的压力，美股共同基金的平均费用已经减半了。

这期间为投资者节省下来的费用总计达到数万亿美元，这些钱，留在了投资者自己的口袋，而不是给了高薪投资专家。举个例子，所有ETF（这是下一代指数基金的形式，将在后面的章节中详细介绍）的规模大约是8万亿美元，每年从投资者身上收取的费用，大约为150亿美元。这个数字，要远远低于富达2020年的收入，它仅仅是对冲基金行业全部收入的一个零头。[14]

一直以来，金融业都擅长发明那些可以赚到更多钱的新产品，

---

① 诺克斯堡是美联储金库所在地。——译者注

而指数基金是一个罕见的例外，并没有遵循这个规律。随着贫富差距不断扩大，这样一个最初备受非议的、被一群自诩为金融业叛逆者和异端分子所发明的指数基金，却能在几十年时间里产生积极的影响，是一件很鼓舞人心的事。

不过，新技术总会有副作用，指数基金在本质上，正是一门新技术。随着指数投资的发展，人们从最初的鄙夷逐渐变成担忧，甚至是害怕。过去10年这种趋势正逐渐增强。著名对冲基金经理保罗·辛格甚至认为，被动投资已经变成一个"怪物"，如今有"吞噬资本市场的危险"。

作为艾略特管理公司（Elliott Management）的创始人，辛格在2017年写给投资者的信中称："那些在发展过程中逐渐变得面目全非的好点子和好想法，总会让我们大吃一惊，它们背离了初衷，有时甚至开始起反作用。被动投资可能就是这样的。"[15]

很难说辛格的看法是不带偏见的。指数基金让他的生活变得艰难。一方面，指数基金给对冲基金行业因巧立名目设置各种费用带来压力；另一方面，也迫使艾略特管理公司对自身极为复杂的费用方式进行了改革。不过，他的批评虽然尖锐，但核心没有错。

对于指数投资的支持者，更重要的是意识到这些潜在的负面影响的确存在，并努力进行改善，而不是盲目否认它们的存在。被动投资的发展，将是未来几十年面临的重大挑战之一，这个挑战并不仅仅是针对股市和投资，还包括资本的运作方式。这看起来似乎有些夸张，尤其是在如今这个越来越看重平等公正的时代，但正如我们在2008年所经历的，无论我们是否喜欢，金融都以一种难以捉摸的方式，影响着社会的方方面面。

▲

巴菲特对博格的公开赞扬，博格当之无愧。在巴菲特和西德斯的赌局中，巴菲特挑选的最终赢得了赌局的标普500指数基金，正是博格所创造的。博格是金融业的巨人，有一种发自内心的力量，比任何人都要更加不遗余力地推广指数基金。面对来自行业内大量的蔑视、嘲笑和讥讽，他用救世主般的热情，推动了指数基金的发展。

然而，在这场最终重塑金融业的改革中，博格并不是唯一的贡献者。他在指数基金推广方面的贡献可能是最大的，无人能及，但指数基金底层的理论基石、指数基金结构的发明，以及后期进化为现在的形态，则要归功于其他人。

我不想将本书写成一本关于指数基金的"傻瓜式指南"，也会避免使用专业词汇和机械式罗列的描述方式，我更喜欢讲述人物故事，体现出叙事的神韵。我希望所写的内容，能帮助读者了解指数基金非凡的崛起过程，理解它所处的历史背景，以及明白我们未来的发展方向在哪里。

发明以及推动被动投资发展的人，都非常聪明且迷人，不过"被动投资"这个词不太讨喜，原因在于这个词里隐含着"懒惰"的含义。许多人非常慷慨地拿出大量宝贵时间，跟我分享他们的故事。虽然有些记忆变得模糊，有些讲述不尽相同，有时很难让人拼出一个清晰、准确的故事，但我仍然希望这本书能够充分展现我所讲的这些故事的重要性。

我们即将在后面的章节中看到，这是一场革命，起源于巴黎的

"美好年代"（Belle Époque）①。最初在美国旧金山的波希米亚海滩收获了第一次胜利果实，之后演变成一场由华尔街金融工程师征服世界的创新行动。其中有各行各业的人，有农场工人转行成为电脑极客，有业余爵士乐手，有神学院曾经的学生，有未能毕业的学者，有嗓音慈祥的物理学家，有迷人的秘书而后成为首席执行官，有金融业巨人，甚至还有来自《终结者》的明星客串。他们面临着巨大的阻碍，公众不感兴趣，金融业傲慢的主流人士到处嘲笑他们。但他们取得的成就，令世人震惊。

---

① 1870—1914年的法国，很繁荣，这一时期被后人称为美好年代。——译者注

第二章
教父

莱纳德·萨维奇（Leonard Savage），昵称吉米（Jimmie），是美国芝加哥大学的统计学教授，戴着啤酒瓶底那么厚的眼镜，不拘一格，才华横溢。1954年他在图书馆翻阅书籍时，发现一本书，由20世纪初鲜为人知的法国数学家路易斯·巴舍利耶（Louis Bachelier）所著，书中的思想惊人地超前于时代。于是萨维奇给他的一些朋友寄了信，称赞了巴舍利耶的作品，并询问他的朋友是否"听说过这个家伙"。[1]

其中一个收到信的朋友是保罗·萨缪尔森，后来成为美国第一位获得诺贝尔经济学奖的巨星。萨缪尔森在麻省理工学院的图书馆里没找到这本书，但找到了巴舍利耶用法语写的博士论文。他对此来了兴趣，很快将论文翻译出来。读完后，他跟周围的同事纷纷说道："巴舍利耶有些一根筋，但真是厉害！"[2] 事实上，1954年萨维奇这些看似平淡无奇的信件，可以说改变了整个金融业的历史轨迹。

在金融史上，很少有人会像路易斯·巴舍利耶这样，在自己的时代默默无闻，却对后世产生如此大的影响。这位生活富足但不起眼的法国酒商的儿子，悄然为后世那些持续塑造世界的想法，奠定了基石。还要感谢那位几乎失明的美国统计学家，闲来无事翻阅书籍，凭借着敏锐的洞察力，把消息传递给了美国经济学界的学者。

巴舍利耶于1870年3月出生于法国勒阿弗尔，当时政治和科学文化思想百花齐放，后人称这段时间为"美好年代"。在这期间，诞生了许多艺术家、作家和科学家，比如亨利·马蒂斯、埃米尔·左拉和玛丽·居里。但当时的人们几乎没有提到过巴舍利耶，更没有意识到他为后世留下的巨大遗产。有关他生平的详细记录很少，足以见得当时的他并不受人们的赏识。勒阿弗尔有个著名的海港，虽然这个海港是一个繁荣的国际贸易枢纽，但勒阿弗尔仍然是一个不起眼的城市，远离巴黎的咖啡馆、美术馆和精英院校。

巴舍利耶年轻的时候，本打算接手家族的酒生意，但他父亲同时作为一名业余科学家，向长子巴舍利耶灌输了很多科学知识，培养了他对物理和数学的热爱。父亲送他去附近一所中等学校攻读学士学位，学校位于卡昂，也就是当时下诺曼底大区的首府。1888年巴舍利耶毕业，他打算成为一名数学家。然而，不幸降临了。

1889年1月11日，巴舍利耶的父亲去世，仅仅4个月后，他的母亲也去世了。这使得18岁的巴舍利耶不得不放弃原有计划，回到家中接管生意，并照顾姐姐和3岁的弟弟。21岁时，巴舍利耶应征入伍。

服了1年兵役后，巴舍利耶终于进入索邦大学，在众多数学"巨人"的指导下学习，亨利·庞加莱（Henri Poincaré）是他的博士生导师。[3]巴舍利耶的成绩并不突出，但到了1900年，刚过完30岁生日的他，在应用数学领域，凭论文《概率演算在股市操作中的应用》

(The application of the calculus of probabilities to stock market operations）拿到了博士学位。他之前曾在巴黎证券交易所做过兼职，论文主题很可能是受此启发。[4]

令人遗憾的是，虽然庞加莱称赞这篇论文"非常原创"，但只给出了"良好"。想要在学术界获得一个职位，论文通常需要拿到"优秀"才行。也许是论文所研究的领域拉低了他的分数，当时人们普遍认为，金融是一个肮脏低级的领域，并不值得做深入的科学研究。庞加莱指出："这个主题离其他候选人所习惯的研究领域有点遥远。"

这是一个巨大的打击，这意味着巴舍利耶必须在索邦大学无偿讲授概率数学，靠临时奖学金维持生活。这样的日子，一直持续到他被征召参加第一次世界大战。服役回来后，他没能获得一个全职的教授职位，只得在贝桑松大学、第戎大学和雷恩大学之间来回奔波。法国高等教育主任在1921年5月写给贝桑松大学校长的一封密信中说道："他不是一个能成大事的人，他的研究也十分与众不同。但他在战争中表现良好，并且我们对他也没有做到完全的公平。事实上，他在你的教职工队伍里正在遭受磨难。"[5]

更悲剧的是，巴舍利耶曾一度被第戎大学拉进了黑名单。当时有个终身教职的位子空了出来，院长一心向着另一位候选人，于是试图败坏他的名声，断章取义地截取了巴舍利耶一篇文章中的片段，发给巴黎综合理工学院，强调他犯了个明显的错误。[6]直到1927年，巴舍利耶才终于在贝桑松大学获得终身教授的职位，之后一直在那里任教，直到退休。10年后，巴舍利耶退休回到布列塔尼。1946年，他悄然离世。

他关于概率的研究虽然在数学界受到了些许关注，但在萨维奇发现他的作品之前，基本上没什么人知晓他。萨维奇是一位著名的博学家，经济学家米尔顿·弗里德曼曾描述他为"我所见过的，能毫不犹豫称为天才的少数人之一"。自从发现了巴舍利耶的作品，萨维奇热切地向美国经济学家宣扬它的重要性，并确保它得到了本应享有的迟来的荣誉。

巴舍利耶的论文《投机理论》（Theory of Speculation），现在被广泛认为是金融史上最具开创性的著作之一，首次使用严谨的数学方法证明了金融证券是如何以不可预测和随机的方式来运作的。20世纪60年代著名金融学者保罗·库特纳后来评论道："他的工作如此杰出，以至于我们可以说，从他开始构思投机价格的研究之时，就已经处于辉煌的时刻。"[7]

在巴黎证券交易所工作的经历，让巴舍利耶想要使用数学方法，而不是靠投资者的直觉，来为市场波动构建出一个"概率法则"。巴舍利耶的论文对外行来说难以理解，满满都是数学公式，行文使用的是典型的学术风格，不求文采，即使是业内人士，也只有一小部分人能看懂。不过其中最重要的是，巴舍利耶认为，"对于市场波动的两种相互对立的看法，是如此分裂，以至于在同一时刻，买入的投资者认为市场会上涨，而卖出的投资者认为市场会下跌……看起来市场，也就是全体投资者，在一个给定的时刻，必须在整体上既不相信会上涨也不相信会下跌，因为对于每一个报价，都有同样多的买家和卖家"。

换句话说，当一个聪明的买家认为自己买得划算时，可能另一个同样聪明的卖家认为自己卖了个好价钱。否则，就无法成交。所以，在任意一个给定的时刻，金融证券的定价应该取决于全体投资者，并且这些投资者都认为这个定价是公允的。这是一个开创性的认知。

这还不是全部。巴舍利耶表示,金融证券似乎遵循科学家所称的"随机运动"。最著名的随机运动是由苏格兰植物学家罗伯特·布朗发现的。1827年,布朗通过显微镜观察花粉颗粒时,发现花粉喷出的微小颗粒会随意移动,没有明显的规律模式,这种现象后来被称为"布朗运动"。

为了更好理解市场的随机性,并试图估算金融证券的价值,巴舍利耶有史以来首次构建了分析这些随机运动的方法。阿尔伯特·爱因斯坦在物理领域也独自做出了同样的分析,但巴舍利耶比爱因斯坦早了整整5年。如今,人们更常用的说法是"随机游走",就好像一个醉汉在深夜走路跌跌撞撞的样子。总的来说,市场的表现,就是这种随机游走。

虽然在自己的时代不受赏识,但巴舍利耶如今被认为是19世纪最伟大的学者之一,被誉为"金融数学领域之父"。虽然他去世时很冷清,但2000年巴舍利耶的追随者成立了"巴舍利耶金融学会"(Bachelier Finance Society),每年举办两次关于金融数学领域的学术会议。

此外,巴舍利耶的研究,也帮助解释了投资行业最让人困惑的问题之一,即为什么大多数专业的基金经理的业绩如此糟糕。

▲

"咆哮的20年代"(the roaring twenties)[①] 在一声巨响中结束了。1929年10月的第4个星期四,天气阴霾寒冷,紧张不安的美

[①] 咆哮的20年代是指美国的20世纪20年代。——译者注

股遭遇了灾难性的大崩盘。大型银行和投资信托公司，不顾一切地试图通过大规模购买股票，来平息人们的恐慌。这种做法在以前的危机中是惯用的手段，而这次收效甚微，仅仅维持了片刻的喘息。1929年9月中旬至11月中旬，美股跌去了近一半，这场灾难波及全球，引发了大萧条。

1929年大崩盘对刚刚兴起的专业基金经理行业产生了第一次严重的打击。投资信托经理是帮助成千上万的个人投资者管理巨额资金的专业投资者。在繁荣时期，人们对投资信托经理的判断力是如此有信心，以至于只要求他们每年披露一次持仓即可，人们担心投资信托经理更频繁地披露持仓，可能会引发众人对这些股票的过度投机行为。但这次崩盘，让许多经理的真实情况暴露无遗。正如约翰·肯尼斯·加尔布雷思在他描述这一重大历史事件的著作中所说的那样："在很短的时间里，最强大的美国人被揭示为原来只是凡人。"[8]

1940年，一位名叫小弗雷德·施韦德的前华尔街股票经纪人，将行业里这种糟糕的现象，刻画在一本很有影响力的书中，书名叫作《客户的游艇在哪里》。如今，每当人们形容投资者做得不比其股票经纪人或投资顾问差的时候，仍然会使用这个非常有讽刺意味的短语。不过，针对专业投资者到底表现如何这个问题，第一次有实证且严谨的研究，来自一个意想不到的人。

阿尔弗雷德·考尔斯三世，1891年生于一个权贵家族，拥有财富和特权。他的祖父，阿尔弗雷德一世，是《芝加哥论坛报》（Chicago Tribune）的创始人之一。他的父亲，阿尔弗雷德二世是一位杰出的律师，后来帮助经营这家报社。阿尔弗雷德三世忠实地追随父亲的脚步，进入耶鲁大学，然后加入报社，准备担任高管。

但命运弄人，年轻的考尔斯原本的人生之路被彻底改变了。20世纪20年代，考尔斯不幸得了肺结核，家人将他送往科泉市，那里山间空气清新，湿度低，阳光明媚，有助于身体康复。考尔斯是个闲不下来的人，于是他开始帮助父亲打理家族财富。他订阅了大量的投资服务和新闻小报，试图驾驭市场，但令他震惊的是，没有任何一家服务商或报纸预测到1929年的大股灾及其带来的后果。于是考尔斯下定决心，一定要弄明白股市到底是否可以预测。[9]

考尔斯分析了很多资料，包括16家金融订阅服务的内容，由《华尔街日报》创始人查尔斯·道所提出的"道氏理论"，20多份投资出版物，20家龙头火灾保险公司的公开买卖交易记录，等等。[10]这是一项相当艰巨的任务。他必须详细研究和评估75 000条金融服务信息里给出的7 500条建议的实际业绩表现，4年的火灾保险公司交易数据，255篇《华尔街日报》社论，以及3 300项来自投资出版物的建议。

考尔斯自己创办了一个数理经济学领域的新期刊《计量经济学》（Econometrica），他的研究结果于1933年发表在这个期刊上，文章题目为《股市预测者真的能预测吗？》（Can Stock Market Forecasters Forecast?）。文章里，考尔斯直截了当地用3个字给出了研究结果：并不能。[11]

考尔斯的计算指出，只有少数预测者能做到比市场整体表现更好，原因可能是运气好。即便是"有多年经验及庞大资金池"的火灾保险公司，也表现不佳，1828—1931年的平均年化收益率要比市场整体低1.2%。考尔斯在结论里犀利地写道："这里面最好的业绩记录，也不比16家金融订阅服务里最成功的投资建议要好多少，因此并不能明确证明在投资行业中存在任何技巧。"[12]

当时，考尔斯汇编所有数据并评估预测者是否成功进行了预测，这项工作是很艰巨的，他使用的还是IBM的原始穿孔卡片式计算机。后来在1944年，研究人员进行了一个更大型的追踪研究，分析了时间跨度在15年以上的6 904条市场预测建议，结果仍然没有找到任何证据来证明，市场是可以被成功预测的。[13]

专业投资者并不欢迎考尔斯的结论，不过这也能理解。考尔斯后来回忆说："当然，我收到了许多埋怨，他们指责说是谁让我做这种研究的？并且，我还贬低了投资顾问这个职业，我跟他们说这压根不是一种职业，他们更生气了。"[14]

这位报社家族后裔对金融业的贡献，还不止于此。1932年，他成立了考尔斯经济研究委员会（Cowles Commission for Research in Economics），口号是"科学就是计量"。计量和评估是考尔斯毕生的热爱。他的儿子后来透露，他撰写了大量的分析研究论文，涉及的领域很广泛，包括耶鲁大学的入学率、美国的失明率、最受欢迎的宠物狗品种、棕榈滩的天气和鲨鱼等。[15]多年来，考尔斯经济研究委员会帮助了许多经济和金融领域的著名学者，比如詹姆斯·托宾（James Tobin）、约瑟夫·斯蒂格利茨（Joseph Stiglitz）、阿巴·勒纳（Abba Lerner）、肯尼斯·阿罗（Kenneth Arrow）、雅各布·马尔沙克（Jacob Marschak）、佳林·库普曼斯（Tjalling Koopmans）、弗兰科·莫迪利安尼（Franco Modigliani）、哈里·马科维茨等，其中不少人都因在考尔斯经济研究委员会里所做出的工作成果而获得了诺贝尔经济学奖。事实上，我们可以认为在其鼎盛时期，这是历史上最具有影响力的经济学智囊团。身处于偏远但风景优美的科罗拉多州，这位疾病缠身的报社家族后代，应该对这个成就非常满意了。

在另一个日益重要的领域，即评估整个股市的表现，考尔斯经济研究委员会也发挥了关键性的作用。1938 年，考尔斯发表了另一篇重大研究报告，他费尽心思收集了 1871 年以来在纽约证券交易所上市的所有股票的数据，并创建了一个总指数，用来"描绘美股的平均表现"。[16]

这一努力也反映出，股票指数在当时开始变得越来越重要。最早的股票指数在一份金融报纸上创建，但它对指数的计算比较粗糙，也不是持续更新的。第一个每日更新的股票指数是 1884 年由查尔斯·道创建的，出现在他的"致客户的午后信"中。他最初只计算了 11 只运输行业股票的平均表现，并且这 11 只股票几乎都是铁路方面的。1889 年，"致客户的午后信"更名为《华尔街日报》。1896 年查尔斯·道创立了他的第一只每日更新的纯工业股票指数，也就是如今著名的道琼斯工业平均指数。

一直到"咆哮的 20 年代"来临，股市繁荣发展，指数的数量才开始多了起来。但即便如此，在很长一段时间里，指数仍然保持着原始初级的状态。因为那时还没有计算机，人们必须手动对指数进行编译和计算，如果指数里的成分股超过 100 只，那任务就更艰巨了。到了 1957 年，标准普尔发布了一个指数，包括美股里规模最大的一篮子公司，这可谓一个里程碑。诺贝尔经济学奖得主罗伯特·席勒曾表示："这标志着金融领域电子时代的开始。"[17]

尽管最初跟踪的股票只有 425 只，但这个指数被称为标普 500 指数。一台直连到华尔街股票报价机的计算机，可以持续不断地对标普 500 指数进行计算，这是一个巨大的进步。到 1962 年，标普

500 指数每隔 5 分钟就会更新一次数据，而到了 1986 年，这个间隔缩短为每 15 秒就能更新一次。

但令人诧异的是，没有人真正知道股票的长期收益到底是多少。毕竟，指数只包括规模最大的、交易最活跃的那一批股票，并不包括分红、并购、子公司分拆、股票份额拆分（当一只股票的单价过高时，对股票份额进行拆分，分割成多个单价更低的份额，以降低投资门槛）等。更复杂的是，股票还存在多种不同的类型。所以没有人能断言投资者从股市里获取的长期期望回报该是多少。

这对想要吸引潜在客户的华尔街公司来说，是一个挑战。大萧条时期①依然历历在目，许多人仍然更倾向于投资可靠的国债和企业债。

1948 年，美林公司市场部的负责人路易斯·恩格尔（Louis Engel），在《纽约时报》刊登了一整版的广告，向人们介绍"每个人都应该知道的股票和债券市场"，广告使用了"通俗易懂的语言来介绍一个看似复杂实则简单的业务"。[18]足足 6 000 多字，这可能是有史以来最详细的广告之一了。这篇广告取得了巨大的成功，并持续以各种形式登载了近 20 年。美林也由此组建了著名的号称"闪电部落"（thundering herd）的庞大的证券经纪人队伍。后来，恩格尔还出了一本书，名为《如何购买股票》（How to Buy Stocks），卖出了 400 万册。[19]但是当 1960 年恩格尔想要再打一个广告，来明确指出对普通人来说股票是一种很好的投资工具时，美国证监会阻止了他。金融监管者认为，他必须提供证据来证明这一点才行。

于是，恩格尔给他的母校芝加哥大学打去电话，想知道有没有

---

① 大萧条时期是由 1929 年美股崩盘引发的。——译者注

人能对股票的真实长期收益给出明确的、有历史参考依据的答案。于是，芝加哥大学商学院的副院长詹姆斯·罗瑞，基于美林公司提供的 5 万美元研究经费，在 1960 年 3 月创立了证券价格研究中心（Center for Research in Security Prices，简写为 CRSP），收集相关数据。一开始他期待在一年之内就可以得到确切的答案。然而实际上，他后来开玩笑说道："我们花了 25 万美元，以及 4 年的时间。"[20]

尽管研究不是一帆风顺的，但无论是从专业性方面，还是从个人素质方面来说，罗瑞都是这个项目合适的领导人选。罗瑞没有获得过诺贝尔经济学奖，也没有很大的名声，但他的贡献是不可否认的，他为芝加哥大学经济学院之后的研究奠定了基础，这些研究最终催生了指数基金。

▲

詹姆斯·罗瑞，1922 年出生于堪萨斯市，酷爱骑马和双陆棋，[21]性格和善，还喜欢说笑话，他最喜欢的喜剧演员之一就是约翰尼·卡森（Johnny Carson）。[22]罗瑞的思想开明，兼收并蓄，人也很有能力，吸引了很多其他著名的经济学家来到芝加哥。他喜欢在课堂上讲述各种各样有趣的轶事和题外话，也深受 MBA 学生的喜爱，学生们将他的金融课程戏称为"罗瑞讲故事"（Lorie's Stories）。[23]不过他的最高成就，还是证券价格研究中心。

罗瑞所做的这项研究，并不是一项单调乏味的工作。正如他给美国统计学会（American Statistical Society）介绍他的研究时所说的："有些人认为性没有弗洛伊德想的那么重要。随着年龄的增长，我越来越认同这个观点。还有一些人认为金钱不像社会党人说的那么重要。他们可能是对的。然而事实上,性和金钱毫无疑问都很受欢迎,也都很重要。"罗瑞还指出,当时有 2 000 万美国人直接或间接通过养老金,持有价值约 6 000 亿美元的股票。[24]

他对考尔斯所做的开创性工作表示敬佩,不过同时指出,之前的研究人员可能对股市非常了解,但缺乏统计学方面的知识。他说:"若是精通统计学但丝毫不了解所应用的领域,在这种情况下做研究可能会一无所获;若是反过来,了解股市但不了解统计学,相对来说情况会稍好一些,但仍然获取不到太多有价值的结论。"[25]罗瑞邀请了他精通计算机的同事劳伦斯·费雪(Lawrence Fisher)来负责大量的数据统计工作,他相信他们可以做得更好。

他们决定计算在纽约证券交易所上市的普通股票的平均回报率,他们收集了 1 700 家上市公司每月末的股价,以及所有其他可能会影响收益的数据。说起来容易做起来难。这些美国上市公司过去这么多年,有不同的分红方式,不同的佣金成本,不同的税费情况,甚至不同类型的股票。罗瑞和费雪发现了超过 50 种不同类型的股票,虽然名字不叫普通股,但实际上属于普通股的性质,也就是享有公司的一部分股权以及利润分配权。他们同时发现有些股票虽然名字叫普通股,而实际上不享有相应的权利。

在他们收集到的近 40 万份报价中,有超过 3 万份需要认真检查和进行数据清洗。严谨的费雪希望能得到比原始数据更加准确且无干扰的数据。罗瑞后来说道:"这是一个也许值得称赞但无疑是奢望的目标。"[26]不过最终没有让人失望,1964 年他们公布了研究结果,非常成功。他们的数据集很庞大,记录在磁带上。如果把磁带展开的话,足足有近 5 千米长。[27]数据展示了 1926—1960 年,22 个不同时间段的股市收益率,并且分为不同情况,比如包含分红在内的收益率、不包含分红的收益率，以及不同税率假设情况下的收益率。总的来说，如果有人在 1926 年将资金投入纽约证券交易所上市的所有股票，并且把所有的分红再投入，那么到 1960 年，其年化收益率将达到 9%。这一数字，远远高于人们之前的预期。

研究的发起人美林公司对此很高兴。更令人兴奋的是，研究还表明，即便有人在 20 世纪 20 年代的牛市顶点，也就是 1929 年大崩盘之前的高位进行投资，也能获得 7.7% 的年化收益率。如果是从 1950 年开始计算，年化收益率能达到 10% 以上。这对美林公司的股票经纪人来说，简直像听到福音那样美妙。他们立即在《华尔街日报》刊登了整版的广告，[28] 将这项研究结果分发给了全美各地 70 多万人，并且在伦敦、日内瓦、纽约和旧金山举行的一系列会议上，充分传达了这一爆炸性消息。[29] 许多投资者一直以来都认为，债券既安全，又有高收益，如今他们不得不重新审视自己的观点了。

一石激起千层浪。根据证券价格研究中心计算出的数据，其他研究人员还有一个很重要的发现，那就是美股整体的长期回报，实际上比投资信托和共同基金的平均收益率还要略高一些。这个结论，是由贝克尔等咨询公司首次系统整理得出的，出乎罗瑞的意料。他在 1965 年的一次讲话中兴奋地表示，这非常奇怪。[30] 他说："这些机构旗下的基金经理都是称职的、负责任的专业人士，他们的职业生涯很大程度上取决于，能否成功挑选出好股票，以及决定合适的买入卖出时机。然而，依靠这些专业人士的判断来投资，其结果跟通过投掷飞镖来选择股票和决定买卖时机，竟然也差不多。"

这是一个令人不安的事实，随后在 1967 年迈克尔·詹森（Michael Jensen）的一篇开创性文章中，这一点被进一步证实。詹森也是芝加哥大学的优秀毕业生。考尔斯曾首次对专业投资者的表现进行了研究，詹森继他之后，仔细研究了1945—1964年115只共同基金的业绩，发现它们的平均表现，即便是在扣除基金费用之前，也无法跑赢整个市场。此外，研究还发现"几乎没有任何证据可以表明，有哪一只基金的表现能明显超过靠运气来做投资的预期结果"。[31]

不过当时的共同基金行业正在蓬勃发展，并不在意学术界的这些研究。毕竟，在20世纪60年代的牛市中，涌现出了一大批明星基金经理，他们在自己的象牙塔里自命不凡，即便了解到这些研究结果，也根本没有时间理会学术界这些"闲言碎语"。当时，互联网还没有普及，信息流通的速度很慢，不受欢迎的言论就更容易被忽视了。像富达（Fidelity）的基金经理蔡至勇（Gerald Tsai），人们知道他通过投资"漂亮50"获取了相当高的回报，但当时绝大部分的基金经理并不会向投资者提供相关的收益数据，而且大多数投资者也并不会询问收益如何，这在如今看来绝对是不可思议的事。[32]另外，当时的人们还认为，仅仅是通过买下一整个市场就能获取不错的收益，这简直是荒谬。

1960年，一位毕业于芝加哥大学并在加利福尼亚大学任教的经济学家爱德华·伦肖（Edward Renshaw）以及他的学生保罗·费尔德斯坦（Paul Feldstein）写了一篇激进的、超前于时代的论文，这篇论文遭到了主流人士的强烈反对。论文里举了个例子，设想建立一家"无人管理的投资公司"，这家公司所做的仅仅是追踪一个股票指数，比如道琼斯工业平均指数。[33]虽然论文里避免了直接挑战基金经理的能力，并且特意说明，这是为了方便新手投资者，希望能从当时涌现出的大量有经验的基金经理中找到一丝机会，但论文仍然遭到了彻底的批判。一位笔名为约翰·B.阿姆斯特朗（John B. Armstrong）的投资行业资深人士，甚至由于其在《金融分析师杂志》（*Financial Analysts Journal*）上发表了反驳观点而获了奖。[34] 于是论文中所提出的想法，从此消失得无影无踪。投资专业人士可以进一步反驳来自学术界的攻击，说："一个人无论如何也没办法买下整个市场。对主流金融媒体来说，这场辩论也不值得关注，太深奥了，而介绍明星基金经理的内容，就吸引人得多。"

但巧合的是，《商业周刊》的前任编辑，正是美林公司的恩格尔，他注意到了证券价格研究中心的研究结果，并指出："对于华尔街这么大的一个领域来说，包括共同基金、证券分析师、投资顾问以及其他类似角色等，这项研究结果是令人不安的。因为这里面的每个人，都或多或少是依靠向普通人提供自己的专业技能来赚钱的。"[35]

一些业内人士，逐渐开始深思。1975年，投资银行 DLJ 的一位银行家查尔斯·埃利斯（Charles Ellis），在《金融分析师杂志》上发表了一篇名为《失败者的游戏》（The Loser's Game）的文章，里面说道："投资管理这项业务（这看起来是一种职业，而实际上并不是）是建立在一个简单且基本的信念之上的，也就是专业基金经理可以战胜市场。然而这个前提似乎是错的。"[36]

证券价格研究中心的数据，就像泉眼一样，源源不断地鼓舞这种观点。当时还是芝加哥大学学生的雷克斯·辛克菲尔德，半开玩笑地说："如果一定要排个序，我会认为证券价格研究中心比宇宙的创造还要更重要一些。"[37]

罗瑞自己则强调说，专业投资者"是而且肯定是有用的"，仅在说服人们投资股票这一点上，就提供了很有价值的服务。罗瑞的研究已经表明，股票的收益要比债券和银行存款高得多。同时，专业投资者能够相对高效地构建多元化的投资组合。毕竟，就像投资里的记账和监管工作也很重要一样,按照罗瑞的说法,专业投资者向普通人提供的服务,可以减少他们"做选择和承担责任的痛苦",这也是很有价值的。[38]

话虽如此,但他还是试图分析为什么专业基金经理的平均回报率无法战胜市场。他指出,有些原因是显而易见的,比如共同基金通常会收取8%的申购费,同时每年还要收取管理费。共同基金和投资信托,通常不是满仓持有股票的,而是会保留一部分现金,来应对投资者的赎回或是便于抓住某个突然出现的投资机会。但持有现金,会在市场上涨的时候"拖累"收益。并且,就像巴菲特在写给凯瑟琳·格雷厄姆的信中说的那样,专业投资者在股市的角色越来越重要,从很多方面来看,他们自身就成为整个市场。

最后,罗瑞还讨论了一个来自学术界有争议但越来越流行的理论,即股票有"随机游走"的特性,没法准确且持续地预测股价。这是巴舍利耶在1900年首次提出的,但直到这时候才重新受到人们关注,这也要归功于萨维奇和萨缪尔森等人。

1964年,萨缪尔森的麻省理工学院同事保罗·库特纳(Paul Cootner),出版了一本厚达500页的巨著《股票价格的随机特征》(*The Random Character of Stock Prices*),里面涵盖了他自己、考尔斯以及业内许多人的学术工作成果。英国统计学家莫里斯·肯德尔(Maurice Kendall)对股价的走势做了更丰富的描述,在1953年发表了一篇关于美股、芝加哥小麦价格和纽约棉花价格波动的研究论文,其中指出价格走势似乎都是随机的:"就像是运气之神每周会随机抛出一个数字。"[39]

在库特纳的书里,还全文转载了巴舍利耶1900年的原创论文,将其翻译为英文版,以便让更多的读者了解真实原貌。罗瑞说:"巴舍利耶的研究播下了种子，但种子成长经过了相当长的时间，直到最近10年人们才再次注意到它，开始继续研究并发掘更多数据。"[40]

巴舍利耶可以说是指数基金的思想教父。但在经济和金融领域，人人都站在巨人的肩膀上。有3位杰出的人士，把随机游走理论进一步构建成一个动态、多层次的模型，来描述市场如何运作以及投资者该如何应对，他们就是哈里·马科维茨、威廉·夏普和尤金·法马，每一位都获得了诺贝尔经济学奖。他们的研究，为被动投资席卷而来的浪潮奠定了学术基础。

第三章

征服运气之神

哈里·马科维茨正在芝加哥大学导师办公室的前厅耐心等待。这位头脑理智、身材瘦长的经济学学生,决定跟旁边一位来访的股票经纪人聊一聊。

那是 1950 年,漫画《花生》(*Peanuts*)刚刚开始连载,詹姆斯·迪恩(James Dean)因出演了百事可乐的广告而大红大紫,冷战的紧张局势不断加剧,朝鲜战争爆发。但这些流行文化和地缘政治的交织,对身处芝加哥大学的两个人来说,都遥不可及。于是他们开始闲聊,马科维茨正为自己的博士论文主题该写什么而苦恼,股票经纪人建议道:"你为什么不写一篇关于股票市场的论文呢?"[1]

这次偶然的会面,让马科维茨走上了一条后来令他声名鹊起的道路。这种名气大到了什么程度呢?你可以不受打扰地走在公众场合,但认识你的人都会充满敬意地轻声念出你的名字。据说,20 世纪杰出的美国经济学家萨缪尔森曾说道:"整个华尔街,都站在哈里·马科维茨这位巨人的肩上。"[2] 直到如今,马科维茨的突破性研究,都一直持续影响着众多对冲基金经理、大型投资银行及许多养老金计划的资产管理原则。

人生如戏,有时候命运的安排出人意料。马科维茨之前从来没有接触过金融行业,也不感兴趣。他出生于1927年,父母是犹太人,在芝加哥开着一家杂货店,他们一家人过着平静安逸的生活。即便是在大萧条时期,生活也没受到太多影响。不过,大萧条引起了马科维茨对经济的关注。马科维茨从小喜欢打篮球、踢足球和拉小提琴。长大后开始对哲学感兴趣,尤其是大卫·休谟和勒内·笛卡尔的思想。在芝加哥大学学习两年并获得学士学位后,他心血来潮,决定攻读经济学专业,这个举动在很大程度上也是源自他对数学的喜爱。

天资聪颖的马科维茨,被考尔斯经济研究委员会邀请加入,成为学生会员,考尔斯经济研究委员会是阿尔弗雷德·考尔斯三世20年前成立的。委员会前主任雅各布·马尔沙克是马科维茨的导师,正是在马尔沙克的办公室门口,年轻的马科维茨与来访的股票经纪人聊了聊天。当马科维茨终于敲门进入办公室后,他跟导师说起刚才的谈话,提出要在股票市场这个方向上来写论文的想法。[3]

当时,这个想法很另类。尽管芝加哥有一所繁荣的商学院,但对严肃的学术研究来说,股票市场仍然被认为是有些肮脏、不正经的地方。不过马尔沙克认可这是一个值得研究的领域,连考尔斯自己也对此非常着迷。马尔沙克说自己对此知道的不多,于是给马科维茨介绍了芝加哥大学商学院的马歇尔·凯彻姆(Marshall Ketchum)。凯彻姆提供了一份阅读书单,让马科维茨开始学习。

自此,马科维茨每天准时前往图书馆。在某天下午,一个核心想法在他脑海开始形成,并最终产生了重大深远的影响。事实上,许多人都认为,现代金融学正是在那一天诞生的。

凯彻姆推荐书单上的第一本，是约翰·伯尔·威廉姆斯（John Burr Williams）写的《投资价值理论》（the Theory of Investment Value），马科维茨很快就读完了。威廉姆斯曾在华尔街工作，但经历了1929年大崩盘和经济大萧条之后，他决定去哈佛大学攻读经济学博士学位，希望能更好地理解刚刚发生的灾难，更加严谨地看待自己的职业。在书中，威廉姆斯提出，股价应该等于未来所有预期股息的折现价。① 这个观点，让马科维茨在偌大的图书馆里陷入了沉思。

假如按照这个理论，那人们应该只投资预期回报最高的那一只股票就好，但马科维茨明白这实际上是不可能的。一方面未来的股息分红是不确定的，另一方面人们在投资时会同时考虑收益及风险。于是马科维茨想到，分散，也就是"把鸡蛋放在多个篮子里"，应该可以降低风险。随后，马科维茨用股票的波动率来表示风险，证明了分散配置一篮子相互独立的股票，确实可以降低投资风险。这一篮子股票，用金融术语来说就是"投资组合"。

马科维茨建议，投资者真正应该关心的，是一个投资组合的整体表现如何，而不该执着于组合中某单只股票的表现。只要组合里的股票是相互独立的，不管股票自身还有什么其他优点，组合整体的风险或是波动率就会降低。马科维茨说："分散配置，比如构建一个被动的全市场投资组合，是投资中唯一'免费的午餐'。"

当然，大多数投资者靠直觉也知道，把所有鸡蛋放到同一个篮子里，可能是比较危险的。但在当时，如何构建出一个更好的投资组合，用金融历史学家彼得·伯恩斯坦（Peter Bernstein）的话来

---

① 这也就是如今我们说的股息现金流贴现模型。——译者注

说，基本上是靠"经验法则和民间传说"。⁴马科维茨1952年发表在顶级期刊《金融杂志》（Journal of Finance）上的论文，第一次用量化的方式展示出如何更好地平衡风险和收益。这篇名为《投资组合选择》（Portfolio Selection）的论文，成为"现代投资组合理论"（modern portfolio theory）的基石。直到如今，许多投资者都是遵循这个理论，来管理自己的组合持仓。马科维茨也因此赢得了1990年的诺贝尔经济学奖。他后来回忆道："当时就是灵光一闪。人们总问我，那时有没有预感到自己会获得诺贝尔经济学奖，我总是说没有，但我确实想过，博士学位是肯定能拿到了。"⁵

然而事情没有那么顺利。尽管马科维茨自己有信心，并且他的研究的确为后人留下了丰厚的遗产，但在当时，这是否有资格获得一个经济学的博士学位，是有争议的。1952年，马科维茨离开芝加哥，前往阳光明媚的加利福尼亚州，到著名的智库美国兰德公司（RAND Corporation）工作。不久后，他又回到芝加哥大学参加论文答辩。飞机抵达芝加哥时，马科维茨毫不担心，他想："我知道这虽然是个冷门的研究方向，不过就算是米尔顿·弗里德曼博士①也不会为难我的。"⁶

糟糕的是，弗里德曼并没有被说服。马科维茨才答辩了5分钟，这位学术泰斗就打断道："哈里，我读了你的博士论文，里面的数学推导没有任何错误，但这不是一篇经济学领域的论文。我们不能因为一篇跟经济学无关的论文，而授予你经济学博士学位。"马尔沙克开始为自己的学生辩护，于是引发了一场激烈的讨论。最后，他

---

① 米尔顿·弗里德曼，是芝加哥大学大名鼎鼎的经济学教授，也是1976年诺贝尔经济学奖得主。——译者注

们让马科维茨到门外去等待结果。大约过了 5 分钟，马尔沙克走了出来，说道："恭喜你，马科维茨博士。"

马科维茨去兰德公司也是他的幸运。在那里，他第一次遇见了威廉·夏普，一位才华横溢的年轻经济学家，后来也成为他的跟随者。夏普极大拓展了马科维茨的研究，这让马科维茨非常欣赏。马科维茨说："比尔①总是说，他之所以能获得诺贝尔经济学奖，是因为追随我使用了现代投资组合理论。在我看来，我之所以能获得诺贝尔经济学奖，是因为他把这套理论从工商管理领域转变为经济学领域。否则，我可能无法拿到诺贝尔经济学奖。"[7]

▲

夏普在南加州的河畔长大，起初想做一名医生。但 1951 年进入加州大学伯克利分校后，夏普很快发现自己一看到血就恶心，这可能让他无法当医生了。于是他转学到加州大学洛杉矶分校，攻读工商管理专业。他又发现，会计课程基本上都是关于如何记账的，他觉得索然无味。不过，有一门关于经济这个"神秘"学科的入门课程，立刻引起了他的兴趣，于是他再次转换人生轨道。他后来回忆说："我只是觉得它很美，所以就换到了经济学专业。还没有考虑到将来会从事什么职业，但就是觉得我得这么做。"[8]

然而那个年代跟现在不同，夏普的好成绩并没能帮助他进入华尔街工作。恰恰相反，当夏普在一家银行面试时，面试官看了一眼他的成绩后，建议他最好继续攻读研究生，而不是找一份金融行业的工作。夏普后来回忆说："当时给我的印象是，他们并不想要（成

---

① 比尔是威廉·夏普的昵称。——译者注

绩好的）人进入银行工作。"于是夏普指出，他还是当地帆船俱乐部的队长，参加过美国预备役军官训练营，也加入过一段时间的兄弟会，他坚称自己"实际上是一个德智体美劳全面发展的人"。尽管如此，最终夏普还是决定继续攻读经济学硕士学位。在这之后，他得去服两年兵役，驻扎在弗吉尼亚州的李堡。

幸运的是，夏普没有接到朝鲜战争的任务，并且由于参与了一个政府项目，原本两年的服役时间缩短到了 6 个月。服役之后，加州大学洛杉矶分校的一位教授建议夏普无论如何都要去兰德公司，这是一家由美国空军支持的研究机构。于是 1956 年，在加州大学洛杉矶分校继续攻读博士学位的夏普，以经济学家的身份加入了兰德。

兰德的影响很深远。有些员工开玩笑说兰德（RAND）是"研究但没发展"（Research And No Development）的简称，兰德的理性化思维对夏普有很大的启发。兰德这家智库的理念是研究那些非常难的问题，并且这些问题很可能实际上根本就找不到解决方案。[9] 在兰德的日子里，一周有 4 天要做兰德的项目，另外一天则可以自由地做自己想做的研究。夏普工作的那段时间里，著名经济学家肯·阿罗和博弈论学家约翰·纳什也在兰德担任顾问，电影《美丽心灵》中的男主角原型正是约翰·纳什。夏普发表的第一篇研究报告，也反映出兰德研究团队兼收并蓄的特点，报告里提出了一项关于征收雾霾税的方案，同时对军用部署的机舱设计准则做了综述。

新兴的计算机领域，也引起了夏普的兴趣。他试着在兰德公司笨重的计算机上学习编程，这种计算机是 20 世纪最伟大的美国数学家之一约翰·冯·诺依曼设计的，大家还给它起了个昵称，叫作 Johnniac 计算机。夏普也学会了在当时最先进的 IBM 计算机上编程。这项新技能，是夏普在无数个残酷的夜晚使用键控打孔机①磨炼出来的。虽然辛苦，但对这位年轻的经济学家来说，收获是无价的。这不仅帮助夏普增强了他之前比较弱的纯数学知识，也使他成为有史以来第一个经济学程序员，这个能力最终帮助他拿到了博士学位。

要说对夏普最重要的事，那就是得以跟马科维茨一起工作。夏普写的第一篇博士论文被驳回了。他很熟悉马科维茨的研究，于是当马科维茨来到兰德时，夏普去找他寻求建议。事实证明，这是一次富有成效的合作。

夏普写了一个计算机程序，来简化马科维茨的模型，让它更加实用。1952 年，当时唯一能够真正运行马科维茨理论的计算机，是美国政府手里用来设计核武器的计算机。[10] 夏普用计算机编程语言 Fortran 写了一个算法，把原本在 IBM 7090 计算机上按照马科维茨过程来处理分析 100 只不同股票所需要的 33 分钟，缩短到了 30 秒以内。这是一个巨大的飞跃。

不仅如此，为了简化马科维茨的模型，夏普没有计算每只股票之间的差异，而是定义了一个基本潜在因子，即市场整体的回报率，然后计算每一只股票相对于它的变化。在公式里，这个值的符号使用的是希腊字母 β（beta，中文为贝塔）。举个例子，假如市场整体每上涨 1%，可口可乐的股价会上涨 0.8%，那么可口可乐的 β 系数就等于 0.8。如果有另一只股票会上涨 2%，那它的 β 系数就等于 2。β 系数越高的股票，波动率越大，从理论上来说应该比波动率更小、β 系数更低的股票回报率更高。后来，β 成为描述市场

---

① 早期的计算机，需要通过在纸条上打孔的方式向计算机输入数据。——译者注

整体回报的通用词，而 α（alpha，中文为阿尔法）则用来表示一个专业投资者能获取的超额收益。

这项工作不仅帮助夏普拿到了博士学位，最终还促使夏普写出一篇开创性论文，里面提出了"资本资产定价模型"（Capital Asset Pricing Model，简写为 CAPM），利用这个公式，投资者就可以计算出金融证券的价值了。资本资产定价模型之所以具有突破性意义，且应用广泛，原因就在于提出了"风险调整后收益"（risk-adjusted returns）这个概念。也就是说，应该基于收益的波动情况，来衡量一只股票或者一位基金经理的表现。模型还表明，对大多数投资者来说，最好的方式就是投资整个市场，因为它反映了风险和收益之间的最佳平衡。

这为后来指数基金的发明奠定了理论基础。不过毕竟当时指数基金还没有发明出来，夏普也并不知道爱德华·伦肖那篇关于"无人管理的投资公司"的激进论文，所以夏普从来没有明确地提起过指数基金这个词，只是简单地将这种方式称作"市场投资组合"。不过其含义是很清晰的。除了夏普提出的资本资产定价模型，当时还有像杰克·特雷诺（Jack Treynor）、约翰·林特纳（John Lintner）和简·莫森（Jan Mossin）等人，也独立地提出了一些类似的模型。只不过最终是夏普的研究论文，成为经济学历史上影响力最大的论文之一。

讽刺的是，这篇有关"资本资产定价模型"的论文的发表过程还遭遇了坎坷。1962 年年初，夏普自信满满，认为这是他写出的最好的一篇论文，提交之后，就期待着电话铃声响起，得到人们的赞扬。然而事与愿违，《金融杂志》驳回了他的论文，理由是这里面很多假设根本不现实。不过固执的他，再次提交过去。终于，论文于 1964 年发表出来。刚开始也没引起什么反响,一向开朗的夏普心想:"老天,我刚刚发表了一篇此生最棒的论文,竟然没有人在意。"[11] 随着时间的流逝,这篇论文的重要性逐渐凸显,并最终帮助他和马科维茨赢得了 1990 年的诺贝尔经济学奖。

众人拾柴火焰高,推动金融学术界的这些思想发展成为一场全面的革命,还要归功于另一位芝加哥的经济学家,他构建了一整套成熟的理论,来精确地解释为什么一个"全市场投资组合"是最优的。

▲

这是一个典型的美国移民的故事。在 20 世纪初的某个时候,[12] 加埃塔诺和桑塔·法马加入了意大利移民大军,举家从西西里岛搬到了寒冷的美国新英格兰地区。加埃塔诺找了一份理发店的工作,和桑塔在被称为"小意大利"的波士顿北部定居下来,抚养着 7 个孩子。他们的其中一个儿子弗朗西斯·法马邂逅了另一个意大利移民家庭的女儿安吉丽娜·萨拉西诺。两人结婚后,搬到了工薪阶层聚集的莫尔登市,位于波士顿北边。1939 年的情人节这天,他们迎来了所有 4 个孩子中的第 3 个,是个小男孩,他们给他起名叫作尤金·弗朗西斯·法马(常被叫作尤金·法马)。[13]

法马记得童年时身处第二次世界大战,他很担心父亲会被征召入伍。父亲弗朗西斯·法马原本是一名卡车司机,战争开始后去了波士顿船厂建造战舰。虽然躲过了上战场,但造船要使用石棉,于是一生从不抽烟喝酒的弗朗西斯,70 岁时终因石棉肺而去世。不久之后安吉丽娜也因调理更年期的处方里含有过量的激素,而患上癌症去世了。[14]

人生难免苦与痛,好在尤金·法马的童年还是很快乐的。弗朗西斯和安吉丽娜,跟叔叔一家联合起来在波士顿米斯蒂河的边上买了个两层的房子,房子位于梅德福小镇,紧邻莫尔登市。法马身材瘦小,最多也就1.72米高,145斤重,但他是一名运动健将,擅长篮球、棒球、田径和足球,据他自己说,他还发明了足球里的翼锋位置,原因是曾在阻挡身材高大的对手时挨了揍。不管这是不是真的,法马出色的运动能力,为他赢得了高中体育名人堂里的一个永久展示位置。

也是在这期间,法马遇到了一个娇小美丽的姑娘,名叫萨利安·迪梅科,就读于附近的一所天主教女子学校。高中毕业后不久,他们就结婚了。体育运动和恋爱这些事情,并没有影响法马的学业,他的成绩很好,母亲鼓励他继续深造。他自己也希望能当一名高中教师或是体育教练,于是法马前往塔夫茨大学学习罗曼什语,成为家里的第一个大学生。他的人生轨迹似乎坚定地朝着一个幸福的普通中产走去。

然而,他选的这个专业,让他无聊到想哭。"我被困住了。"他回忆道。学习了两年似乎没完没了的伏尔泰之后,他一时兴起,上了一门经济学课程。法马立刻爱上了经济学,不仅是由于这门学科自身很有魅力,还因为这有望帮他"摆脱高中教师穷困潦倒的一生"。[15]于是大三大四这两年,法马学习了学校里所有的经济学课程,向许多顶尖大学申请了研究生。附近的哈佛大学发来了录取通知书,但芝加哥大学一直没有回应。也许在另一个平行世界里,芝加哥大学从来没有录取过这个后来成为杰出经济学家的人。法马很好奇,于是给芝加哥大学的学生办公室打去了电话,巧的是,接听电话的正好是办公室主任本人——杰夫·梅特卡夫(Jeff Metcalf)。

"哎呀，我们没有你的申请记录。"梅特卡夫说。[16]

"但我确实递交了申请。"法马坚称。

"你的成绩怎么样？"梅特卡夫问道。

"全A！"法马回答。

梅特卡夫继续和这位年轻学生聊了起来，法马身上的某些特质触动了梅特卡夫。于是他告诉法马，芝加哥大学有专门的奖学金提供给来自塔夫茨大学的学生。就这样，这位早熟的前运动员来到了芝加哥大学。在这通命运的电话之后，除了20世纪70年代中期，法马前往比利时鲁汶大学做了两年客座教授，其余时间他一直在芝加哥大学任教，甚至80多岁高龄时仍在授课。

进入芝加哥大学后，法马第一次遇到了伯努瓦·曼德勃罗（Benoit Mandelbrot）。曼德勃罗是一位才华横溢的数学家，出生于波兰，先是移居到法国，后来又移居到美国。博学的曼德勃罗经常游走在各个高校，时不时也会到芝加哥大学给研究生做演讲，他常常跟法马在学校的四方庭院里散步、聊天。正是曼德勃罗，告诉这位年轻的意大利裔美国小伙金融市场具有明显的随机性，还跟他说起了半个世纪前巴舍利耶的开创性研究。曼德勃罗曾住在法国，他对巴舍利耶的《投机理论》非常熟悉，和萨缪尔森、萨维奇一起，努力把巴舍利耶的研究推广出去，使更多的世人知晓。在推广巴舍利耶的研究这件事上，曼德勃罗功不可没，尤其是在芝加哥。

当时，法马在确定博士论文题目的时候，给他的导师默顿·米勒（Merton Miller），也是一位经济学巨星，提交了5个选题。"他静静地否决了前4个选题，但看到第5个时，兴奋了起来。"法马后来回忆道。[17]在塔夫茨大学读大四的时候，法马曾在一位教授手下工作过，这位教授向人们提供预测股市的服务，法马的任务是寻找预测方法。但问题是，基于历史数据找到的方法，似乎在对"样本外"的数据进行测试时不起作用，换句话说，一旦使用最新的股市数据，这个方法就失效了。

举个例子，历史数据可能显示，每周一购买汽车股就能赚到钱。但当有人真的这样做时，收益就消失了。用真实数据实测，是统计学家常用的方法，这样可以检验一个模型，到底是真的可以预测，还是仅仅是伪相关①。比如，人均奶酪消费量，看起来似乎跟每年被床单缠住而死亡的人数，具有高度相关性。[18]

尽管法马并没有找到能预测股市的方法，但他费尽心思收集到了道琼斯工业平均指数里包含的 30 只股票，每日的信息数据集合。当时，罗瑞和费雪还在隔壁楼里收集证券价格研究中心的数据，所以法马的数据集可以说是一个巨大的宝库。法马对米勒说，他打算找证据来证明曼德勃罗的猜想，即股票收益服从"非正态分布"，意思是收益几乎是随机的，并且波动的范围要比人们的预期大得多。同时，他还要对股市的长期回报做个详细的实验。虽然这方面已经有一些研究成果，但法马的数据集提供了一个"统一的视角"。

功夫不负有心人，他做到了。法马的博士论文，用他自己的话来说，"简直让人看了想吐地详细论证了"股市确实存在非同寻常的巨大波动。正常情况下，大多数自然现象都遵循正态分布，统计学家也称之为"钟形曲线"。比如说，身高在 1.82 米的人数，要比身高 2.13 米或 1.2 米的人数都要多。如果画出图形来，就像一个钟罩似的，大多数数据都均匀分布在最常见的数据周围。正态分布

---

① 伪相关，是统计学的一个术语，意思就是风马牛不相及的事情，彼此之间没有任何因果联系，走势相同仅仅是巧合，但人们错误地以为它们之间有相关性。——译者注

也叫作"高斯分布",以纪念18世纪的德国数学家卡尔·弗里德里希·高斯。

但股市只在一定程度上遵循了这个特点。法马1964年的论文里指出,股价上涨或下跌1%的概率比2%更大一些,并且出现统计学里难以想象的巨大下跌的概率,要远远大于正态分布情况下可能出现的概率。用统计学的术语来说,股市收益是在正常的钟形曲线上,出现了可恶的"肥尾"。法马的名为《股票市场价格行为》(The Behavior of Stock-Market Prices)的论文,证实了早先曼德勃罗和萨缪尔森等人的猜想,即股市是接近随机的、不可预测的。正如这位年轻的经济学家在论文开头所写的:"股价的变化是没有记忆的,也就是说,没有任何方式能依靠过去预测未来。"[19]

那为什么无法预测呢?法马最大的贡献就在于使用了一个非常重要的假设,来论证这个观点。法马的博士论文里虽然没有明确提到这个假设,但他1965年发表在《金融分析师杂志》上的文章《股票价格的随机游走》(Random Walks in Stock Market Prices)里,首次提出了"有效市场"这个概念。同年,资产管理行业的领军杂志《机构投资者》,转载了这篇论文的简化版本。

法马认为,在一个有效市场里,有那么多聪明的交易员、分析师和投资者在互相竞争,这意味着在任意时刻,所有已知的相关信息已经全部反映在股价中,任何新出现的信息也都会立刻反映到价格里。

这就是后来人们所说的"有效市场假说"。这其实并不是一个全新的观点。1889年,乔治·鲁特利奇·吉布森(George Rutledge Gibson)在《伦敦、巴黎和纽约证券交易所》(The Stock Exchanges of London, Paris, and New York)这本书中就写道:"在一个开放市场里，股票的信息都是公开的，股价能达到多少，可能取决于关注它们的人中最聪明的人的判断力。"[20] 但法马是第一个把理论和实际数据相结合起来的人。1970年，他整理了之前的研究工作成果，又发表了《有效资本市场：理论和实践研究综述》（Efficient Capital Markets：A Review of Theory and Empirical Work），成为有效市场假说的开山之作。

这个理论很快在美国商学院的学术圈流行起来。尤其是在芝加哥，几乎成了宗教般的信仰。几十年前启发了马科维茨的凯彻姆教授，如今仍然在教授金融证券分析课程，而当法马的理论开始成为教条后，凯彻姆教授的课程就不再受欢迎了。当时芝加哥大学商学院一个名为大卫·布斯的学生后来回忆说："如果你足够清醒，你就不会去上凯彻姆的课。"

不过，有效市场假说，即使到今天都一直存在争议。毕竟，如果市场如此有效，为何会出现牛市和熊市呢？为什么还是存在一些人似乎能相对持续地赚到钱呢？事实上，股价很容易被疯狂的投资者左右，就像2021年年初发生的"游戏驿站事件"① 那样。如此说来，有效市场假说怎么会是真的呢？当时，在学术圈之外，有效市场假说也遭到了嘲讽。股票经纪人很欢迎罗瑞的证券价格研究中心的成果，但不喜欢绊脚石。从奥本海默公司（Oppenheimer & Co.）

---

① 2021年1月26日和27日，一只名为"游戏驿站"（Game Stop）、代码为GME的股票先后两日暴涨92.7%和133.84%。很多网友称之为"meme stonk"，来感叹这只股票的疯狂。Stonk是Stock的特定错误拼写，在英文网络用语中带有幽默嘲讽的意味。Stonk通常以一个特定表情meme的形式出现，表情中是一位西装革履的卡通男子，背景为股票走势。该表情可用于形容错误、夸张或者搞笑的投资决策，比如高买低卖了某只股票，就可以用该表情来表达心情。——译者注

1968年投放的一条广告里,我们可以看出当时的金融业对有效市场假说这个理论的态度:[21]

> 与同伴一起在公园里散步是非常令人愉快的,但放在股市里,却可能走上一条危险的路。尽管有些理论学家有了一些发现,但这并不能取代对资产管理的定性研究,以后也不能。

2008年的金融危机对有效市场假说的支持者来说,是一个特别沉重的打击。不过法马自己早已说过,市场有"肥尾效应"①,会有大崩盘的倾向。并且后来,他又开创性地研究了哪些长期影响因素能让投资者获取超额收益(在后面章节里会有介绍)。法马认为,实际上市场很少是完全有效的,他尖锐地指出有效市场假说理论"只有那些不愿意相信它的人,才会去争论"。按照法马的观点,像"互联网泡沫"破裂、2008年金融危机、新冠疫情出现后2020—2021年股市大反弹等事件,都表明股价并不总是"对的"。不过实际上,我们也没法提前知道当时的股价到底是不是对的。

最能表明有效市场假说具备长久价值的说法,来自20世纪英国著名统计学家乔治·博克斯(George Box),他曾打趣道:"所有模型都是错误的,但有些模型是有用的。"有效市场假说可能不全都是正确的,毕竟市场是由人来构建的,人很容易受到各种行为偏见和非理性的影响。但这个理论,至少近似合理地展现了市场是如何运作的,也有助于解释为什么在实践中人很难战胜市场。就连投资大师本杰明·格雷厄姆,后来也成了有效市场假说的支持者。

---

① 肥尾效应,是指极端行情发生的概率比人们想象中的更高。——译者注

法马对此有个贴切的或者说有点低俗的比喻，说给那些反对他这个理论的人听。他把传统资产管理比作色情文学："有的人喜欢，但这比不上真正的性爱。如果你愿意为此花钱也可以，但别花太多。"[22]

▲

在学术界与金融界的对抗中，芝加哥大学无疑是大本营。这里有0.8平方千米绿树成荫的四方庭院和哥特式建筑，坐落在华盛顿公园和密歇根湖之间，还聚集了世界上有史以来人数最多也最聪明的经济学思想家，他们正在悄悄地展开一场金融革命。

不过，学术界的思想向现实中的金融界渗透这个过程，还是很缓慢。大部分华尔街人，没有时间，也没有意愿，甚至有时也没有能力，来理解学术界正在发生的这些具有转折意义的新思想，就像是拥有一个免疫系统似的。然而，这个免疫系统里存在一个重要的漏洞，慢慢地，这些激进思想就像病毒一般传播到了整个金融行业。

证券价格研究中心的原始数据，仅仅是它所带来的贡献的一个开端。当罗瑞和费雪发表了他们的研究成果后，就开始组织一系列半年一次的研讨会，地点在芝加哥大学的继续教育中心，紧邻大道乐园。罗瑞和费雪带来他们的数据，很多世界顶尖的经济学家阐述他们的论文和想法，还有各种思想非常开放的投资专家和银行家前来学习和了解学者们正在做什么。

这些人当中，包括了约翰·博格，美国最大的共同基金公司之一的威灵顿管理公司的重量级高管；雷克斯·辛克菲尔德，一名芝加哥大学商学院的学生，后来进入美国国家银行信托部门工作；伯顿·麦基尔（Burton Malkiel），华尔街著名经纪公司美邦的投资银行家；

威廉·福斯（William Fouse），梅隆国民银行信托部的股票分析师；约翰·麦克奎恩，富国银行一位意志坚定的高管；以及迪恩·李巴伦，共同基金公司凯士顿的一位基金经理，爱交朋友，思想开放。人们称这些人为"量化投资者"，因为他们使用计算机来进行严谨的量化计算。虽然计算机如今在投资行业已经是司空见惯的工具，但在此之前的几个世纪，人们都一直是靠主观判断和定性分析来做投资。正如《机构投资者》杂志在1968年所写的：

> 并不是所有的革命都发生在5月里血腥的某一天。有些会悄悄地到来。先是游击队员在山坡上随意低效地游荡，然后会出现几个前无古人的领导者。最终政府里到处都有他们的朋友，于是你知道了，为了继续生存下去就必须做出改变。投资领域正处于这样一场无声的革命当中，并且很明显，改革者终将赢得胜利。他们的名字是——量化投资者，他们的武器是——计算机。

罗瑞和费雪举办的半年一次的研讨会，将学术论文中用生硬语言表达的另类新思想，传播到了金融行业。

就拿伯顿·麦基尔来说，在深入了解了证券价格研究中心的成果，也亲身体会到投资行业的困境后，他离开了华尔街，到普林斯顿大学攻读博士学位，从此进入学术圈。1973年，他出版了《漫步华尔街》（*A Random Walk Down Wall Street*）这本书，带领许多学术理论成为主流。书里还有句名言："一只蒙着眼的猴子向报纸的金融版面投掷飞镖，这样选出来的一个投资组合，与一位投资专家精心挑选的投资组合，业绩表现一样好。"

在书中，麦基尔还建议人们构建这样一只基金："只是简单地买入上百只处于市场平均水平的股票，持有不动……基金经理很快会反驳说'你没法儿买下市场平均。'但现在，是大家可以做到的时候了。"[23]

事实上，当麦基尔正在研究和撰写这本畅销书的时候，竞争已经开始，一群来自波士顿、芝加哥和旧金山等地，各有特点且勇于打破常规的业内高管，争相希望成为第一个发行新基金的人。这第一只基金，包裹着来自金融学术界的创新研究浪潮，汹涌地扑向投资行业，最终重塑整个金融业。

第四章

量化投资者

约翰·麦克奎恩身穿一身西装，在加利福尼亚州圣何塞的一个普通会议中心，自信地大步走向讲台。那是1964年1月，麦克奎恩打算向人们展示自己最近正在做的一些有趣的研究，即通过使用计算机是否可以预测股价。当时他并不知道，这将是一次改变他人生轨迹的演讲。

麦克奎恩曾是纽约经纪公司美邦的一名新晋投资银行家，这是华尔街相对风平浪静的领域。大多数公司都保持着紧密的合作关系，也还没有趾高气扬的交易员敢随意拿着银行的钱来下赌注。麦克奎恩主要做公司金融，帮企业筹集资金，这是一项有价值但单调的工作。

麦克奎恩是个硬汉，有一对浓黑的眉毛，一头蓬乱浓密的头发，从前是一个身强体壮的农场工人，后来又做了海军工程师。麦克奎恩在上班的同时，还帮一家刚刚起步的初创公司干活，看是否能从股市历史表现中挖掘出一些模型，用来预测股价。

为此，麦克奎恩和同伴租用了一台IBM 7090大型计算机，租金每次 500 美元，计算机位于曼哈顿 51 街和第六大道的时代生活大厦。因为白天还有工作，租金也不便宜，所以他们只能在晚上和周末来做这个活儿。那时计算机运行速度还很慢，麦克奎恩不得不常常在机器运算的嘎吱声中，忙里偷闲钻进睡袋小睡一会儿。[1]

这项工作终究被证明是徒劳的。无论他们在数据中发现了怎样的模型，都没有一个模型能真正给出线索，指出股票今后的走势如何。好吧，所有东西看起来似乎都是随机的。但那么多的漫漫长夜，他们不断向计算机输入数据，计算机又不断输出大量运算结果，这个情况引起了当地 IBM 公司经理的好奇心。怀揣着好奇同时想要展示计算机更多的潜在用途，IBM 邀请麦克奎恩在圣何塞给现有客户及未来的潜在客户，讲一讲他的初步研究情况。

当麦克奎恩抵达旧金山时，这座城市可以称得上是世界上最有趣的地方之一。那时距离"爱之夏"① 还有 3 年，但物美价廉的房子和轻松包容的社会文化，已经孕育出一场充满活力的反主流文化运动，勇士队的威尔特·张伯伦点燃了 NBA，一个新兴的科技产业开始崭露头角，后来成为世界闻名的硅谷。亨特·S. 汤普森和汤姆·沃尔夫等作家记录了 20 世纪 60 年代的旧金山，让更多人了解到旧金山纵横交错的文化潮流。

这些喧嚣声，并没有打扰到平静的 IBM 圣何塞商业中心。不过，1964 年年初举办的这次会议，也许是命运特意的安排。在听众中，机缘巧合地坐着富国银行董事长兼首席执行官兰塞姆·库克

---

① 1967 年的夏天被历史学家称为"爱之夏"，因为那年夏天，旧金山爆发了一场声势浩大的嬉皮士运动，"爱"是那场运动的口号，故得此名"爱之夏"，也被称作"嬉皮士革命"。——译者注

（Ransom Cook）。当时，富国银行是一家受人尊敬的老牌银行，其历史可以追溯到19世纪50年代加州的淘金热，但它的成功还仅限于西海岸中心地带，在这个范围之外还没有什么影响力，因此它想要谋求更大的发展。麦克奎恩这位年轻的中西部人和他所掌握的技术，深深地吸引了库克。

会议结束后，库克走过来和麦克奎恩聊天并说道，如今计算机业务是富国银行支出增长最快的一项，然而没产出什么有用的结果。库克抱怨道："据我所知，我们现在做的事情跟20世纪30年代没什么不同，仍然是一副老式做派，戴着臂章，手写信件。计算机难道不能做更多的事情吗？"麦克奎恩肯定地说，计算机可以的。

简短的交谈后，库克问麦克奎恩会不会继续在这里待上几天，麦克奎恩说会的，于是库克邀请麦克奎恩第二天到富国银行的办公室，好好聊一聊。隔天见了面，库克开门见山地说："我对投资组合的业绩很担心，虽然我并不知道具体业绩会是多少，但我想也没有人能知道。"库克聊到他昨天在会议上看到的那厚厚一沓由计算机生成的数据时，他问麦克奎恩："你真的能靠这些东西管理资金？"[2]

麦克奎恩认为，用更科学的方法来做投资，才是未来。他说，传统方式遵循的是一种"伟人理论"（the "Great Man" theory），这是19世纪哲学家托马斯·卡莱尔（Thomas Carlyle）提出的。意思是，由某个天资超凡的英雄挑选出他认为会上涨的股票（在20世纪60年代做投资这行的基本上都是男性），而当他不可避免地某次终于判断失败后，投资者就转而寄希望于另一个英雄。"整件事情就是一个运气驱动的过程，根本没有系统性，我们对此知之甚少，还需要继续研究。"麦克奎恩如是说。[3]

很显然，库克被打动了。他当场就给了麦克奎恩一份工作邀约，希望麦克奎恩能建立和领导一个内部智囊团，探索富国银行各项业务的发展路径，其中包括投资管理业务。麦克奎恩对这突如其来的邀请感到很荣幸，同时有些手足无措，他说得回纽约跟妻子仔细商量一下。麦克奎恩的妻子朱迪思·特纳，当时正就读于哥伦比亚大学，听了之后有些疑虑。但库克在接下来的几周里，不断电话游说麦克奎恩。最终，麦克奎恩同意了。1964 年 3 月，他搬到了旧金山，成立了一个新部门名叫"富国银行管理科学部"，直接向董事长库克本人汇报。麦克奎恩的妻子，则转学到加州大学伯克利分校继续攻读 MBA。

这个工作机会还是很有吸引力的。麦克奎恩在美邦公司的年薪是 6 000 美元，而库克为了打消他妻子的疑虑，将其年薪提升到 18 000 美元。库克问他，新部门的预算想要多少，麦克奎恩不太确定，又担心要少了拿到的不够用，于是回答道："一开始大约每年 100 万美元吧。"[4] 令他高兴的是，库克认为这完全是合理的，为了追求突破，钱不是问题。

麦克奎恩来到富国银行管理科学部之后，做的第一件事，就是说服库克签约证券价格研究中心的研讨会和股市信息服务，这也是证券价格研究中心数据库的第一个商业客户。支持罗瑞的研究花销很大，麦克奎恩不确定库克到底对这个臭鼬小组式的新部门有多看重。但库克没有退缩。

"放手做吧，需要花多少就花多少。"库克保证，"需要用钱时就跟我说，我来搞定。"从那天起，麦克奎恩基本上想要花什么钱，都可以自由支配。至于他想要花的钱，则全部是为了探索金融新领域。麦克奎恩一边回忆，一边仍然惊叹于自己的好运气："库克可以说是打开了金库。"1966 年年底，理查德·库利（Richard Cooley）

接任库克，成为富国银行新的董事长兼首席执行官，一如既往地继续支持麦克奎恩。麦克奎恩说："也许他们喝的水里加了什么东西，给了他们勇气来做这些事情。"

▲

麦克奎恩在伊利诺伊州乡下的家族农场里长大，那里跟华尔街完全是两个世界。当村民被征召入伍参加第二次世界大战时，年仅8岁的麦克奎恩不得不干起了农场工人的活儿。这段经历培养了他对大自然的热爱，农场的机器也让他着迷，于是长大后他进入美国西北大学学习机械工程专业，成为家里的第一个大学生。

大学期间，他到一家生产钢制办公家具的公司实习，想了解工程专业背景的自己毕业后能找份什么样的工作。正是在那里，他第一次见到了计算机，那是一台 IBM 305 RAMAC 计算机，依靠一堆 24 英寸的磁盘和穿孔卡片来运行。① 公司用这台计算机来管理产品及零部件的库存情况。麦克奎恩后来回忆道："它工作时的声音大得就像一列货运火车，但我喜欢。"5 很快，麦克奎恩有了另一件感兴趣的事。他偶然间上了一门关于公司金融的课程，其中的复杂性立刻吸引了他，他从此沉浸在股票和债券的世界。

在西北大学时，麦克奎恩还加入了预备役军官训练营。因此，1957年毕业后，他被任命为海军少尉，并被派往第二次世界大战时期的驱逐舰威尔特西号（USS Wiltsie）服役两年，驻扎在圣迭戈。服

---

① IBM 305 RAMAC 是第一台带有硬盘的超级计算机，于 1956 年 9 月 13 日推出。它的硬盘包含 50 个 24 英寸的磁盘，有两个冰箱那么大，重量 1 吨，可以存储 5MB 的数据。——译者注

役第二年，刚刚 24 岁的他，就被任命为总工程师，开始在西太平洋执行为期 7 个月的任务。对年轻的麦克奎恩来说，这是一堂突如其来的速成课，不但让他掌握了工程实践能力，还培养了他的领导力。后来他说："这对我的意义，远远不只是塑造了性格这么简单。"[6]

这段经历在他身上留下了深深的烙印，让这位原本就有着钢铁般意志力的年轻人，更加坚定了。朋友和同事都形容他有超凡的自驱力。在最糟糕的情况下，他可能会顽固、急躁、好斗，但最终他能把事情做好。即使年龄大了也一样固执，据一位朋友描述，麦克奎恩 60 多岁时，有一次在滑雪事故中摔断了腿，打着满腿石膏，却仍然忍着疼痛，开着一辆"狂野"的军用吉普车，带他去索诺玛的葡萄园。朋友回忆说："他真是个硬汉。"

两年的海军生涯后，麦克奎恩决定到哈佛商学院攻读 MBA，在那里，他早年对计算机的兴趣发展成强烈的热爱。哈佛商学院没有可供学生使用的计算机，他就长途跋涉越过查尔斯河，到麻省理工学院去使用。在麻省理工学院，他遇到了一位教授，正试图从历史交易量和交易模式中，寻找能预测股价的方法。于是麦克奎恩成了教授的"数据狗"，帮他从《巴伦周刊》（*Barron's*）里收集股价原始数据，然后将数据转换为机器可识别的格式，在麻省理工学院的 IBM 主机上对教授的猜想进行验证。

1961 年麦克奎恩毕业了。然而，他面试的一些投资银行，看了他的学历背景和兴趣方向之后，都感到十分诧异。有一次，面试官毫不客气地问："你一个工程师，想来华尔街干什么？"[7]如今，工程、物理和数学等领域，在金融行业都是不可或缺的，但在那个年代还不是。麦克奎恩自己也很难回答这个问题。最后麦克奎恩选择了美邦，一家著名的华尔街公司，主要是因为美邦在金融实践应用方面有更全面的培训项目。与此同时，他还继续为麻省理工学院那位教授工作着，于是后来就有了跟富国银行董事长在1964年年初的那次邂逅，从而建立了富国银行管理科学部。

这个臭鼬小组并没有被正式安置在富国银行信托部门，但实际上，投资管理业务是隶属于信托部门的。除了投资管理业务，管理科学部还广泛承担了一系列其他项目，比如量化各个分支机构的财务状况，估算贷款给大公司的好处及可能承担的违约风险等。

其中有一项基于计算机来衡量消费者信誉度的研究，后来成为费尔艾萨克公司（Fair, Isaac and Company）信用评分系统的分析框架，也就是如今人们熟知的FICO。[①] 富国银行管理科学部还帮助成立了ICA（Interbank Card Association），一个西海岸银行组织。这个组织联合发行了一张信用卡来跟美国银行发行的"美国银行卡"竞争，也就是后来的万事达卡。

新官上任三把火。麦克奎恩上班第一天，就开展了一个项目，来分析信托部门的表现及改进方法，这也引起了一些关注。《机构投资者》杂志在1968年描绘刚刚兴起的"量化投资者"时，洋洋洒洒地表示："富国银行是真正将计算机应用到投资中的实验室，这一切都要归功于约翰·麦克奎恩。"[8] 然而，麦克奎恩也为此付出了代价。他的妻子朱迪思无法适应西海岸的生活，1966年跟他离婚，搬回了东部生活。

职场上，他也遭遇到挑战。最大的障碍来自富国银行投资部门的高管，他们对麦克奎恩所做的事极其反感。特别是金融分析部的负责人詹姆斯·维汀（James Vertin），他的敌意非常大。金融分析

---

① 库利是费尔艾萨克公司创始人比尔·费尔（Bill Fair）的朋友。

部是为信托业务做研究和组合管理的部门。维汀称麦克奎恩为"刀锋麦克"(Mac the Knife),把管理科学部描述为"一群身穿白大褂围绕在嗡嗡作响的计算机旁的家伙",他认为管理科学部就像"鲨鱼鳍划破水面"一般,侵犯了自己的领地。[9] 不可避免地,这导致公司内部产生了许多摩擦。麦克奎恩回忆说:"这感觉就像在逆流中铲屎。"[10]

在这段时间里,还有一些其他玩家躲在幕后,希望成为第一个发行被动指数基金的人,这具有巨大的突破性意义。这样的一只基金,正是从马科维茨、夏普、法马和其他同僚的前沿学术研究成果中构建出来的。

▲

雷克斯·辛克菲尔德,是金融领域非同寻常的一位。他的成长环境极度贫困,曾短暂地当过一段时间神职人员,但他留下的不可磨灭的印记,丝毫不逊于东海岸那些自由派精英,尽管他常常嘲笑他们。

辛克菲尔德从小生活在圣路易斯,父亲去世后,母亲无力抚养他和4岁的弟弟,于是他不得不住进一个天主教孤儿院,由严格的德国修女看管。姐姐正在读高中,留在了母亲身边生活。离开家庭是极其痛苦的,但辛克菲尔德终究还是在圣文森特孤儿院的管教下茁壮成长。6年后,母亲找到了一份秘书的工作,终于有能力把他接回了家。

高中毕业后,他去了神学院,起初打算成为一名牧师,但3年后离开了。神学院的学生要离开,没有人会追问原因,因为这可能会涉及隐私。辛克菲尔德对此也一直守口如瓶,他只是说:"这不适合我，教会会更好一些。"每位神学院的学生都主修哲学，但辛克菲尔德渴望学一些完全不一样的东西，于是他在圣路易斯大学学习哲学的同时学习了商业，并且额外花了一年时间拿到了金融学学士学位。

他的成绩非常好，老师鼓励他申请芝加哥大学商学院的研究生。当时正值越南战争，他应召入伍，在军队当了一段时间的随军牧师，好在比较安全。他喜欢下象棋，在莱利堡为了打发时间还学习了柔道，并参加了堪萨斯州各地的锦标赛。在这之后，他就去了芝加哥大学。

在芝加哥大学学习期间，辛克菲尔德开阔了眼界，成长并顿悟了。他非常欣赏像默顿·米勒这样杰出的教授和他的学生法马·法马，并成为有效市场假说的虔诚信徒。当时辛克菲尔德对自己说："这一定是真的，这是世界上、市场上，唯一能创造秩序的东西。"[11] 后来他称自己是有效市场假说的阿亚图拉，这也反映出他是多么相信法马的理论就是绝对真理。[12] 他还有个额外的收获，在当地柔道俱乐部，他遇到了一位名叫珍妮·凯恩斯的姑娘，是主要研究人口统计学的社会学博士生，也是三级棕色腰带选手。他们很快就结了婚。

毕业后，辛克菲尔德希望在投资领域工作，实践自己所学的一切。然而，尽管拥有芝加哥大学商学院 MBA 的学历，但他面试的芝加哥、纽约和洛杉矶的许多大银行，都拒绝了他。想要改革投资管理行业的满腔热情，被泼了冷水。天无绝人之路，唯一的录用通知来自芝加哥美国国家银行，一家受人尊敬但规模不大的地方商业银行，其信托部门的规模就更小了。[13]

起初他被安排在信托部门做股市研究，工作地点位于美丽、挂着标志性艺术装饰的银行大楼内部，大楼则坐落在充满活力的金融街中心。但对这位有效市场假说的信徒来说，这个工作安排跟他原本的理想差距有点大。研究股市并挑出最好的股票，并不是他想做的事。他写的第一篇报告是关于酿酒商安海斯-布希公司的研究，但他写得非常痛苦。有一天，他跟秘书说："辛迪，这全是胡说八道，我们所做的一切，全都是扯淡！"

除了日常工作，辛克菲尔德还帮芝加哥大学的罗杰·伊博森（Roger Ibbotson）教授做一些工作，基于证券价格研究中心的研究进行扩展和更新，探究债券和票据（一种短期政府债）的长期回报以及通货膨胀率的变化。1977年出版了第一本书《股票、债券、票据和通货膨胀》（Stocks, Bonds, Bills, and Inflation），并从此成为一个长篇系列丛书，类似于投资行业的年鉴。

辛克菲尔德的教育背景，和他讲述的那些关于开创性学术研究成果的言论，引起了信托部门负责人、前空军上尉戈登·坎贝尔（Gordon Campbell）的注意。他邀请这位年轻人，向一些部门同事介绍一下他所信奉的有效市场假说。会议进行得很顺利，于是坎贝尔让辛克菲尔德向银行董事会再做一次同样的演讲，董事会也很认可。

终于在1972年1月，辛克菲尔德凭借着自己的芝加哥大学学历，调进了投资组合管理小组。同年2月，他就提出了一个酝酿已久的激进想法。他给上司发了一张一页纸备忘录，催促银行做一个"被动的"股票投资组合，跟踪标普500指数，最初他称之为"市场基金"。在备忘录里，他简明扼要地阐述了支撑这一想法的金融理论，并给出了具体的证据来说明大多数主动基金经理的表现都很差。

然而提议石沉大海，没有得到任何回应。于是辛克菲尔德找到坎贝尔询问情况。坎贝尔承认说这是个好主意，也许可以成为未来几年的一个探索项目。辛克菲尔德离开时心想:"两年?扯淡吧!我们现在就得做完它。"

峰回路转。令他惊喜的是,董事会很快还是批准了他的申请,让他去实现自己古怪的想法,证明他真的能够既准确又低成本地跟踪股票指数。辛克菲尔德后来回忆说:"我真的很钦佩他们,他们对这些事情真的不像我了解得这么深,但他们仍然愿意拿整个银行的声誉来冒险。"

1973年夏天,辛克菲尔德开始加速,全力以赴,仔细构建了一个纸面上的投资组合,每晚更新其价格,以证明这个组合和标普500指数之间的跟踪误差是非常小的。信托部门的许多同事都为他之前介绍的有效市场假说所折服,并给了他帮助。不过,他最终能否得到美国国家银行高层的最终批准,成立一只实时跟踪指数的基金,尚未可知。

▲

与麦克奎恩和辛克菲尔德一样,迪恩·李巴伦也是另一位金融界打破传统的人。业内人士大多孤僻、冷静,而他则爱社交,生性冲动。在金融这个行业里,几乎人人都想要成为最好的那一个,李巴伦却一直坚称自己更愿意做第一个。他开玩笑道:"想要做到最好很容易,你只需要做一些别人已经做过的事,然后把它做得更好、更花哨即可。但想要做第一人,却很难。"

李巴伦1960年在哈佛大学获得MBA学位后,开始进入投资行业。[14]主要是因为他不想成为另一个"身穿灰色法兰绒西装,渴望成为通用汽车公司的工厂经理助理"那样的人。[15]20世纪60年代股市一片欣欣向荣,虽然已经是凯士顿投资管理公司一名资深投资组合经理，但李巴伦——一个骨子里写着叛逆的人——开始着迷于芝加哥大学、斯坦福大学、麻省理工学院等高校正在进行的金融前沿研究，并开始参加一些证券价格研究中心在风城芝加哥举办的半年一次的研讨会。

技多不压身，他还开始学习当时流行的编程语言 Fortran。另外，他也是一名狂热的飞行爱好者，为了彰显自己的特立独行，他买了一架双引擎塞斯纳天空大师飞机和一辆亮红色的水陆两栖汽车，这是一辆德国制造的两栖车，李巴伦会开着它在波士顿港转悠，对着码头旁的食客闪烁前灯。[16]

不过 1969 年，他从凯士顿辞职了，原因是公司要求所有高级员工都必须留出一些钱来用于政治捐赠[17]，还要花一些时间来撰写意见书。李巴伦认为所谓意见书，其实就是行业游说①。他不愿意遵循公司这个规定。他的不配合，让公司内部震怒。"那时，我听见他们在隔壁房间里敲打，建造一个和我差不多大小的盒子。"他笑着说。

于是，在被推入他所隐喻的棺材之前，李巴伦自己跳了出来，1969 年离开并创立了百骏财务管理公司，他希望打造一家提供金融服务的工程性公司，结合主观判断与计算机数据处理方法，构建一个更好的小盘股、低估值投资组合。李巴伦在凯士顿时聘用的杰里米·格兰瑟姆（Jeremy Grantham），一位聪明年轻的英国基金经理，也跟着他一起出来了。

李巴伦给新公司起名时还藏了点儿小心思，他用公司所在的街

---

① 游说是个行业，美国有游说公司，比如华尔街就是游说行业出了名的大金主。——译者注

道和大楼来给新公司命名，企图让潜在客户以为街道和大楼是以新公司的名字来命名的。一开始，百骏的发展步履维艰，20世纪70年代早期的熊市给了他们沉重的打击。唯一给办公室增添一丝生气的，是李巴伦买的一个二战时期的旧飞行模拟器。[18] 不过很快，他对创新多过成功的渴望，就被满足了。

1971年，格兰瑟姆参加了哈佛商学院的一次晚宴，宴会上宾客开始讨论，用什么方式来评估和挑选基金经理才是最好的。格兰瑟姆开玩笑地表示，对投资者来说最好的选择可能是把钱交给"标普500先生"，因为指数委员会挑选标普500成分股的能力，长期来看似乎可以打败大多数基金经理。不出所料，这个想法并没有人理睬，备受冷落。格兰瑟姆打趣地回忆道："连个水花儿都没看到。"

但李巴伦对这个想法很感兴趣，单独约了哥伦比亚商学院的一位教授讨论。李巴伦很熟悉相关的金融理论，对于构建一个可能会让全行业刮目相看的全新产品这个点子，很是喜欢。最重要的是，他意识到，那么多潜在客户都在寻求的产品，实际上就是一个基于指数的产品：一个股票数量多、具有多样性、简单、低换手率的蓝筹股投资组合。李巴伦并不信奉有效市场假说，他仍然认为有能力的基金经理可以在一些不受关注的、不怎么有效的市场里获得不错的收益，比如小盘股或新兴市场。但他觉得，在主流金融市场，这样一个新产品也是有意义的。

到了1973年，李巴伦他们认为已经找到了构建新产品最好的解决方案，于是针对养老金推出了百骏全市场投资组合。这个组合跟以往传统方式不同，采用了专户的形式来管理。这个策略由百骏的PSP（Program Selected Portfolio）部门负责，买入标普500指数中250只规模最大的股票。李巴伦认为综合考虑成本和效率，250

只是跟踪指数性价比最高的方式。为此对投资者的收费是 10 万美元的固定年费。

然而，并没有人来投资。甚至后来百骏把费用降低到了每年 2.5 万美元后，仍然无人问津。李巴伦在 1973 年 11 月说："虽然我们收到很多关于 PSP 的咨询，但至今为止，还没看到有谁开着装满了资金的装甲车来到我们门口，要做投资。"[19] 于是，业内杂志《养老金和投资》（Pensions & Investments）的一位专栏作家，给百骏颁发了一个"不靠谱成就奖"（Dubious Achievement Award），奖励他们一整年都没有赢得任何一个客户来投资指数基金的忍受能力。[20] 作为一个有风度的人，李巴伦特意去杂志社领取了他的奖状，并装裱起来，挂在了自己的办公室里。[21]

总部位于旧金山的投资管理部门美国运通，当时在附近斯坦福大学教授威廉·夏普的建议下，也打算设立一只指数基金，但进展很慢，也不确定能否成功。一时之间，对于这一小部分愿意探索金融新领域的公司来说，似乎不像电影《梦想之地》（Field of Dreams）里那样，只要放手去做就能梦想成真。辛克菲尔德回忆说："我们是叛逆者。"不过，叛逆者终将成功。他们的发明，最终将使那些长期以来轻视他们的业内专家蒙羞。

第五章
守卫叛逆

在旧金山，战争爆发了。麦克奎恩的管理科学部和维汀的金融分析部之间的斗争，可以说是史诗级的，跨越多条战线，持续了很多年。麦克奎恩可能确实很固执，但维汀也不是怕事儿的人。

据金融历史学家彼得·伯恩斯坦描述，维汀曾是一位二战时期的海军中尉，非常热爱户外运动，作为一名敏锐的野鸭猎人，他有着一双像老鹰一样的眼睛。维汀开一辆亮红色的汽车，时不时穿一件红色的运动夹克，与银行业通常稳重的着装格格不入，"像一个无敌的战士一样大步行走"。一位采访过维汀的杂志记者提到他有着"浓密的灰色眉毛"，掩饰了他充沛的活力。[1] 他头脑也很聪明，跟麦克奎恩一样敏锐并充满好奇心，对金融行业抱有一种怀疑的态度。

维汀把许多专业基金经理比作巫医，通过跳大神来给人治病。一旦疾病自愈，医生就宣称这奇迹般的康复都要归功于他。[2] 维汀的办公室里挂着一张海报，上面写着："三个臭皮匠，顶个诸葛亮。"（None of us is smart as all of us.）[3]

本来，维汀并不打算向麦克奎恩屈服。就连他在 2018 年去世之前，都曾明确表示，他常常觉得麦克奎恩是个"讨厌鬼"。[4]有这种感觉的，不止维汀一人。许多下属也觉得麦克奎恩"专横且傲慢"。[5]但基于麦克奎恩直接向董事长汇报，他们对此也只能接受。一位信托部门前职员回忆说："当时真像暴风雨来临，大家总是在争吵。"甚至连夏普教授这样的学术界盟友，都说麦克奎恩有时会表现得"暴躁和疯狂"。

尽管如此，最终维汀还是让步了。管理科学部的聪明人，生成了大量足以支撑他们观点的数据，这说服了维汀。为了打赢这场仗，在公司高层的慷慨支持下，麦克奎恩组建了一支全明星学术队伍，给富国银行担任顾问，前后包括威廉·夏普、詹姆斯·罗瑞、劳伦斯·费雪、迈克尔·詹森、哈里·马科维茨、默顿·米勒、杰克·特雷诺，以及两位冉冉升起的经济学巨星费希尔·布莱克（Fischer Black）和迈伦·斯科尔斯（Myron Scholes）。很多人都是麦克奎恩在证券价格研究中心半年一次的研讨会上认识的，库利向他敞开的金库，也支持了他做任何他想要做的研究。

法马·法马没有正式为富国银行工作过，但也为此贡献了自己的一分力量，他更像是整个研究队伍的教父。正是法马，介绍了自己最得意的学生大卫·布斯为麦克奎恩工作，也介绍了斯科尔斯和布莱克进入管理科学部。法马越来越大的名气，给予这个弱小新生、一腔热血要推动指数发展的团队所需要的智慧人才。这么多人聚在一起齐心协力，管理科学部可以称得上金融领域的"曼哈顿计划"①。跟这些学术大佬在一起工作，就连没人认为会害羞的麦克

---

① 曼哈顿计划是第二次世界大战期间美国陆军自 1942 年起，研制原子弹的计划代号。——译者注

奎恩也谦虚了起来，他回忆道："天啊，他们太厉害了，感觉就像学渣见到了学霸，我自愧不如。"

斯科尔斯和布莱克是其中的关键人物。斯科尔斯担任富国银行的顾问后，在1968年夏天，他建议富国银行建立一种被动投资工具，可以买入和持有整个股市的一部分。麦克奎恩很感兴趣，不过还想更深入地研究一下潜在的优缺点。斯科尔斯虽然当时只有27岁，但已经是麻省理工学院的助理教授，每周只有一两天的时间能花在这个项目上，所以他找到布莱克问他是否能帮忙。布莱克是他最近在芝加哥大学的迈克尔·詹森的介绍下刚刚认识的。[6]

这次合作硕果累累。这两位经济学家在1973年发表了一个开创性的数学模型，来为衍生品定价，从此重塑了金融业，成为现代华尔街的奠基石。斯科尔斯和另一位对模型做了扩展工作的麻省理工学院教授罗伯特·默顿（Robert Merton），一起赢得了1997年诺贝尔经济学奖。只可惜布莱克1995年就早早地去世了。

当时，斯科尔斯和布莱克还做了一些研究工作，只不过没太引人注意，他们的这些工作为富国银行建立一只"被动"基金奠定了分析基础。所谓"被动"基金，意思是不再根据主观判断来挑选未来表现好的股票，而是直接买入整个市场。[7]管理科学部的人做了大量繁重的工作，其中有主要贡献的是拉里·库尼奥（Larry Cuneo）和韦恩·瓦格纳（Wayne Wagner）。这两位学者会定期聚在一起，一边狂喝着超甜的冰茶，一边仔细研究数据。[8]

面对这么多智慧的头脑，以及越来越多突破性的学术论文陆续发表，在每天的耳濡目染之下，维汀终于不再抵抗。事实上，他最终是很赞同新思想的，他身上展现出来的热情，只有真正相信新思想的人才会有。

不过，正如维汀所说，他们还需要一个人，来"架起新的理论和旧的实践之间的桥梁"。正所谓，众里寻他千百度，蓦然回首，那人却在，灯火阑珊处。富国银行找到了这个人，他来自西弗吉尼亚州，乍看之下似乎不能胜任，他曾经是爵士乐萨克斯手，生活达人，但他的头脑实际上不亚于麦克奎恩和维汀。

▲

威廉·福斯有一张胖乎乎的脸颊，戴着大大的方框眼镜，留着一小撮胡子，总是面带微笑，让人看不出他有一副聪明睿智的头脑。在指数基金的历史中，他可能不像同时代的其他人名气那么大，但每一位跟他共事过的人都认为，无论是在指数基金的发明过程中，还是在后续的发展过程中，他都功不可没。

福斯出生于1928年9月20日，西弗吉尼亚州的帕克斯堡，[9]父亲是一名银行家，母亲是一名教师。他在高中军乐队吹奏单簧管，[10]接着在肯塔基大学读工业管理和工商管理专业时，也会在各个爵士乐队中进行演奏，就这样，他的音乐天赋帮助他支付了大学学费。一直到2019年去世时，他都保持着对爵士乐和美食的热情。据一位老朋友和同事说："他认为生活在于质量，而不在于数量。"[11]

1952年，福斯进入匹兹堡的梅隆银行信托部门，一开始是一名初级分析师，研究铁路股票，后来当上了投资研究助理总监。虽然梅隆银行是"最纯粹的正统思想堡垒"[12]，福斯却不是一个墨守成规的人。

他爱上了计算机，如饥似渴地吸收来自金融学术界的新思想，并定期参加证券价格研究中心研讨会，在那里他结识了许多志同道合的人。但他在梅隆银行的上司，却对这些新奇的来自马科维茨、夏普和法马等人的贝塔、有效市场假设、现代投资组合等理论，不感兴趣。福斯努力追踪梅隆银行基金经理的表现，却一无所获，就像他自己说的："什么都没有，什么都没有，什么都没有，甚至比什么都没有更糟糕。"[13]

受到夏普研究的启发，1969年福斯建议梅隆银行发行一只被动基金，来复制一个大盘股指数，比如包含了美国大公司的标普500指数。这个建议遭到银行管理层的拒绝。1970年春天，他又建议成立一只基金，系统化地按照约翰·伯尔·威廉姆斯设计的股息贴现模型来做投资。威廉姆斯的研究比马科维茨还要早将近20年，也启发了马科维茨。然而这个建议也立即被否决了。老板跟他说："该死的福斯，你这是想把我的生意变成一门科学。"[14]一向开朗的福斯，感觉就像被一把利剑刺穿了身体。[15]

事实证明，这是压垮他的最后一根稻草。福斯决定离职，要为重视创新的人工作。于是，他打了个电话给在证券价格研究中心会议上认识的麦克奎恩。他甚至给麦克奎恩写了一封长长的信来说明为什么富国银行应该聘用他，他是这样描述自己的："敏锐的分析能力，有创新思维，思想独立，致力于科学方法，直言不讳，无法忍受愚昧无知。"麦克奎恩立即聘用了他，任命他为富国银行金融分析部的股市研究负责人，在维汀手下工作。最终，福斯成为连接新旧世界的那个桥梁。

在这个阶段，维汀已经转变原有观念很久了，不过虽然接纳了新思想，但还是免不了会存在一些办公室政治而引发的冲突。福斯觉得，自己就像一个传教士，被麦克奎恩派到了维汀所领导的异教徒之地。福斯后来回忆说："维汀是相信这套新思想的，但我不确定，假如没有我们强硬地改变他的观念，他自己会不会有所转变。"

即便如此,麦克奎恩自己也曾一度想要解雇福斯。因为福斯想要建立一个基于股息贴现模型的投资方法。他之前在梅隆银行提出这个想法的时候,就被前老板毫不客气地拒绝,如今又在富国银行提出来,但这引发了激烈的冲突。福斯说:"我就像个乒乓球一样被打过来打过去。那是段有趣的时光,但我坚持了下来。"他们偶尔会在旧金山的北海滩餐厅,一边喝着马提尼,一边吃午餐。这是一家1970年开业的托斯卡纳餐厅,离华盛顿广场只有一步之遥。这维持了他们之间脆弱的和平。

▲

当福斯来到富国银行时,人们已经开始构建某种类型的被动投资基金,只不过一开始并不是完全"纯粹"的指数基金。斯科尔斯和布莱克的研究表明,市场上存在一些潜在的非有效性,可以被挖掘出来。比如波动率比较小的股票,用夏普的原话来说就是贝塔比较小的股票,可能会产生更高的收益。这跟资本资产定价模型及法马的研究,是相矛盾的。

斯科尔斯和布莱克在1969年12月给富国银行的一份报告中,对于构建一只被动基金提出了三种选择方案:第一种,买下整个市场,同时可以通过借钱来提高收益,金融术语叫作"杠杆"。第二种,只买入低贝塔的股票,同时采用借钱的方式,来提高整体波动率到市场平均水平。第三种,只买入低贝塔的股票,同时赌高贝塔的股票会下跌,金融术语叫作"做空"。[16]

第三种方案更像是熟悉的对冲基金。最终富国银行选择了第二种来积极开展工作,并起名为"公共马车基金",以此向银行著名的标识——淘金热时期的马车——致敬。富国银行本意是想发行一只运用现代研究理论的基金来持续跑赢市场,以吸引其个人客户及养老金等。

但新来的福斯,狠狠地批评了这个方案。福斯认为只买低贝塔的股票就失去了多样性,代价太大,因为这类股票往往只存在于少数几个稳定的行业中。相反的,他更倾向于第一种方案,一个有杠杆的宽基全市场组合。最终,在一场关键会议中,经过激烈的内部讨论,福斯赢得了胜利。一向沉着冷静的布莱克难以置信,怒不可遏地冲出会议室。[17]

然而,公共马车基金最后还是以失败告终。1971年最高法院裁定,根据大萧条时期颁布的《格拉斯-斯蒂格尔法案》,禁止像富国银行这样的商业银行,向普通投资者出售共同基金。当时,虽然富国银行信托部门已经跟灰狗公司[①]和伊利诺伊电话公司确定了企业养老金投资意向,但无法面向个人投资者销售,也没有其他机构投资者太感兴趣,于是基金终止发行。据其中一位工作人员大卫·布斯,也是法马的学生,回忆道:"这艘大船上附着了太多的藤壶,最终导致大船的沉没。"

这也未尝不是一件幸运的事。一只杠杆基金,很有可能在随后1974年的股市崩盘中遭受重创,进而可能导致被动基金的发展又往后推迟数年。反而是麦克奎恩的管理科学部里另一项不怎么引人注目的工作,最终成就了历史上第一只指数基金。同样,灵感也是来自芝加哥大学。

1970年,基思·施韦德(Keith Shwayder)从芝加哥大学毕业,获得经济学学位,回到丹佛的家中,接手家族生意——箱包制造商

---

① 灰狗公司即美国长途巴士公司。——译者注

新秀丽。受到母校金融学术氛围的深深影响,他震惊地发现家族企业养老金投资了一系列表现很差的共同基金。对一个支持有效市场假说的人来说,这简直是一种诅咒。

施韦德打电话给他以前的老师,问有没有人能用更加现代化、理论上更合理的方式来管理资金。老师给他介绍了麦克奎恩。[18] 了解到情况后,麦克奎恩立即飞到丹佛,来仔细探讨新秀丽的需求。"我没有预算上的限制,所以如果我想去什么地方,直接去就好了。"麦克奎恩回忆道。

瓦格纳和库尼奥,是麦克奎恩在管理科学部的左右副手,做基础的设计和开发。[19] 但管理科学部这个"臭鼬小组"没有权利直接管理资金,于是公司成立了一个名叫富国银行投资顾问部的新部门,来负责这个奇怪的新产品。维汀的部门承担日常运营工作,基金本身则由福斯管理。富国银行投资顾问部,虽然当时名不见经传,但在几十年后却成为世界上最大的投资帝国的核心。

基金的投资计划是,投入等量的资金到每一只在纽约证券交易所上市的股票,大约有1 500只,因为这是最能近似模拟整个美股市场的方式。1971年7月,历史上第一只被动管理的、追踪指数的基金,诞生了。这也得益于新秀丽养老金投入的600万美元。

遗憾的是,一只等权重的追踪纽约证券交易所股票的指数基金,简直是一场噩梦。股价随时都在波动,所以基金也不得不持续进行调整,以确保投资到每只股票上的资金是相等的。结果,交易成本很高,记录保存也很困难。

虽然在理论上,有数据表明一只等权重的基金比传统方式的基金表现更好,但实践却不尽人意。福斯后来回忆说:"麦克奎恩和新秀丽想用等权重的方式来打败市场,但这有个缺陷,就是太难管理了。"

不过受此启发，富国银行投资顾问部于 1973 年 11 月，面向银行所有机构客户，推出了一只更简单的基金，它单纯地追踪标普 500 指数。富国银行自己的养老金和伊利诺伊电话公司退休系统，各认购了 500 万美元。[1] 当时，基金包括了整个美股大约 2/3 的股票，[20] 采用的是"市值加权"方式，也就是说，每只股票的权重占比是根据它在整个股市中的市值来确定的。1976 年，新秀丽把之前投入第一只基金的资金，转投到这只标普 500 指数基金。

第一任基金经理是托马斯·洛布（Thomas Loeb），一位年轻的前伊士曼迪伦（Eastman Dillon）投资银行家，他 1973 年年初加入富国银行信托部门。这只基金管理起来比第一只容易多了，不需要持续做再平衡，使得跟踪误差控制在了 1%～2%。[2] 跟踪误差指的是基金追踪指数时的偏离程度。终于，富国银行多年来耗资巨大、艰苦卓绝的研究，有了令人信服的成果。可谓，只要功夫深，铁杵磨成针。

---

[1] 据金融历史学家彼得·伯恩斯坦的记载，最初的 1 000 万美元仍不足以把标普 500 指数里的每只股票各买入 1 000 股，因此他们只能尽量向指数靠拢，直到基金规模达到 2 500 万美元。

[2] 另外，洛布在 1975 年做出的一项开创性发明，帮助降低了交易成本，这也预示了指数基金这项发明，未来颠覆整个金融生态的具体方式。

洛布意识到，当标普 500 指数每季度调仓时，或者当有分红需要再投入时，指数基金都会跟着买入卖出股票，为此富国银行给华尔街券商支付了太多的费用。交易商通常会认为，任何买入和卖出都是有原因的，即基于信息优势，所以要在人们愿意买入或为此支付的价格之上收一个"差价"，来保护自己。这是收取交易佣金的前提。

但富国银行的指数基金买入卖出股票，并不是基于任何一种信息优势，只是希望能尽可能低成本地跟踪市场，那也许可以想出什么办法来解决高费用这个问题。既然指数基金希望持有整个市场，也许券商可以安排指数基金里的这一篮子股票，同时交易而不是一次只交易一只，从而整体成本能做到更低。（接下页）

▲

把功劳归于自己是人之常情。许多人都可以声称第一只指数基金是自己发行的,这取决于怎么来定义"第一只指数基金"。富国银行为新秀丽打造的新产品可以说是第一只,但这是一个小型的、难以运作的账户,算不上是正规的基金,跟踪的又是一个复杂的等权重指数,这使得富国银行的一些同行声称它们才是到达胜利彼岸的第一人。

美国国家银行说是它第一次公开发行了标普500指数基金。不过这只基金并不是新成立的,而是把已有的一个产品在1973年9月4日做了转换来实现的。[21] 辛克菲尔德在经历了数月艰辛的测试以确保成功复制标普500指数后,向一只规模为3 000万美元的"成长"信托的持有人发了一封信宣称,投资目标不变,不过投资策略将变更为追踪标普500指数。没有人反对,于是转换成功。不过,头两年也并没有新客户,辛克菲尔德常常跟同事说,施洗约翰的工

(接上页)洛布打电话给史丹利·斯普科恩(Stanley Shopkorn)。斯普科恩是华尔街最别具一格的大型投资公司之一所罗门兄弟(Salomon Brothers)的首席交易员,颇具传奇色彩。了解情况后,斯普科恩立即飞到旧金山,跟洛布面谈。他们在费尔蒙酒店(Fairmont Hotel)的Canlis餐厅共进晚餐,洛布详细讲述了他的想法。斯普科恩惊呼道:"如此说来,洛布,你所描述的是一个计算机程序!"他们进一步研究了细节,并得到了后来担任纽约市长的所罗门兄弟公司老板迈克尔·布隆伯格(Michael Bloomberg)的支持,于是,"程序化交易"(program trading)这个概念就此诞生。洛布表示:"把资金无损地投入股市,这就是最终想要实现的目标。"起初,程序化交易还是很烦琐的。先由人工写下来,做一份极具竞争力的报价单,然后传真给券商,券商收到后,再把这些交易分发给纽约证券交易所里的场内经纪人。如今,这些都可以用电子的方式在纳秒内就完成了。在股市,程序化交易已经司空见惯,大部分任务都是用它完成的。

作都要比指数基金开创者的工作更容易些。百骏公司在 1972—1973 年开始推出标普 500 指数基金，但始终没有人购买，直到 1974 年最后几天，纽约市教师退休系统（New York City Teachers' Retirement System）投入 1 000 万美元。[22]

这三位开创者的努力成果，都不是完美的指数基金，因为这些基金都没有买下标普 500 指数里的每一只股票。当时华尔街公司仍然是收取固定佣金的，如果要买下指数里的全部股票，成本太高了。而且，大盘指数里那些小市值股票的流动性也比较差，不便于交易。另外，这些基金的自身规模很小，资金量也不够买下所有股票。所以，它们是通过"抽样"的方式，在不同程度上来复制指数的，也就是说，从指数里挑选最能代表整个指数的一部分股票子集。

不管怎么说，富国银行、美国国家银行和百骏公司，它们共同的举措无疑代表了现代最大且最有影响力的创新之一，只不过行业里的大多数人，直到很久以后才意识到这个创新有多么大的影响力。

1975 年 1 月，李巴伦在一次金融分析师会议上表示："我们今天所看到的，仅仅是一个正在缓慢成长的且几乎察觉不到的深海暗涌，但当它撞击到投资海滩时，将形成一股巨浪。就像一个冲浪者，要望向大海观察波涛，以此判断海浪的到来，而不是盯着海滩看那些已经消退的浪花。所以我们应该对如今正在酝酿中的被动策略浪潮，保持关注。"[23]

然而，大浪淘沙，去伪存真。并不是每个人都能成功地预测并驾驭即将到来的浪潮。美国运通资产管理公司在 1974 年 2 月提交了一只名为"美国指数基金"（Index Fund of America）的注册申请。起初，它打算面向机构投资者，不过若是选择同时面向普通投资者开放，也是有潜力成为第一只广泛普及的指数基金的。然而，公司随后撤回了这份申请。[24]尽管如此，这种发展和推广指数的努力，是非常重要的。辛克菲尔德说："我们总是在互相较劲、憎恨对手，但最终我们成长了，意识到每一个人的存在对其他人来说，其实都是有利的，因为这增强了投资者对我们的认可。"

到了1975年年底，富国银行、百骏公司和芝加哥美国国家银行，都成功地运作着低成本、基于指数的投资策略，投资人则是一批有远见的养老金、捐赠基金等。当时据估计，百骏公司的指数策略大约管理1亿美元，美国国家银行大约管理1.2亿美元，富国银行投资顾问部则大约管理1.5亿美元。[25]这些基金的管理费率在0.3%~0.6%，这要远远低于大多数传统基金经理收取的高额费用。[26]尽管当时指数基金还没有向普通投资者普及，但通过这种细微而重要的方式，它的好处终于让美国养老金领取者开始受益。

其实，早在1972年夏天，金融杂志《机构投资者》就已经称富国银行为"贝塔圣殿"。[27]1974年年初，富国银行为其首只指数基金刊登了有史以来第一条广告，醒目地写着："富国银行重磅消息，给每一位希望能获取接近标普500指数长期收益率的公司养老金管理人"：

> 多年来，许多基金都没能达到标普500指数的长期收益率。富国银行员工福利信托指数基金的目标，正是复制标普500指数，从而达到接近指数的收益和风险。为了实现超低成本地复制指数，富国银行设计了专门的计算机程序，将其指数基金和市场做持续的对比和分析。当然这个描述过于简化，不过我们有更详细且令人印象深刻的资料来做支持，相信你会感

兴趣的。[28]

富国银行投资顾问部及其后续部门，也享受了三位先驱者所带来的长期成功，它们的故事我们将在接下来的章节讲述。辛克菲尔德，很快又成立了两只指数基金，专注于那些规模比较小，还不够资格进入标普500指数的股票，以及海外市场的股票。最终，他成为美国国家银行信托部门的总负责人。不过到1981年，他离职了，随后美国国家银行被当地的竞争对手第一芝加哥和北方信托公司兼并。

与此同时，李巴伦在20世纪80年代中期，关停了百骏公司的指数策略。一些竞争对手说关停的原因是基金没运作好，但这位骨子里刻着叛逆、"只求第一不求最好"的金融家坚称，原因并非如此。他说，了解到当时已有75家指数基金提供商，于是认为这已经成为一个商品化的产业，那百骏也就没有理由再继续参与其中了。他开始转移注意力，对发展中国家的新兴股票市场产生了兴趣。

公共马车基金发行的失败，令麦克奎恩感到很沮丧，他渴望换个环境，于是在1974年3月17日，也是加入富国银行正好满10年时，他离开了。那时，福斯已经站稳了脚跟，维汀也已经转变了观念。布斯打趣道："到最后，这成为一段爱情故事，维汀和麦克奎恩两个人骑着白马相伴一起走向夕阳。"

麦克奎恩自己也肯定地表示，在他离开之前，双方已经化敌为友，曾经强烈的敌意变成了面子上过得去的尊重和友谊，他说："维汀曾是死敌，后来则变成了死党，归根结底，他是个了不起的人。不过老天啊，他可真是个爱争辩的浑蛋。"

当然，任何认识他们两位的人，也会给予麦克奎恩同样的评价。洛布的父母都是艺术家，洛布从小就阅读了所有大师的传记。作为一名业余画家，他认为20世纪70年代的富国银行，与世纪之交时的高雅艺术界，极其相似。洛布说："他们的个性都十分要强。他们都有着非常坚定的信念，也非常坚定地与对方争辩。虽然理念完全不同，但性格都很执拗。"最终，还是新的被动投资方式彻底赢得了胜利，为此富国银行的垒球队还改了名字，叫作"有效拓荒者"，以致敬哈里·马科维茨20年前的开创性研究工作。[29]

▲

在投资世界里忙碌的人们对这些变化，有的漠不关心，有的窃笑，有的冷嘲热讽，有的极度排斥。即便是大萧条以来最大的熊市——1974年大熊市，让许多专业基金经理遭遇滑铁卢，但他们对任何投资者实际上都要满足于获取市场平均收益率这个观点，仍然是嗤之以鼻。

基金经理出身的金融历史学家彼得·伯恩斯坦回忆说，当时他的一位前同事斩钉截铁地说，即便是给岳母买也绝不会买标普500指数基金。[30]明尼阿波利斯市的金融研究小组路佛小组曾发布过一张著名的海报，海报上山姆大叔①宣称："来一起消灭指数基金吧，指数基金是非美国的！"如今，许多指数基金经理的办公室里都挂着这张海报，以纪念他们最初所遭遇到的挫折。

当然，正如作家厄普顿·辛克莱（Upton Sinclair）曾指出的，如果一个人正是因为糊里糊涂地做事才拿到了薪水，那想要让他清醒过

---

① 山姆大叔代指的是美国。——译者注

来就很困难了。1973年，一位匿名的共同基金经理向《华尔街日报》抱怨道："如果人们开始相信随机游走这种垃圾言论，转而投资指数基金，那大量8万美元年薪的基金经理和分析师将失业，取而代之的是年薪1.6万美元的计算机职员。这绝不会发生。"[31]

一些业内人士甚至认为学术界这样做是出于嫉妒，而非实实在在的数据。一位投资经理曾不满地说道："随机游走理论只不过是许多商学院教授的臆想，他们就是嫉妒基金经理赚得更多。"[32]保诚保险公司的爱德华·津伯格（Edward Zinberg）说得更诚恳一些："像任何人一样，我们倾向于认为自己更聪明，在挑选股票时能做得更好。你知道实际情况如何，但希望总归是有的。"

早期有一种批评观点是，如果有太多人转向指数基金，可能会导致市场不再有效，从而抑制市场活力。这种观点在之后的几十年里也被人们反复提及。1975年，摩根大通投资管理公司的欧文·泽什纳和玛丽·奥尼·霍兰德，在给《华尔街日报》的一封信中向人们警告道："证券市场整个资本配置的作用将被扰乱，只有那些被纳入指数的股票才有上涨的可能。"[33]

这些言论足以证明，指数基金这项创新，之所以会来自一些二三线的小金融机构而非任何一家传统的华尔街巨头，并不是巧合。尽管遭受了不少批评，但是在早期，指数基金仍然出乎意料地得到了一些人的支持，比如巴菲特和他的老师本杰明·格雷厄姆，格雷厄姆本身也是一位著名的投资者。

话说回来，推动指数基金发展最重要也最直接的动力，要属"婴儿电话"。当时，美国通信巨头贝尔大妈，也就是电话电报公司（AT&T），是由多家地区性的公司组成的，其历史可以追溯到电话发明者亚历山大·格雷厄姆·贝尔所创建的公司。以前，整个贝尔集团在美国几乎处于垄断地位，直到20世纪80年代，公司破产了。不过每个地区性的婴儿电话公司，都已经开设了自己的养老金计划。

这些地区性的公司，成为指数基金最重要的早期投资者，因为它们亲眼看见了之前20世纪70年代初的那些投资计划是怎么做的。洛布说："他们发现，他们的主动基金经理基本上就是左手倒右手，一部分人可能正在卖出IBM股票，而同时另一部分人则正在买入IBM股票。只需要简单推断一下就知道，通过指数基金，可以节省不少投资成本。"

此外，一些养老金负责人开始慢慢意识到，他们雇用的很多基金经理实际上不过是"隐秘的指数投资者"。也就是说，这些基金经理本质上就是在复制股市整体表现，但收取着不菲的费用，仿佛他们为了寻找最好的股票付出了很大的精力。这促使许多负责人改变了资产配置方式。伊利诺伊电话公司的乔治·威廉姆斯在1979年告诉《华尔街日报》："我们认为，既然是做指数投资，那就只需要支付指数级别的费用。"[34]他成为第一批指数基金强有力的支持者，投了不少资金。

到1977年年底，在已经推出的少数指数策略产品中，大约有29亿美元的养老金。[35]能达到这个规模，1974年的熊市功不可没。不过当时，指数基金的长期投资前景还不太明朗，仍然不免令人担忧。贝克尔，一家著名的金融咨询公司，发现截至1974年12月，过去的10年间有77%的美国养老金管理人的表现都落后于标普500指数。[36]于是，随着更多机构开始进军指数基金行业，例如道富银行和信孚银行等，养老金开始大规模投资于指数基金或内部管理策略。到1985年，整体规模飙升至约910亿美元。[37]

虽然规模涨了，但这些早期的指数基金，仍然是仅供大型机构投资者专享的，比如养老金和保险公司等。虽然有许多人已经开始间接地通过养老金计划享受到指数基金的好处，但此时对普通人来说，还不能直接购买指数基金。况且，他们对此也不是很感兴趣。1977年，《机构投资者》杂志发表观点说："指数投资可能只是过眼云烟，终将消散。"[38] 总而言之，人们不相信普通个人投资者会认可指数基金。毕竟，普通人离学术圈太远了，他们完全不了解那些揭露他们的共同基金经理的投资回报有多么糟糕的学术研究。再进一步说，谁会甘愿只获取平庸的回报呢？杂志里还写道："看起来，人们应该不可能会喜欢这种买下市场平均的方式，因为个人投资者总是想要追求极高的收益，而不满足于一个与市场挂钩的收益，在许多人看来，与市场挂钩的收益就等于平庸。"[39] 后来福斯开玩笑地引用加拿大哲学家马歇尔·麦克卢汉的话，来解释为什么普通大众迟迟不能认可："只有小秘密才需要刻意保守，大秘密不需要，因为人们根本不相信它。"[40]

美国经济学元老保罗·萨缪尔森希望这个秘密能向大众公开。他在1976年《新闻周刊》（*Newsweek*）的一篇专栏文章中指出，养老金终于可以选择"严谨的、面向全市场的指数化投资方式"，而面向普通投资者还没有出现类似的产品，仍是个遗憾。[41]

他写道："然而，目前还没有出现某只便利的基金，能复制整个市场，同时没有申购费，还能把交易佣金、换手率和管理费降到尽可能地低。我希望未来会出现这样新型而便利的投资工具。"事实上，未来的发展速度已经超越了这位著名经济学家的期望。在福吉谷，已经有人准备将这个被养老金发现的"大秘密"，公之于众，结束大众的质疑。

Ted Seides, CFA
Director of Investments

protégé partners

The MoMA Office Building
25 West 53rd Street, 15th Floor
New York, NY 10019

(212) 784-6320
fax (212) 784-6349
ts@protegepartners.com

> Mr. Seides — The number has to be 10 — equally weighted — + the comparison is the S+P 500. However, the wager has to be substantial with an O/L a collateral — WEB

Dear Warren,

    Last week, I heard about a challenge you issued at your recent Annual Meeting, and I am eager to take you up on the bet. I wholeheartedly agree with your contention that the aggregate returns to investors in hedge funds will get eaten alive by the high fees earned by managers. In fact, were Fred Schwed penning stories today, he likely would title his work "Where Are the Customers' G5s?"

    However, my wager is that you are both generally correct and specifically incorrect. In fact, I am sufficiently comfortable that unusually well managed hedge fund portfolios are superior to market indexes over time that I will spot you a lead by selecting 5 fund of funds rather than 10 hedge funds. You must really be licking your chops!

    To be fair, my five picks are not the ordinary fund of funds you might read about in *Barron's*. Each has been trained in the discipline of value investing with a long time horizon and has experience vastly different from the crowd of fee gatherers in the industry. You might call them "The Superinvestors of Endowmentsville."

    [REDACTED]

Without diving into detail, the managers of these funds selected or helped select hedge funds at [REDACTED]

    I am flexible as to what stakes you propose. I would offer a typical "loser buys dinner at Gorat's," but I hear your going rates for a meal are higher than mine these days (though my wife and young kids might beg to differ).

    Best of luck and I look forward to hearing your index selection.

Sincerely,

TSeides

Ted Seides, CFA
Director of Investments, Protégé Partners

protégé partners

25 West 53rd Street, 15th Floor, New York, NY 10019 phone (212) 784-6300 fax (212) 784-6349

泰德·西德斯写信给沃伦·巴菲特，说打算接受巴菲特提出的赌局，与他展开一场对冲基金与指数基金之间的较量。这位伯克希尔 – 哈撒韦的董事长，在信件上潦草地写了几句回复。西德斯收到回信后，很高兴。

头脑睿智、喜爱哲学的哈里·马科维茨,是有史以来最有影响力的经济学家之一。许多追随者都认为,他的"现代投资组合理论"是现代金融学的起源,也是指数基金得以发明的学术理论基石。

哈里·马科维茨的徒弟威廉·夏普的研究发现,股市整体呈现出最佳的风险收益权衡结果。这项研究帮助夏普和马科维茨赢得了诺贝尔经济学奖,也为第一只追踪市场的被动基金的诞生铺平了道路。

人称"刀锋麦克"的约翰·麦克奎恩，曾经是一位农场工人和海军工程师，他对计算机有着一股非一般的痴迷和热爱，这促使他进入了金融领域。他在富国银行发行第一只指数基金的过程中，其过往的人生经历起着至关重要的作用。

学生时代曾是运动员的尤金·法马，以及他开创性的"有效市场假说"，已经成为芝加哥大学的代名词。当一群金融业叛逆者想要设计和发明第一只指数基金时，法马和他的理论为此提供了所需的知识储备。

百骏财务管理公司的创始人迪恩·李巴伦，性格外向，喜爱社交，他可能并不是有效市场假说的忠实信徒，但他确实认可指数基金是适合大多数投资者的产品。并且他喜欢新事物，设计和发明一项全新产品，对他来说非常有吸引力。

1968 年,《机构投资者》杂志的封面故事,标题为《接掌威灵顿的天才们》。正如画中所示,一开始,威灵顿和总部位于波士顿的 TDP&L 公司的结合,看起来十分完美,天才基金经理们为这家知名老牌投资公司注入了新鲜血液。然而,他们的关系很快就恶化了。

博格男孩们的合影。先锋领航的创始人约翰·博格,总会带着一位年轻的助手在身边培养。每年圣诞节,博格都会和所有前助手以及现任助手共进晚餐,喝得酩酊大醉。图中上面一排从左往右依次是:杰里米·达菲尔德、吉姆·里普、丹尼尔·巴特勒、简·特瓦多夫斯基、邓肯·麦克法兰。图中下面一排从左往右依次是:杰克·布伦南、蒂姆·巴克利、约翰·博格、吉姆·诺里斯。

大卫·布斯、雷克斯·辛克菲尔德和拉里·克洛兹一起创立了维度基金公司，发行下一代指数基金。他们邀请了导师约翰·麦克奎恩和尤金·法马加入董事会。图中从左往右依次是：麦克奎恩、克洛兹、法马、布斯、辛克菲尔德。

学术界的研究，加上勇于探索创新的非传统金融界人士的努力，促使了指数投资加速发展。图中正是3位代表人物的合影，分别是：约翰·麦克奎恩、大卫·布斯，以及富国银行顾问、未来的诺贝尔经济学奖得主迈伦·斯科尔斯。

弗雷德·格劳尔（左）把帕特里夏·邓恩（右）当作自己的接班人来培养。但是，当格劳尔与BGI的母公司巴克莱进行薪酬谈判时，邓恩似乎背叛了他，并在格劳尔离职后，独自接管了整个公司。图中站在中间的是BGI高管埃里克·克劳西尔，他的个性很符合"友善、积极、充满激情"的公司文化。

拉里·芬克曾是第一波士顿的明星债券交易员，号称"宇宙之王"，家喻户晓。然而，在一次失败的投资中他的团队损失了1亿美元，于是芬克不得不离职了。随后芬克创立了新公司，也就是后来的贝莱德，并将其打造为全世界规模最大的投资集团，最终大胆收购了擅长做被动投资的BGI。

早期，几乎整个投资行业对指数投资这个新兴事物，都报以嘲笑的态度。然而当指数投资越来越受人们的关注后，嘲笑演变成了攻击，言语尖酸刻薄，毫不留情。专注于主动投资管理的路佛小组（Leuthold Group），发布了这张讽刺的海报。许多早期的指数投资先驱，都曾用这张海报装饰过自己的办公室。

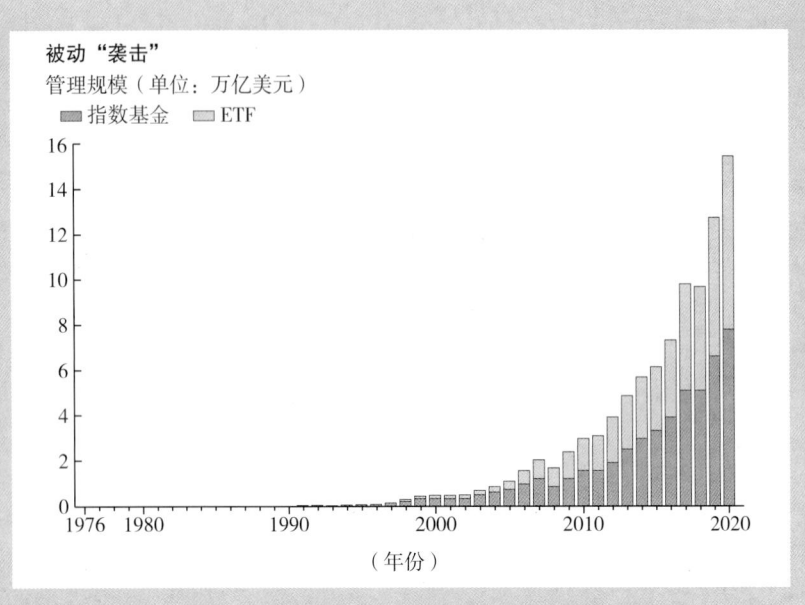

被动"袭击"
管理规模（单位：万亿美元）
指数基金　ETF

虽然早在20世纪70年代初，人们就已经发明出了指数基金，但直到20世纪90年代，指数基金才开始逐渐受到关注。过去10年，是指数基金飞速发展的时期，无论是被动型共同基金，还是ETF，管理规模都在不断扩大，占据着越来越多的市场份额。

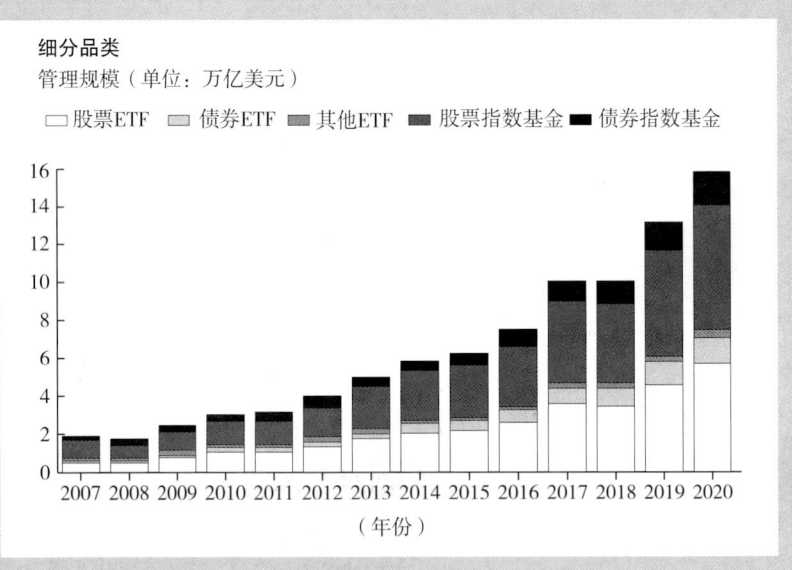

细分品类
管理规模（单位：万亿美元）
股票ETF　债券ETF　其他ETF　股票指数基金　债券指数基金

指数基金包括很多细分品类，比如有追踪原油价格的"交易所交易凭证"，也有被动型货币市场基金等。迄今为止，股票指数基金是规模最大的一类。不过近年来，债券指数基金的规模也在快速增长，并且根据人们的预期，其规模将在接下来的10年里再上一个台阶。

第六章

刺猬

1960年，一位名不见经传的金融家约翰·B. 阿姆斯特朗（John B. Armstrong）写了一篇尖锐的论文，嘲笑学术研究的结论，即基金经理的投资业绩很糟糕，他们应该想办法去模仿市场，而不是击败市场。

在8月份的《金融分析师》杂志里，阿姆斯特朗写道："最好的普通股票基金已经证明，它们的长期收益要比道琼斯工业平均指数更好。"这是对该杂志上同年早些时候刊登的另一篇激进文章的直接还击。那篇激进文章的作者是芝加哥大学教授爱德华·伦肖，文章里伦肖举了一个"无人管理的投资公司"的例子，来描述只是简单跟踪市场指数的共同基金。在阿姆斯特朗看来，这种想法就是个笑话。

尽管阿姆斯特朗承认，是有一些共同基金的业绩"没那么好"，但他在文章《共同基金管理案例》（The Case for Mutual Fund Management）里强调，4只规模占整个市场15%的表现最好的股票基金，在1930—1959年的平均收益大幅战胜了道琼斯工业平均指数。这篇文章在投资行业深受欢迎，阿姆斯特朗还因此获得"格雷厄姆 – 多德奖"荣誉奖，这是一个在投资写作和研究领域里享有盛誉的奖项。

文章还介绍说，阿姆斯特朗是个笔名，作者是"一个在股市研究和分析共同基金多年的人"，同时提供了两条关于其本人真实信息的重要线索：作者毕业于普林斯顿大学，毕业论文写的是投资公司在经济中的角色。后来事实证明，这位匿名作者正是约翰·博格。阴差阳错地，1960年还排斥指数基金的约翰·博格，却在后来成立了先锋领航，并成为传播被动化、低成本、复制市场的指数基金最重要的宣扬者。

一个人的本质，不是三言两语就能说清的，尤其是在他活了90岁且重塑了投资行业甚至可以说是整个资本主义的情况下。许多熟知博格的人称他为"救世主"，因为他代表指数基金发起了一场巨大的改革，在他的公司先锋领航，他也不遗余力地反复灌输指数基金的思想。还有很多人形容他有"钢铁般的意志"（iron-willed），因为他在与人辩论时从不让步。当他好奇地询问家人和朋友会用哪个词来形容他时，答案大多是"有决心"，他自己也倾向于此。他说："我觉得他们形容得很对，决心，不但是一个人实现目标必不可少的要素，有时候还能帮助一个人在枯燥的事情上保持专注。"[1]

其实博格并不是从一开始就是指数基金的狂热支持者，他之前那篇使用笔名的文章可以证明这一点。这个笔名借用了他的曾祖父费兰德·B. 阿姆斯特朗的名字。他的曾祖父是一位保险行业的高管，19世纪时曾强烈斥责保险行业的反消费者行为。[2]

起初，博格刚成年时，正在蓬勃发展的专业投资行业吸引了他。在写那篇《金融分析师》杂志文章的时候，他是威灵顿公司一名年轻有为的主管。威灵顿是美国历史最悠久、规模最大的共同基金公司之一。但在20世纪70年代中期，一场灾难和意外，使博格走上了一条颠覆他曾经崇敬的行业的道路。吉姆·里普是先锋领航创立过程中博格最亲密的同事之一，他是这样形容博格这一惊人蜕变的："没有比皈依者更虔诚的了。"

古希腊诗人阿尔基洛科斯（Archilochus）曾说过，"狐狸多才多艺，刺猬则只有一件看家本领"。这句话因哲学家以赛亚·伯林而广为流传。博格就是典型的刺猬。他总是满怀激情地专注于干一件事。当然，他还有正直的品格和灵活的头脑来转变自己的观念。当他后来转变心意，不再推崇主动投资时，他引用了经济学家约翰·梅纳德·凯恩斯的话："当事实改变时，我也会改变自己的想法，你呢？"³

▲

1929年美股大崩盘及随后而来的大萧条，对博格的童年生活有很大影响。博格的父亲，小威廉·耶茨·博格，是一位有拼搏精神的富商，曾在1916年第一次世界大战期间，跨过边境来到加拿大，自愿为英国皇家飞行队驾驶战斗机。博格的母亲，约瑟芬·洛林·希普金斯，是一位迷人、有魅力且坚强的家族继承人，来自一个受人尊敬的苏格兰裔美国家庭。博格的祖父创立了美国制砖公司，还与人合伙创立了卫生罐公司，这家公司后来在1908年被美国罐头公司收购。博格的父亲从战场上回来后，同时在这两家公司工作。

威廉和约瑟芬曾怀过一对双胞胎，但不幸的是分娩时夭折了。1927年，他们有了一个孩子取名为威廉·耶茨·博格三世。1929年5月，又迎来了一对双胞胎约翰·克利夫顿·博格和大卫·考德威尔·博格。这三个孩子，昵称分别为巴德、杰克（也就是约翰·博格）和戴夫。人们称这三兄弟为新泽西州蒙特克莱尔的"博格男孩儿"。

然而不幸降临了，他们的上流社会生活止步于1929年10月，传承下来的家族财富在当时的股市大崩盘中蒸发殆尽。博格的父亲破产了，并因此酗酒成瘾。博格男孩儿不得不搬去跟生活在新泽西州乡下的祖父母一起生活，最后他们又搬到了费城郊区阿德摩尔的一个两居室公寓，在一个小房子的三楼。三个男孩儿都得从很小的时候就开始工作来养家糊口，但最让他们痛苦的还是父亲的日渐堕落。巴德·博格曾向约翰·博格传记的作者刘易斯·布雷厄姆讲述：[4]

> 我总是感到肩负重任，我要保护好我的弟弟和我自己，免受父亲那些坏事的影响，他总是不停酗酒、滥交、K歌。我能比弟弟更早意识到即将出现的伤害。我总是那个寻找那些该死的酒瓶子的人，找到后再当着父亲的面摔碎它们，然后大哭。真是太可怕了。这影响了我的母亲，也影响了所有人。父亲是一个非常多愁善感的人，当我做这些的时候他也会哭，但我那时没意识到，酗酒其实已经是一种疾病了。

让人欣慰的是，博格男孩儿因此具备了强烈的职业素养，他们的母亲也费了很大的精力来确保孩子们获得良好的教育。母亲让他们去读的学校，是新泽西州著名的寄宿学校布莱尔学院。对小小年纪的博格来说，这是人生的转折点。后来他很自豪地回忆起，当初是怎样从一个数学成绩极差的学生，最终变成拿到期末考试优秀成绩的学生,以及语文老师是如何手把手教他写作技巧的。[5]

博格说:"远离那个沉重的家,是我们最好的选择。这所美丽的新泽西寄宿学校,无论是过去还是现在,都是我漫长人生里的重要基石之一。"[6] 为了支付学费,博格男孩儿努力获得了奖学金,约翰·博格还在一家餐厅兼职做服务生。1947年,他以最优异的成绩毕业,并被同龄人评为最有可能取得成功的学生。不过遗憾的是,他没能当上在毕业典礼上致辞的那个学生代表,只差一点儿。这让他非常懊恼,甚至不惜游说老师帮他修改成绩,当然并没有成功。这件事也反映出他完全无法接受失败的个性。[7]

家里只有能力负担一个孩子上大学的费用,另外两个孩子则需要工作赚钱来养家。约翰·博格成绩好,于是就选了他去上大学。面对这样的抉择,博格也更加坚定了自己要好好干出一番成绩的决心。附近的普林斯顿大学给的奖学金很丰厚,还提供很多兼职的工作机会来让他赚取生活费,于是他选择了普林斯顿大学。

他选择了经济学专业。第一年学习的是保罗·萨缪尔森所著的《经济学:入门分析》(Economics: An Introductory Analysis),这是一本当时刚出版的教科书,这本开创性的著作后来成为几代经济学家和金融家的入门书籍。博格很喜欢这个专业,但想要学好却很难。大一期中考试,他只得了个 D+,假如下次成绩没有提升的话,那奖学金可能就没了。于是博格集中精力抓紧学习,但还是只勉强拿了个 C-。[8]

家里的情况也变得更加糟糕。母亲约瑟芬的身体开始出现一些病症,经诊断被确诊患上了宫颈癌。父亲仍旧酗酒,刚从海军陆战队退伍的巴德一气之下,将父亲赶出了他们这个简陋的家。他们敬爱的母亲,病情越来越严重,只能卧床不起,依靠注射杜冷丁来帮助缓解疼痛。1952年2月，母亲去世了。同年晚些时候，父亲也因中风，在贝尔维尤医院去世了。博格平静地说："我想，他不是一个坚强的人，但他尽力了。"[9]后来，他在办公室里放了一架第一次世界大战时的"索普维斯骆驼"双翼战斗机模型，以纪念他父亲最辉煌的时刻。[10]

幸运的是，普林斯顿大学为这位有自驱力的年轻人提供了一个良好的环境，他的成绩也有所提高。他想找篇富有想象力的经济学毕业论文来读一读，一直没找到。直到有一天，当他在学校图书馆翻阅杂志时，看到了一篇名为《在波士顿赚大钱》（Big Money in Boston）的文章，文章发表于1949年12月的《财富》杂志，介绍的是马萨诸塞州投资者信托基金。这是美国第一只开放式共同基金，成立于1924年，首次募集规模是5万美元，它让普通人也有机会参与正在快速发展的美国股市。在当时，大多数投资工具都是封闭式的，也就是说，募集期能购买的基金份额数量是有上限的，募集期过后不能追加投入新的资金。波士顿的这个创新，获得了巨大的成功。到1949年，这只基金的管理规模已经达到1.1亿美元。

当时，整个共同基金行业仅有90只基金，一共管理着大约18亿美元，其中绝大部分都位于波士顿。文章指出，这是一个"快速扩张、有争议的行业，但对美国商业来说具有潜在的巨大意义"。[11]博格对此很感兴趣，并打算将其作为自己的论文主题。

在晚年，博格总是强调，他在自己的这篇论文里阐述的"基金不能宣称它们的表现比市场平均更好"这一观点，已经预示了他将来的指数基金救世思想。然而事实上，他的这篇《投资公司在经济中的角色》(The Economic Role of the Investment Company)① 对共同基金的优点,是持非常支持的态度的。论文里写道:"大多数基金确实采用了合理的策略来使投资组合多样化,那些批评家所说的基金只需要'买下平均'的言论是不实的。"[12]

除了这一点,他对这个行业发展潜力的分析和判断,都十分准确。他认为,行业应该以"最高效、最真实、最经济的方式来运作",描述了可以通过降低申购费和管理费的方式来推动行业的进一步发展。这些想法也预示了先锋领航未来的发展。这篇 123 页的论文获得了 A+ 的好成绩,帮助博格以优异的成绩毕业,并吸引了当时另一位普林斯顿校友前辈的注意,他就是威灵顿管理公司的创始人沃尔特·摩根。

▲

摩根最初是一名会计师,为客户提供投资建议。1928 年他募集了 10 万美元,成立了自己的共同基金公司。公司名字来源于威灵顿"铁公爵"亚瑟·韦尔斯利,这位公爵在滑铁卢战役中打败了拿破仑。[13] 摩根知道家里投机股票输了钱,所以天生就很保守,威灵顿也是最早采用"平衡型"策略的共同基金公司之一。平衡型基金会同时投资股票和债券,不加杠杆。

摩根的谨慎帮他安全度过了 1929 年股市大崩盘,再加上二战期间做了一系列精明的投资,威灵顿成功跻身行业第一梯队。到 1951 年,威灵顿的管理规模约 1.9 亿美元,成为美国管理规模排名

---

① 那时"共同基金"(mutual fund)这个词还不常见,在 1949 年的《财富》杂志文章里也没有使用过。

第 4 的基金公司。[14]

刚毕业的博格，正考虑接受哪份工作，一个是费城国家银行，另一个是一家名为 Boening & Company 的本地股票经纪公司。此时，摩根找到了他。起初，摩根并不想聘用普林斯顿大学的学生，因为他觉得普林斯顿的学生都被宠坏了。但博格的论文引起了他的兴趣，他对论文做了注释并发给威灵顿的员工阅读。面试了博格之后，他也很喜欢博格的相貌举止。摩根对博格说，他应该加入一个正处于快速发展期的朝阳行业，而不是老旧的银行业。于是 1951 年 7 月 8 日，博格进入威灵顿工作。

开始工作后，博格迅速投入交给他的每一项任务中，展现出他非凡的职业素养，以及熟练使用计算尺①的能力。很快，博格就熟练掌握了一家投资公司运作的方方面面。1955 年，他成为摩根的私人助理，职权管理范围很广，负责跟威灵顿的各个部门打交道。职场得意，情场也得意，博格的个人生活也很顺利。1956 年，他与伊芙·谢雷德结婚。妻子是博格的普林斯顿同学和好朋友杰伊·谢雷德的妹妹。第二年，他们的第一个孩子出生了。之后，他们又有了 5 个孩子。[15]

在职业生涯中，博格当时最大的成就，是说服摩根在 1958 年发行了公司的第二只基金，这是一只全部投资于股票的基金。一开始，基金名字没什么新意，就叫作"威灵顿股票基金"，不过 1963 年改名为"温莎基金"，然后交给了约翰·聂夫（John Neff）来管理，这是一位前所未有的优秀基金经理。温莎基金的成功，帮助博格成为最有希望的摩根继承人，以及行业公认的天才。1960 年博

---

① 计算尺是一种机械模拟计算机。——译者注

格成为威灵顿董事会成员，1962 年担任行政副总裁，1965 年担任执行副总裁。[16]

不过这些年里，也并非没有苦难。博格一直看起来像头牛一样强壮，但在 1960 年劳动节周末，与妻子的哥哥打网球时突发心脏病。当时正打到第一回合中间，博格突然感到胸口一阵剧痛，喘了口气后，他对谢雷德说："你肯定不信，我觉得刚刚我心脏病发作了。"[17] 他俩都笑了，觉得这应该不太可能。毕竟，博格才 31 岁，身体看起来非常健康。于是短暂休息等疼痛过去后，他们继续比赛，博格甚至还赢了这局。后来妻子伊芙带他去看医生，他被诊断为心脏病，在医院住了 6 周。这是博格第一次心脏病发作，随后几年里他又发作了 5 次，还常常由于心跳异常而进医院。后来，他被诊断为患有致心律失常性右室发育不良的遗传性疾病。这最终迫使他在 1996 年接受了心脏移植。[18]

博格从未停止全速工作，甚至在病床上也是如此。他对网球和壁球的热爱，一如既往。一位前同事杰里米·达菲尔德（Jeremy Duffield）回忆说，有一次在经历了一场艰苦的比赛后，他们不得不呼叫救护车。当时，医护人员在使用除颤器电击之前，要给他打麻药，他却拒绝了，说道："我想知道这会是什么感觉。"后来，博格直接在壁球场放了一个除颤器，以便不时之需。不过，常常跟博格一起打球的朋友觉得，这是博格想要在比赛里占优势，不让他们出手太狠，而不是单纯的医疗目的。

尽管博格的个人职业发展如坐火箭般飞升，但对 20 世纪 60 年代的威灵顿公司来说，却是一段艰难时期。公司的保守投资策略，跟不上当时沸腾的牛市，新一代明星基金经理也不断涌现。虽然 1965 年公司管理规模达到 20 亿美元，但所占市场份额却在下滑。

于是摩根交给博格一个任务，扭转局面。

遗憾的是，博格采取的措施，无论是对他个人还是公司，结果都很糟糕。博格没有考虑从头建立一只新的更激进的成长型基金，而是认为威灵顿应该并购一家现有的投资集团。他联系了几家潜在合作伙伴，包括洛杉矶的美国资本集团和富兰克林托管基金，但都被对方拒绝了。[19]于是1965年后期，他开始联系TDP&L公司，这是一家年轻的管理公司，创始人是一群波士顿上流人士，他们管理的Ivest基金是当时表现最好的基金之一。[20]

他们几人性格迥异。博格说话大声、自信有力，罗伯特·多兰（Robert Doran）则安静内向，尼古拉斯·桑迪克（Nicholas Thorndike）是个着眼于大局的人，不像博格那样关注实操细节。后两位都是波士顿人，信奉更现代、大家达成一致意见的管理方式，而博格则倾向于所谓的"安卡摩波可"（Ankh-Morpork）民主方式，这是由已故奇幻作家特里·普拉切特（Terry Pratchett）所创造的一个词，意思是：一人，一票。博格就是那一个人，由他来投票。①

出乎意料的是，他们一开始很合得来，连摩根也赞成这笔交易。摩根希望在合并的头几年暂时保持公司控制权，如果一切按计划顺利进行，5年后TDP&L公司的4位创始人，人称"波士顿四人组"，将接管40%的股权，博格拥有28%的股权，其余则由公众股东持有（1960年公司将部分股份进行上市）。1966年6月6日，协议正式签署。[21]博格送了每位新合伙人一个小银盘，银盘上附着一枚"和平银元"纪念币。[22]1967年11月，博格被任命为威灵顿总裁兼

---

① 特里·普拉切特文风幽默犀利，善于讽刺，安卡摩波可是他所写的奇幻小说《蝶形世界》里虚构的一个城市，在这座城市里发生了许多荒诞奇妙的故事。——译者注

首席执行官，1970年担任董事长。

表面上看，这次并购对内对外似乎都是明智的。《机构投资者》杂志还为此刊登了封面故事，标题为《接掌威灵顿的天才们》(The Whiz Kids Take Over at Wellington)。在配图里，博格化身为一名多臂四分卫，正向4位波士顿合伙人传递金融证券球。正文是这样描述的："威灵顿有了一支由年轻的投资管理和分析人才组成的研究团队，Ivest基金则能受益于威灵顿的名声、强大的销售队伍，以及博格的管理和营销才能。"[23]

最初，合作看起来非常成功。好业绩加上威灵顿给力的销售网络，Ivest基金的规模从1966年年底的近5 000万美元跃升至1968年年底的3.4亿美元。受此激励，威灵顿也发行了好几只新基金，想要跟上时代潮流，但这些基金不是由费城总部进行管理，而是交给了TDP&L的波士顿办公室来管理。波士顿办公室还接手了当时处境艰难的旗舰产品"威灵顿基金"。多兰说他们5个人"私下关系非常好"，博格也止不住地表示这次合作"结果比任何人预想的都要好"。[24]

然而好景不长。合作后没过多久，沸腾年代就结束了，标普500指数从1968年11月一直下跌到1970年5月，这是自1961年"猪湾事件"以来，美国股市第一次进入熊市。曾帮助Ivest基金取得好收益的"漂亮50"股票，下跌最严重。威灵顿高管之间的紧张关系也与日俱增。博格希望发行一只债券基金，但这个想法遭到了反对，于是引发了一些争吵和不快。博格也对他们没有管理好威灵顿基金而生气。[25]

不过主要的核心问题，还是在于大家性格上的冲突，这导致博格和其他4人之间的敌意逐渐加深。在此之前，他们5个人都没有遭受过任何职业上的重大挫折，性格差异也由此放大。最终摩根不得不介入，充当和事佬。当时他说："我教博格要像我一样，坚强不屈。但我能这样做是由于我拥有全部股权，我能做任何我想做的事。而当你面对身份地位都跟你不相上下的 4 个人时，你就不能这样做了。"[26]

到 1972 年，这场冲突已经广为人知，5 位合伙人不得不进一步明确彼此的工作职责，并宣布休战。当时博格接受记者采访时说："当冲突升级，变成危机时，这迫使我们去反省自己，我认为这是好事。就我而言，少了一分自负，多了一分宽容。"[27]

事与愿违。美股继续下跌，于 1973 年 1 月创下熊市新低，这是大萧条之后出现的最糟糕的情况。影响非常严重。曾经保守的威灵顿基金，并购之前规模曾一度达到 20 亿美元，如今缩水到不足 10 亿美元。Ivest 基金业绩暴跌，许多刚成立不久追踪趋势的基金被清盘。威灵顿管理公司的股价，也从 1968 年的高达 50 美元暴跌到 1975 年的 4.25 美元。[28]

面对如此严峻的考验，这 5 个性格完全不同的威灵顿掌权人之间的关系更加恶化了。据博格当时的助理简·特瓦多夫斯基回忆说："大象在打架，我们老鼠只能惊慌逃窜以免被踩到，太凶险了。"很显然，一场腥风血雨即将到来。

▲

吉姆·里普焦急地在联盟俱乐部的台球室里来回踱步。俱乐部位于纽约公园大道和 37 街交汇的拐角处。这是一家著名的绅士俱乐部，曾是约翰·皮尔庞特·摩根和泰迪·罗斯福等名人经常光顾的地方。此时喝一杯还为时过早，于是里普独自玩了几盘球以缓解紧张的心情。隔壁房间里，威灵顿董事会会议正在召开。

会议上，他的老板博格，正在为自己的职业生涯而战。那时，波士顿四人组所占的董事会席位，比原先的费城代表数量更多。并且，博格与波士顿同事之间的关系已经彻底破裂。

1973年11月，多兰来找博格，直截了当地告诉他，情况已经失控，必须做个了结。一贯内向的多兰，带着少有的情绪跟博格说："我跟其他人聊过了，我们认为最好的解决办法就是你离开公司。"[29]他提出一个方案，每年支付给博格2万美元，连续支付15年，希望博格能安静地离开。但博格拒绝了，他以惯有的口气说道："我从没听过比这更愚蠢的事情了。"[30]然后，他打电话给董事会的成员，却惊恐地发现，多兰拥有足够多的票数来解雇他。固执的他，仍旧拒绝安静地离开。4天后，他再次拒绝辞职。显然，形势已经非常严峻了。①

下一次董事会的时间定在1974年1月23日，地点选在"中立"的纽约，而不是波士顿或者费城，看起来这次终于要尘埃落定了。然而让朋友们大为吃惊的是，博格似乎仍然以为，无论冲突有多大，都不会有事的。博格的理由是，他这么聪明，很明显比对手更了解投资业，他实在无法想象，让他离开这种滑稽的事情怎么可能会发生呢。里普后来回忆道："就是这种盲目的自信，让他以为所有人最终都会明白，他才是最合适的人选。"

---

① 刘易斯·布雷厄姆的《约翰·博格传》表明，不断加剧的矛盾，开始让一些独立董事担忧起来。1974年1月3日，芭芭拉·豪普弗勒（Barbara Hauptfuhrer）在给同事查尔斯·鲁特（Charles Root）的信中写道："我担心，关于威灵顿内部不和的报道，有可能会对股东造成损害。比如，这样的报道很有可能引发恐慌性赎回，导致无法正常结算，这对股东是非常不利的。能想办法避免出现这种情况吗？"

在董事会上，博格提交了一份 20 页的激进备忘录，希望能保住自己的工作。他认为威灵顿应该进行改组，使公司股权变成大家共有的，让基金来拥有公司，公司则作为成本项变成基金的附属机构。这样可以解决并购引起的矛盾，波士顿公司重新独立出来，博格则继续担任威灵顿的总负责人。[31]

虽然这看起来有点自私，但博格是经过了一段时间的深思熟虑的。[32] 长期以来他发现，投资公司服务于两个主人，一个是资产管理人，一个是客户，而这两者常常会产生冲突，为此他一直都很不安。客户自然是希望花最低的成本获取最高的收益，而资产管理人虽然也想要做出最好的收益，毕竟好收益才能吸引更多的新客户，但管理人同样想要收取更高的费用，来为基金经理和员工支付高工资，带给公司股东丰厚的利润。这是一个棘手的矛盾问题。博格相信，要砍开这个戈尔迪之结①，只能用一把完全互利化的剑，即一家由基金掌权的公司。

然而提案彻底失败了。董事会上，10 票对 1 票，博格被要求辞职（博格本人回避，没有投票，唯一支持博格的 1 票来自约翰·聂夫）。当他再一次拒绝辞职后，10 名董事会成员干脆投票直接开除了他，这次投票博格和聂夫都弃权了。随后，多兰当选威灵顿管理公司的新总裁。[33]

博格脸色苍白地走出联盟俱乐部会议室，看到里普后，大步朝他走了过去。然后他们开始准备离职声明新闻稿。下午，他们坐火车返回福吉谷的威灵顿总部，一路上很安静，气氛阴郁又紧张。里普回忆说："他真的很伤心。"

---

① 戈尔迪之结，源自希腊神话，指一个难以解决的问题。——译者注

不过很快,博格一如既往地下定决心,要进行一场大胆的反击。根据美国法律规定,共同基金必须有自己的董事会,并且其中大部分成员不能是直接掌管资产的基金经理。理论上,可以另外找一个人来做基金经理,但实际上通常的做法是,基金经理会选一个人进入董事会,名义上是独立董事,但其实不作为。这样既能降低成本,又能保持控制权,即便是真正的独立董事想要撤换基金经理,也是非常困难的。因此,基金董事会的主要职责就成了,确保管理是有效的,审查开支和费用,以及监督任何潜在的利益冲突等。

波士顿四人组不像博格那样了解基金董事会的细节,跟董事会成员也不太熟。之前进行并购合作的时候,他们增加了几个 Ivest 基金的董事会成员到 11 只威灵顿基金的董事会里,但并没有占到绝大多数席位。这给了博格机会。"我要把玩轮盘时输掉的,通过玩骰子赢回来。"博格后来说。[34]

第二天一大早,博格就搭上 6 点的火车,又回到了纽约,直接跟董事会面谈。他说:"你们不是必须解雇我的。"[35] 然后他再一次阐述了那个激进的公司互利化方案:"这是你们的公司,你们代表股东的利益来监管这些共同基金。威灵顿管理公司并不占有这些基金,这对我们来说是很好的机会,这些基金得有自己发声的权利。"

对 11 只威灵顿基金的独立董事来说,虽然离直接接受这个提议还差得很远,但董事长查尔斯·鲁特(Charles Root)并不太喜欢那些波士顿人,也对他们不经批准就轻易发起公司变革的做法感到不满。于是,董事会交给博格一个任务,让他主导一项"未来组织架构研究",来探索威灵顿管理公司和基金之间的关系,到底有多少种可能的方案。突然之间,事情出现了转机,博格有了机会杀个回马枪。

此后数月，在激烈的谈判、备忘录的撰写和波士顿人的反驳中度过。在闷塞的联盟俱乐部里，也召开了多次冗长而激烈的董事会会议，会议进行时，博格的年轻助理往往会跟波士顿同事在泳池里一较高下。终于，在3月20日的董事会会议上，博格提交了一份长达250页的长篇大论，名为《威灵顿投资公司未来组织架构》（The Future Structure of the Wellington Group of Investment Companies），里面提出了3个可能的改进方案。这是博格与他的副官里普及助手特瓦多夫斯基共同完成的。[36] 简化来说，博格总结出4个选项：

1. 维持现状，威灵顿管理公司控制所有基金相关的事项。
2. 威灵顿负责除了行政事务的所有基金相关的运作，行政事务即一些常规事项，比如股东信息记录和沟通、法律和合规、基金会计及基金的申购赎回操作等。
3. 威灵顿负责除了行政事务和证券包销的所有基金运作。这意味着基金可以控制威灵顿的销售、广告以及市场营销活动。
4. 基金有权控制所有与基金相关的活动，包括投资咨询服务，实际上就是全面的公司互利化方案。

博格自然是倾向于最后一个选项，这可以让他对这家资产管理公司的三条主要业务线拥有全部控制权。但基金董事会聘请了前证券交易委员会的理查德·史密斯（Richard Smith），来为他们提供建议。为了避免冗长的法律诉讼，史密斯建议董事会，无论结果如何，都必须是全体一致同意的。博格担心，这个建议可能会扼杀那个改革最彻底的选项。

博格担心的没错。1974年6月20日，董事会最终做出决定，选择了第二个没那么激进的方案：设立一个新的子公司，由威灵顿基金所共有，负责所有行政事务工作。虽然这离独立运作的目标只近了一小步，但博格和里普相信，这就像谚语故事里讲的"帐篷下的骆驼鼻子"①。拭目以待。

晚年的时候，博格经常回忆起他离开威灵顿时的样子，说跟他刚进入公司时一样："满怀激情！"然而事实上，他最亲密的同事说，那时博格一直感觉受到了差辱，愤怒而痛苦。后人将这段往事称为"大分歧"。如今，博格已经是美国规模最大、历史最悠久的基金管理公司之一的总负责人，在辉煌的职业生涯里没有遭受过任何一次挫折。但那时，他还只是一个职员，尽管薪水很高。

深感不公的愤恨像火箭燃料一样，让本就充满雄心斗志的博格更加坚定了自己的决心，驱使他把原本可能成为他最大耻辱柱的东西，变成了真正非常特别的东西。

百骏公司的李巴伦，也是博格的朋友，那时跟博格一起吃午饭。李巴伦回忆道："他极其愤怒。我觉得，其实从本质上可以说，是那些家伙（即波士顿四人组）创立了先锋领航。因为博格被他们惹得太生气了，于是想要证明那些他们认为只是狗尾巴的东西，能反过来摇动狗。"

---

① "帐篷下的骆驼鼻子"的故事是，在寒冷的夜晚，骆驼祈求把它的鼻子放进主人温暖的帐篷里，主人答应后骆驼又要求把上半身放进去，最后干脆要求把整个身体都放进了帐篷，第二天主人发现自己被挤到了帐篷外。——译者注

第七章

博格的蠢事

1974年夏末的一天，一位古董画商偶然来到福吉谷拜访博格。

在"大分歧"中，基金董事会给威灵顿施压，让博格保留住了自己的办公室，但办公室墙上原本挂的画，因属于公司财产而被收走了。于是博格买了十几张画，来装点一下如今斯巴达式的办公室。画里描绘了拿破仑战争的场景，包括威灵顿公爵的土地战役和霍雷肖·纳尔逊勋爵的海战。

出于感谢，画商送给博格一本影印的《1775—1815年英国海战》(*Naval Battles of Great Britain 1775-1815*)，画中展现的场景就这来自这本书。博格在翻阅此书的过程中，偶然看到了海军上将纳尔逊在1798年尼罗河战役后写下的一段话："没有什么能抵挡由我指挥的军队。船长的判断，加上各级军官和士兵们英勇无畏的精神以及铁一般的纪律，战无不胜。"[1] 这立刻引起了博格的共鸣。他还在纳尔逊的签名下面发现一行字："英国皇家海军先锋号战列舰，在尼罗河河口。"

新公司距离正式成立还有几周。博格在一场激烈的争辩中再次输给了波士顿的对手，于是新公司不能继续使用威灵顿这个名字。一气之下，博格先是威胁要离职，[2] 不过接着他还是静下心来，跟里普和特瓦多夫斯基一起讨论起个什么新名字好。他们想了很多，比如"胜利"，但觉得太浮夸，又比如"共同基金管理公司"，又觉得太乏味，都不满意。偶然间，博格发现了纳尔逊的战舰名字，还把这艘船的画像挂在自己办公室里，于是对先锋（Vanguard）这个名字一见倾心。①

威灵顿基金董事会则没那么兴奋，他们意识到这个名字，说明博格对新公司有着宏大的愿景，而不仅仅是打算做些行政事务工作。不过他们还是勉强同意了。[3] 于是，公司文化里弥漫开许多航海相关的元素，比如把员工叫作船员，餐厅布置得像船上的厨房，走廊里装饰着海洋相关的画作等。

对正在组建的先锋领航投资公司来说，这是一段短暂而混乱的时期。棘手的"大分歧"问题还在处理当中，一些威灵顿员工被派往波士顿，另一些则留在福吉谷，留下来的人将和他们的新同事一起，在先锋领航并肩工作。公司核心业务也受到挑战，威灵顿基金当时已经连续40个月规模下滑，这严峻的形势一直持续到1978年1月。[4]

雪上加霜的是，博格仍旧对他被抛弃的经历感到极度愤恨和痛苦。后来他悄悄告诉里普，他去看了心理医生。医生告诉博格说，他不需要完全抑制痛苦，这是反人性的，但可以试着把痛苦锁在心里的一个小盒子里，然后继续工作，把注意力放到其他事情上。偶尔地，他可以掀开盒盖重新感受一下痛苦，但随后要再次关好盖

---

① 里普曾跟一些广告业高管聊过，得知有些字母会被认为自带"强有力"的感觉，"V"就是其中一个，这一点也促进了这个名字的确定。

子,然后把注意力重新放到那些更重要的事情上。这个建议打动了博格,也似乎确实帮助到了他。"但我知道,那个盒子一直都在,时不时还会以自嘲幽默的方式冒出来。"里普回忆说。

在这样混乱的情形下,先锋领航终于在 1974 年 9 月 24 日成立了。起初有 59 名员工,其中 19 名是高管,40 名是会计和运营人员。公司被其管理的基金所拥有,包括旗舰产品威灵顿基金、Ivest 基金、温莎基金等,规模加起来一共约 14 亿美元。[5] 博格是第一任总裁,年薪 10 万美元,这跟他之前在威灵顿时的薪资一样。博格负责的工作包括记账、报税、政府报告以及股东登记处理等。公司作为成本项运作,所有利润都要返还给基金,这很快就帮助降低了基金每年支付给威灵顿管理公司的费用。省下来的钱越来越多,从 100 万美元,至 640 万美元。[6]

媒体可不友善。1975 年 5 月,《福布斯》杂志刊登了一篇尖锐的文章,标题是《这两家的厄运要来了?》(A Plague on Both Houses?),内容围绕"大分歧",说公司搞鬼把戏。[7] 博格对此很愤怒。但总的来说,更加让博格感到心痛的,是公众对于开创性的先锋领航的成立似乎毫不在意。

很显然,博格对先锋领航有更宏伟的规划,他开始谋划如何获取销售和投资管理的控制权。"虽然拥有 1/3 的面包比什么都没有要强,但我认为,我们应该立即着手争夺另外那 2/3。"博格后来写道。[8] 他得找到方法,让威灵顿放开对基金的掌控,这样才能让先锋领航获得真正的独立。第一个机会,像闪电一样突然到来。

▲

1974 年秋天,此时的保罗·萨缪尔森距离成为美国第一位诺

第七章 博格的蠢事

贝尔经济学奖获得者还有好几年，他在第一期《投资组合管理杂志》（Journal of Portfolio Management）上发表了一篇开创性的专栏文章，名为《对判断的挑战》（Challenge to Judgment）。这就像在梵蒂冈的《罗马观察报》（L'osservatore Romano）上呼吁无神论一样，令人震惊。

萨缪尔森举了大量的学术证据，来说明大多数专业投资经理相比市场来说，业绩要差得多。他强调，在有效市场假说里，没必要特意排除一些极其优秀的能持续跑赢市场的基金经理，因为这种能力太稀少了，不太可能为大众所用。他还说，大多数平庸的基金经理频繁交易，试图打败市场，都是在做无用功，还损失了交易费用。

他言辞激烈地写道："我也不愿相信这是真的。但出于对证据的尊重，我不得不倾向于赞同这样的推理，即大多数基金经理都应该退出这个行业，换个工作，比如去当管道修理工、教希腊语，或者担任企业高管来帮助提高每年的国民生产总值。"[9]

萨缪尔森简单提到了富国银行和百骏公司发行的指数基金，同时呼吁更多大机构建立追踪标普500指数的大型被动基金，"只有建立一个原始模型，这些公司里的火枪手才能根据模型来衡量自己的实力。"

对博格来说，早些年在普林斯顿读大学期间，曾学习过萨缪尔森所写的教科书，他看到上面这篇专栏文章后非常激动。博格后来提出的"战略服从组织架构"的口号也是受此启发。这篇文章里所说的，正是非常适合先锋领航不一般的架构的战略。当时已有的少数几只指数基金，基本上都是养老金在投资。当这些基金终于开始受到人们关注后，却几乎没有任何一家先锋领航的竞争对手，愿意建立一只面向个人投资者的低成本指数基金，因为这会暴露它们传统主动基金的高费用。而先锋领航这种把公司作为成本项来运作的组织架构，跟指数基金却是完美的匹配。再加上，显而易见，博格认识几个波士顿的火枪手，他可不介意去羞辱他们。

在自传中，博格写道："萨缪尔森博士的建议像闪电一样击中了我，点燃了我的信念。我相信，先锋领航有一个极好的甚至是独一无二的机会，来运作被动的、低成本的指数基金，并且至少头几年里在市场上能独占鳌头。"[10]

后来，博格也许声称自己当时对学术界的研究一无所知，比如马科维茨的"现代投资组合理论"、法马·法马的"有效市场假说"等，也不了解富国银行、美国国家银行和百骏公司所做的开创性努力。但当时，这些学者和公司已经被行业媒体广泛报道，加上博格本身博学多才，紧跟时事，还经常去芝加哥，可见他这个说法并不可信。他还经常提到，1951年他在毕业论文里写的"基金不能宣称它们的表现比市场平均更好"，正是先锋领航第一只指数基金的思想起源。但他忽视了，论文实际上是在宣扬主动基金的优点。当然，他也不再提那篇用笔名约翰·B. 阿姆斯特朗所写的捍卫主动基金的文章。

当时的博格，还不像他后期那样，如此强烈地拥护"经验丰富的基金经理无法长期战胜市场"这个观点。他跟聂夫关系很好，聂夫管理威灵顿的温莎基金多年，取得了非常惊人的投资回报。他们年纪相仿，只相差两岁，还都留着最省事儿的平头。[11]并且，博格很感激聂夫在波士顿人发起公司变革时站在他这边。

不过有一点是一直没变的。博格始终认为，大多数基金经理的收费太高了，这跟客户的利益是相违背的，他称之为"成本问题假说"（cost matters hypothesis）。于是，指数基金就显得很有吸引力了。一些朋友和同事曾提过，博格本身就非常节俭不爱花钱，那么为大众提供一个低成本的简单的基金产品，无疑很合博格的心意。

无心插柳柳成荫。不管怎么说，虽然博格后来成为被动投资的领袖人物，但第一只面向每位普通投资者且未来颠覆了整个投资行业的新型指数基金的问世，是源自先锋领航特殊的组织架构，以及博格想要脱离昔日合伙人掌控的炽热渴望。无论博格后来是怎么描述的，一开始这并不是什么宏伟的使命，仅仅是博格想在与波士顿人持续进行的斗争中抢占先机的一个策略。博格的助理特瓦多夫斯基说："这是他走向独立的第一步。多年后他可能会说，他了解全部事情并计划好了一切。但其实不然，谁能预测出指数革命呢？不过他的想法，最终确实带来了很好的结果。"

回到先锋领航的创立初期上来。为了筹备先锋领航的成立、获得美国证券交易委员会的正式批准，并安排威灵顿基金的股东进行确认投票等，先锋领航的船员们耗费了大量的时间和精力。忙忙碌碌中，1975年年初的某一天，博格找到特瓦多夫斯基，问他能不能运作一只指数基金。特瓦多夫斯基曾在普林斯顿大学学习计算机编程，又在沃顿商学院获得MBA，他回答道："嗯，给我几天时间。"

特瓦多夫斯基开始研究。他在一台分时计算机上用APL（一种目前已过时的编程语言）写了一些程序做测试，使用的是一个公开的股票价格数据库和简单的市值加权算法。经过几天的工作，他信心满满地给博格竖了个大拇指，说这实现起来没问题，很简单。

1975年7月，时任格林威治咨询公司总裁的查尔斯·埃利斯（Charles Ellis），在《金融分析师杂志》上发表了一篇煽动性文章，这进一步激发了博格的动力。埃利斯曾是投资银行 DLJ 的一位银行家，后来自己创立了格林威治这家财务咨询公司。文章里，埃利斯挑衅地表示，投资管理已经成为一个"失败者的游戏"。他指出，考虑到基金的年平均换手率、由此带来的交易成本、管理费等，基金经理得大幅跑赢市场才行，这样才能在费后收益上跟市场勉强持平。埃利斯写道："如果不能打败市场，那你显然应该加入它。指数基金，就是这样的一个方式。业绩评估公司的数据显示，指数基金的表现优于大部分主动基金。"[12]

博格、里普和特瓦多夫斯基因此大受鼓舞，立即着手准备向先锋领航董事会提交正式报告。考虑到萨缪尔森的名气和地位，博格在报告里呈现的第一个证据，就是萨缪尔森的论文。第二个证据，采用的论证方式本质上跟博格曾用笔名约翰·B. 阿姆斯特朗所做过的阐述方式相同，只不过这次阐述的结论跟上次完全不同。

博格发现，1975 年之前的 30 年里，美国股票基金的平均收益率仅有 9.7%，而同期标普 500 指数的收益率为 11.3%。在复利的积累下，这是一个巨大的差异。如果一个人在 30 年前，投资 100 万美元到一个达到平均收益率的股票基金，到 1975 年他将拥有 1 639 万美元，这已经相当可观了。但是，如果他当初把 100 万美元投到标普 500 指数，他将收获 2 500 万美元以上。[13]

1975 年 9 月 18 日，建立一只被动的、追踪指数的共同基金的提案，在先锋领航董事会上被提出。董事们一开始有些疑虑，向博格指出，基于先锋领航的职权管辖范围，他并不能插手任何投资管理活动或任何市场营销活动。博格狡黠地说，因为这只指数基金是无人管理的，所以并不会造成先锋领航的越权，并且公开发售可以交由外部的券商或者投资银行来负责。出乎意料地，董事会认可了这个牵强的逻辑，批准了这项提案。游戏开始了。

▲

为了更好地了解运作一只指数基金需要做什么准备，特瓦多夫斯基联系了富国银行的约翰·麦克奎恩、美国国家银行的雷克斯·辛克菲尔德和百骏公司的迪恩·李巴伦。其中，辛克菲尔德给予的帮助特别大。不过，一只追踪指数的开放式共同基金，每天都有资金流入和流出，这种情况跟之前大型机构投资者比如养老金所投资的被动基金，还是有很大区别。所以，他们遇到了很多不一样的挑战。

之前第一批指数基金，都是集合信托或养老金独立账户，一次性投入一大笔钱，之后就不怎么动了。而这只指数基金，需要处理几百个、几千个，甚至上万个个人投资者账户每天的资金买入和卖出情况，要复杂很多，尤其是当时计算机技术还不太发达。并且，相比起面向成熟大机构的封闭式基金，监管部门对于面向普通大众的开放式基金，设定了更加严格的运作条件及报告标准。

1975年12月，先锋领航在特拉华州提交了"第一指数投资信托"（FIIT）的注册申请。次年4月，博格、里普和特瓦多夫斯基起草了一份FIIT的募集说明书，预计这只指数基金每年的运作费用大约在0.3%，交易费用大约在每年0.2%。这基本上是一只主动基金内部运作成本的1/10。[14]经董事会批准，这份说明书于1976年5月正式提交给了美国证券交易委员会。

先锋领航和标准普尔公司签订了指数授权使用协议。标准普尔公司只是象征性地收取了一点授权费，它此时还没有意识到自己的指数是一个潜在的现金流来源。① 下一步,是联合几家券商向客户募集资金,原因是基金需要初始资金而先锋领航自身没有分销的权利。博格充满信心地告诉董事会,他预计券商能募集到大约1.5亿美元,这笔钱足够买下复制标普500指数所需的全部股票份额了。[15]

券商贝奇·哈尔西·斯图尔特、投资银行佩恩·韦伯·杰克逊与柯蒂斯及雷诺兹证券同意,表示只要先锋领航能说服任何一家华尔街大公司来领导此次发行,它们就共同参与。让博格高兴的是,当时美国最大的券商之一迪恩维特同意加入。迪恩维特后来于1997年被摩根士丹利收购。还有一件事也锦上添花,1975年5月1日,美国监管部门废除了券商对股票交易收取固定佣金的做法,于是券商迫切地想要留住自己的客户。在命运的帮助下,博格组建起了一支实力雄厚的承销队伍。

两篇适时的媒体报道,让博格的乐观情绪进一步升温。1976年6月,《财富》杂志发表了一篇6页的长文,题为《指数基金的时代即将来临》(Index Funds—An Idea Whose Time Is Coming)。25年前,也是《财富》杂志上的一篇文章,激起了博格对共同基金的兴趣,从而完成了他的毕业论文。1976年的这篇文章,探讨了指数基金的理论基础,详细描述了大多数基金经理的糟糕业绩,介绍了人们最初的开拓性努力,明确表示"指数基金可能会重塑整个专业资产管理领域"。[16]同年8月,萨缪尔森在《新闻周刊》里,高兴地提起自己两年前的挑战:"当初我暗自祈祷,没想到回应来得比想象中更快。它马上就要面世了,我已经看了募集说明书,它的名

---

① 现如今,三大指数提供商标准普尔道琼斯指数公司、富时罗素和摩根士丹利,都依靠指数授权费盈利颇丰,我们将在后面的章节中介绍它们。

字叫作第一指数投资信托。"

然而，热情的人们很快被泼了一盆冷水。承销商带着博格和里普一起做全国路演，虽然指数基金在芝加哥的金融行家眼里是热门时髦的新鲜事物，但水牛城或明尼阿波利斯等城市里的个人投资者，显然不是很感兴趣。最后，承销商沮丧地提示说，它们可能最多只能募集到 3 000 万美元，完全不够买下标普 500 指数的全部股票。里普问特瓦多夫斯基，能不能用更少的资金复制标普 500。经过程序测试后，特瓦多夫斯基说可以。

博格是个爱打赌的人，每当与船员们争论某个观点或数字的时候，他特别喜欢啪地把钱包摔在桌子上，表示赌局开始了。这次也一样，他开了个赌局，让大家猜到底能募集到多少钱。博格自己一如既往地乐观，说 1.5 亿美元（后来改口为 4 500 万美元），迪恩维特公司的伍德说 1.25 亿美元，里普和特瓦多夫斯基比较悲观，都说大约 3 000 万美元。最终结果出来了，截至 1976 年 8 月 31 日，第一指数投资信托只募集到了 1 132 万美元。

这是一次悲惨的失败。这笔资金离买下整个指数还差得很远。券商问博格，要不要放弃这件事，但博格坚持说要做下去。他说道："不，我们现在已经有了世界上第一只指数基金，这是件大事，正在拉开帷幕。"[17] 但仅靠 1 132 万美元，特瓦多夫斯基没法儿买下标普 500 指数的全部股票，只能买下其中的 280 只股票，其中 200 只最大的股票占整个指数 80% 的权重，另外 80 只小一些的股票则经过了精心挑选，试图更好地跟踪指数。

赌局的赢家是鲍勃·利普曼（Bob Lippman），先锋领航的一位新晋高管。他猜过好几个数字，但其中给出的 11 111 111 美元，是最低的，同时是距离最终结果最近的数字。特瓦多夫斯基在结果出来后立即给他发了个备忘录,告诉他有一个好消息和一个坏消息。

首先,好消息:恭喜你!你预估的 11 111 111 美元,相对于最终募集规模来说是如此准确,今天早上,我们已经收到了 11 320 000 美元的支票。附件里是参与赌局的所有猜想数字清单。我相信你赢的这 27 美元,将温暖今夜。

现在,坏消息:你预估的金额是目前为止最低的,这逃不过博格先生的眼睛。鉴于你对我们的组织缺乏信心,博格先生让我感谢你在先锋领航短暂任职期间的辛勤付出,查克·威廉姆斯(Chuck Williams)有一些旧的打包盒子你可以拿去用,清理桌面时你会需要它们的。(附:预想到你可能会抗议,博格先生说你的另外两个猜想数字,虽然要高很多,但也不能帮你摆脱困境。就像他说的,你的预估"相对一组预估数字的平均标准差而言,仍然远低于平均数"。我想这应该说得很清楚了。)

特瓦多夫斯基承认这只是个玩笑,先锋领航紧密团结的船员们经常这样互相嬉闹。尽管大家气氛融洽,但这次发行显然是失败了。很快,媒体就给第一指数投资信托取了个外号,叫作"博格的蠢事"①。

一朝被蛇咬,十年怕井绳。这次失败如此惨重,扼杀了其他人跟随先锋领航脚步的想法。指数投资可能在养老金中越来越有吸引

---

① 这里可能是借用西华德的蠢事(Seward's Folly),即 1867 年,美国花 720 万美元向俄国购买阿拉斯加的故事。一开始民众都对西华德的做法感到非常愤怒,觉得浪费钱,但后来阿拉斯加所蕴含的价值远远超过 720 万美元。——译者注

力,但普通大众对此漠不关心,并且对很多传统共同基金小组来说,指数基金简直是个恶棍。当时,共同基金行业的著名分析师迈克尔·理柏(Michael Lipper)说:"胜负还未见分晓,但你若是想要运作指数基金,就得保持足够低的运作成本,因为对传统共同基金公司来说,指数基金的利润太低了。此外,大多数基金经理也很难理解他们无法战胜市场这个观点。这是一个他们暂时还不能接受的悖论。"[18]

竞争对手也来者不善。富达董事长爱德华·约翰逊(Edward Johnson,昵称是Ned),不屑地跟《波士顿环球报》说,他所领导的投资小组绝对不会涉足指数基金领域。他说:"我不信广大投资者会仅仅满足于只获取市场平均回报。投资这个游戏的目的,就是要获得最好的。"[19]后来博格津津有味地讲述,另一个竞争对手还发了传单并反问道:"谁会想要让一名普通外科医生为他做手术呢?谁会想要咨询一位平庸的律师呢?谁会想要成为一个普通的股票经纪人呢?谁会想要做那些不好也不坏的平凡事情呢?"[20]里普对这些言论的反击,永远是问他们:"想不想在玩高尔夫球时仅仅是打出标准杆①?"

▲

第一指数投资信托是先锋领航重要的里程碑,具有象征意义和战略意义。这是它第一次独立于威灵顿之外,自己做资产管理。但这只基金在财务上,还没给公司带来任何贡献。就业绩而言,第一

---

① 高尔夫球里,每个球洞都有设定好的杆数,即标准杆(just par)。par的意思就是击球入洞的杆数与标准杆数相同,不多不少。——译者注

指数投资信托做得不错，跟标普 500 指数持平，但在销售上始终不受普通投资者欢迎。截至 1976 年年底，第一指数投资信托规模只达到 1 400 万美元，增长速度堪比乌龟前行。大多数普通投资者仍然非常追捧那些承诺一击即中的"火枪手"基金经理，向他们兜售指数基金显然是比登天还要难。

普林斯顿大学的经济学家伯顿·麦基尔是有名的指数基金支持者。他曾出版《漫步华尔街》一书，使许多学术投资理论家喻户晓。1977 年吉米·卡特接管白宫时，他离开了杰拉尔德·福特总统的经济顾问委员会，不久就加入了先锋领航董事会。他经常跟博格开玩笑说，也许他俩就是第一指数投资信托仅有的两个投资者。直到 1981 年，第一指数投资信托才终于突破 1 亿美元大关，而且这还是在跟另一只 5 800 万美元的基金合并之后才达到的。[21] 博格常常把他的指数基金形容为"一个艺术上而非商业上的成功"。[22]

在随后的几年里，先锋领航更多是依靠一只 1975 年发行的货币基金取得了成功。货币基金投资于短期的高质量债券，比如美国短期国债、IBM 或通用电气发行的商业票据等，期限通常在 9 个月以内。20 世纪 70 年代，美联储提高利率，终于消除了困扰美国经济几十年的通货膨胀，正因如此，货币基金的受欢迎程度剧增。货币基金规模的增长，正好抵消了还在苦苦挣扎中的股票基金规模的持续缩减。到 1981 年年底，先锋领航的货币基金规模达到了 14 亿美元，占公司管理总资产的 40% 左右，基金的投资管理工作还是由威灵顿承担。经历了这么多年的动荡不安，货币基金可以说是先锋领航的救星。[23]

即便如此，第一指数投资信托还有一个特别功劳，那就是确实帮助博格争取到了"另外 1/3 的面包"。分销，也就是市场营销及售卖，看起来好像不如处于第一线的投资管理那么有魅力，但对一家健康的公司来说，是至关重要的。只要威灵顿仍然掌控着分销业务，先锋领航就仍然得完全依赖它，也就无法夺回对投资管理的控制权。投资管理，才是真正赚钱的业务。

先锋领航的第一只指数基金第一指数投资信托遇到的难题之一，就是很多投资者在购买时不愿意支付申购费，对其抵触程度甚至在管理费之上。申购费是投资者支付给经纪人的前期费用，这在当时很普遍，通常是投资额的8%左右。这一点放在主动基金上，投资者可能会容易接受一些。因为当需要支付一笔钱时，如果你能指望基金经理通过他们的能力帮你把钱赚回来，那你支付起来可能会更乐意一些。而放在指数基金上，投资者就不愿意支付了。大部分申购费都是给经纪人用于开展销售业务，还有一些则给了管理人用于负担分销成本。虽然第一指数投资信托只收取每年0.3%的管理费，但投资者购买时仍需要支付大约6%的申购费给经纪人。

20世纪60年代时股市景气，回报率不错，大部分投资者都愿意支付申购费。而到了艰难的20世纪70年代熊市，情况就不同了。于是，一些共同基金公司开始转变，不设置申购费。博格判断，这将成为未来的趋势，先锋领航应该紧跟其后。并且这样的设置，跟先锋领航低成本的组织架构很匹配，还能迫使威灵顿加强自身的直销能力。与此同时，博格还希望能吸引到一些机构投资者，这些机构投资者通常是不愿意支付任何申购费的。

在第一指数投资信托发行之后，博格立即写了一封信给董事会，提议威灵顿基金应该终止和威灵顿管理公司的分销协议，不再设置申购费，废除自1929年以来组建的分销系统，并开始向投资者进行直销。他再次狡黠地辩称，先锋领航并没有越权，严格来说它并没有做任何分销业务，而仅仅是终止了这个业务。[24]

博格的宿敌多兰和桑迪克仍是董事会成员，他们大声疾呼反对这个提议。但过去4年来，投资者持续流失，看不到希望，他们的反对理由也站不住脚了。1977年2月8日的纽约，在又一次紧张而激烈辩论的晚间董事会会议后，董事会以7票对4票，通过了取消申购费的提案。[25]博格高兴极了，但与威灵顿合作多年、帮威灵顿进行了近半个世纪的基金分销的经纪人们，却勃然大怒。在如此水火不容的情境下，挽救冲突局面的，还是聂夫管理的温莎基金。温莎基金的业绩表现太好了，让许多经纪人终究不舍得建议客户抛弃它。到1979年，温莎基金的规模，甚至已经超过了公司创始人摩根曾管理的旗舰产品威灵顿基金。①

1977年9月，先锋领航向着独立的目标，又迈出了重要的一步。它建立了一只投资于地方债的基金。正是在那一年，共同基金首次被允许把地方债提供的免税现金流发放给投资者。除了没有申购费，基金管理人也换了，这只"华威地方债基金"交由花旗银行来管理，这是先锋领航和威灵顿有史以来第一次把基金交给第三方进行管理。据先锋领航当时的一位律师菲尔·菲纳（Phil Fina）说："这项决议意义重大。因为这使先锋领航想要进行改革从而不

---

① 不过取消申购费的过程，比博格预想的时间要更长，也更加复杂。先锋领航需要得到美国证券交易委员会的批准，允许使用基金资产来支付直销费用，而不是间接地通过管理费向威灵顿管理公司支付。一位法官刚开始拒绝了博格的申请，这让他怒不可遏。但最终，他取得了胜利。博格的这个举动，也无意中对整个行业产生了深远的影响。最后的结果是，证券交易委员会允许所有的共同基金都可以向投资者收取销售服务费。在很大程度上，这类直接从基金资产里扣除费用的方式，已经取代了大部分从前端收取申购费的方式，成为投资业的主流。

再受制于人、自己当家作主的设想,有了可能性。"²⁶ 没错,博格的下一步计划,就是夺取那最后的 1/3 面包,即投资管理业务。

1980 年,先锋领航董事会正在讨论撤销花旗对华威地方债基金的管理,因为其表现比较差。博格抓住机会,建议先锋领航建立自己的内部固收小组,来管理地方债基金及威灵顿管理的货币基金。他解释道,毕竟先锋领航以成本项运作的商业模式,是管理这类回报较低、现金流稳定的基金最完美的选择,这对投资者来说是成本更低的。²⁷ 这个时候,多兰和桑迪克都已经离开董事会了,于是 1980 年 9 月,董事会几乎全体一致地通过了这项提议。①

终于,先锋领航不再只是个办事员,不再只是个董事会出于同情而给予被赶下台的首席执行官的象征性安抚。它已经成为一家独立自主的、提供全方位服务的投资公司。博格已经做好准备去征服全世界,驱除那些 1974 年的妖魔鬼怪。

先锋领航,不仅帮助博格把一段惨败的痛苦经历,变成他津津有味向世人讲了无数遍的有趣创业故事,还将继续帮助数百万人过上更舒适的晚年退休生活,成为投资业历史上最具颠覆性的力量之一。

---

① 博格和里普随即聘请了伊恩・麦金农(Ian MacKinnon),他是费城吉拉德银行一位很有前途的债券基金经理。麦金农很快建立了先锋领航固收小组,并取得了很大的成功。

第八章

先锋领航崛起

1979 年 8 月，《商业周刊》发表了一期新闻界的名人堂封面，宣告"股票已死"，理由是"通货膨胀正在摧毁股市"。不过，在美联储主席保罗·沃尔克的领导下，美国央行终于解决了这个问题。20 世纪 80 年代初，在经历了一段痛苦而短暂的经济衰退之后，债券和股票市场开始双双走向金融史上公认的最大牛市之一。

红火的牛市，再加上 401（k）退休计划的诞生，振奋了每一家投资公司。401（k）退休计划，很偶然地起源于 1978 年的《税收法案》，鼓励每位美国人通过投资股票基金来为自己存养老金。先锋领航就在这样的时代背景下崛起了。1980 年 9 月，先锋领航的管理规模达到 30 亿美元，博格开了个香槟派对庆功宴，邀请了公司全部 300 名员工参加，他爬上桌子，站着对底下所有招揽的船员做演讲。[1] 这个仪式一直保留了下来，每突破下一个 10 亿美元里程碑，都要举办一次。就这样，很快迎来了 100 亿美元的庆功宴。先锋领航是 1983 年开始进军 401（k）业务的，到 80 年代末，管理规模已经达到 470 亿美元。

在这个普遍高成本的投资行业，把先锋领航定位为一家低成本管理公司，是非常明智的举措。401（k）计划的发展，进一步推动了先锋领航的崛起。并且，规模增长得越快，越能进一步降低成本。先锋领航独一无二的组织架构，意味着利润以低费用的方式，回归到股东手里。1982年时，先锋领航旗下21只基金的平均费用比率，即基金运作费用占基金资产比例的加权平均值，仅有0.6%。到2000年，先锋领航旗下将近100只基金的平均费用比率进一步下降到0.27%。[2]而同期所有共同基金的平均运作费用，反而是上升的。

博格并不讨厌追热点的广告宣传活动，这一点可以从他不断巧妙取悦媒体的行为中看出来。这位曾经的《费城公报》（*Philadelphia Bulletin*）晚间新闻记者，知道媒体想要什么。他们想要有争议的、诙谐幽默的、易于理解的故事，而博格正是讲述这类故事的能手。如果有哪个媒体人想要拿到业内人士尖刻的评论，他们完全知道该去找谁。在投资这个行业里，所谓公共关系，经常就是一段乏味的声明或一场谨慎的对话采访，而博格平易近人，与众不同。并且，没有人比博格更会讲故事了。

多年以来，许多记者通过长时间的电话和采访，熟悉了博格低沉洪亮的男中音，甚至同事们偶尔会开玩笑地称之为"上帝之声"。渐渐地，人们开始称博格为"圣徒杰克"，即泰坦尼克号的男主角，博格也自诩为资产管理行业的"道德之声"。起初这只是批评家给他起的一个绰号，不满他总是一副说教语气，但后来越来越多博格的追随者认为，这个名字恰到好处地展现了博格的魅力。

于是自然而然地，先锋领航由于其低成本和透明性，受到了媒体的广泛报道和好评。博格的助手和继任者、先锋领航下一任首席执行官杰克·布伦南后来说："博格跟媒体的关系，是众多事情中

最值得一提的，这是一笔巨大的财富。这帮我们节省了每年数百万美元的市场营销费用。"³

不过博格有时候也容易生气。一位前记者丹尼尔·维纳（Daniel Wiener），1991年创立了一份时事通讯叫作"先锋领航顾问"（The Vanguard Adviser），在里面猜想博格的年薪大约是260万美元，远低于当时行业的平均薪酬水平。这使博格暴跳如雷，随即起诉维纳的公司擅自使用先锋领航这个名字。⁴长期以来，博格在和那些贪婪的大型管理人进行的媒体战中，一直小心翼翼地营造出一种《圣经》里"大卫和歌利亚"的形象，即一场力量对比悬殊的战争，先锋领航代表的是弱小的大卫。①但先锋领航起诉一家小型独立企业，倒显得自己这个大卫才是霸凌的一方。实际上，这件事确实让先锋领航损失了一些客户。

官司最终和解，条件是维纳将公司改名为"先锋领航投资者的独立顾问"。不过，这件事对先锋领航来说，就像"在一名白骑士的盔甲上留下了一些污渍"，这句话是当时《费城》杂志上一篇大受欢迎的剖析文章里说的。文章作者还写道："把自己树立为纯洁和正直的榜样是很好的，然而一旦你似乎被卷入任何看起来不好的事件里，在人们眼中就显得格外糟糕。"⁵博格后来承认维纳的猜想是对的。事实上，假如这件事发生在退休后的博格身上，他会完全改变做法，督促公司在高管薪酬披露上更加坦率。

不过，污渍很快就消失了，先锋领航的规模继续大幅增长。1980年年底，博格的大船先锋领航在美国共同基金中的规模占比还不到5%。到了2000年世纪之交时，其管理规模已经超过5 620

---

① 《圣经》里的巨人歌利亚，被大卫用石头砸中脑袋致死。——译者注

亿美元，在快速发展的美国共同基金市场中占比超过10%。[6]大部分先锋领航的基金规模都实现了跨越式增长，但真正推动先锋领航在1982—2000年牛市中极速扩张的，却是一只最初饱受诟病的基金。

第一指数投资信托遭遇了最初的失败后，1980年改名为"先锋领航指数信托"，后来又改名为"先锋领航500指数基金"，并逐渐成为一台惊人的聚钱机器。1982年年底，其规模还只有1亿美元，在美国263只权益类共同基金里排名第104。到1988年，其规模就达到了10亿美元的里程碑，在1 048只基金中排名第41。[7]

当时，有少数竞争对手也面向普通投资者发行了类似的指数基金，但这些基金要么被关闭，要么难以吸引投资者。[8]能与先锋领航匹敌的投资集团，有富国银行投资顾问部、道富银行和信孚银行，它们的指数策略在养老金这样的机构投资者中都有着大幅增长，但被挡在了零售市场的大门之外。大萧条时期颁布的《格拉斯－斯蒂格尔法案》仍然禁止银行向普通个人投资者出售基金产品。由于存在这种特殊的监管规定，再加上很多能做零售的投资集团，并不愿意放弃它们传统的主动基金转向指数基金，所以先锋领航在很长一段时间里，畅通无阻、不受干扰地向普通投资者出售指数基金。

于是，2000年4月，先锋领航500指数基金的规模首次超过富达著名的麦哲伦基金，成为世界上最大的共同基金，规模达到1 072亿美元。[9]这个接力棒的传递，虽然在很大程度上可以说是象征性的，因为麦哲伦基金已经好几年不开放购买了，但不可否认这仍是一次强有力的交接。《华尔街日报》当时是这样报道的："先锋领航投资组合的崛起，反映出数百万美国人在投资策略上的巨大转变。先锋领航500指数基金让这么多选股人蒙羞，并帮助催生出几十只指数基金，它们几乎追踪了市场的所有领域。将来，还会有更多指数基金出现的。"[10]

最后，普通投资者也跟随养老金的脚步，直接从低成本、平均表现更好的指数基金中受益。原本流入华尔街富人们口袋里的数十亿美元，如今终于留在了人们的银行账户里。这些钱，也许是为孩子准备的大学教育资金，也许是为自己存下的养老钱。后来，萨缪尔森还把先锋领航500指数基金的诞生，与轮子、字母表、古腾堡活字印刷机、葡萄酒和奶酪的发明相提并论。[11]然而，即使是如此强大的先锋领航500指数基金，后来还是被先锋领航舰队的另一名成员打败了。

▲

1992年年初的一天，博格走进乔治·索特（George Sauter）的办公室，说："索特，咱们别瞎折腾了，来做一只全市场股票基金吧。"索特是公司里管理股票基金的负责人。对一些学究来说，这才是真正的指数投资开始的那一天。

索特对马科维茨、夏普和法马的金融研究理论非常熟悉，他在芝加哥大学获得MBA学位。他曾经涉足过很多商业领域，甚至还买了个小金矿，之后于1987年进入先锋领航工作。刚入职就面临了一次众所周知的严峻考验。仅仅在入职后2周，美股就遭遇了历史上最大的单日跌幅，也就是著名的"黑色星期五"。但索特证明了自己是有才华的"及时雨"。

他刚来的时候，先锋领航只有两只指数基金，一只先锋领航500指数基金和一只上一年刚成立的债券基金，两只基金的规模加起来仅12亿美元。[12]由于先锋领航采用了把公司作为成本项运作的组织架构，所以它的基金费用都很低，导致市场影响力也很小。一方面，当时互联网还处于起步阶段，先锋领航也不愿意做太多的市场营销，没有销售费，自然也就几乎没有经纪人愿意推销先锋领航的基金。另一方面，当时的博格仍把主要精力放在建立大量主动基金上。当时最大的胜利是布伦南成功争取到一家名为 PRIMECAP 的投资公司，这是由 3 位明星基金经理 1983 年从美国资本集团出来后创立的。

索特开始在业余时间编写新的交易程序，以降低指数基金的交易成本和追踪误差。到了 20 世纪 90 年代初，指数基金终于迎来大爆发，1991 年指数基金的规模占到先锋领航管理总资产的 10% 以上。[13] 博格开始重新关注起指数基金来。

杰里米·达菲尔德，在索特加入之前一直管理先锋领航 500 指数基金，他说早些年的博格是"指数基金的粉丝，但不是死忠粉"。直到 20 世纪 80 年代末至 90 年代初，他才开始死心塌地踏上了追随指数基金的征程。达菲尔德说："他意识到自己拥有些什么，于是开始计划去建立它。" 1987 年年底，先锋领航发行了一只"扩展市场指数基金"，投资于标普 500 指数成分股之外的中小盘股。1992 年，博格觉得应该再建立一只更大的基金，投资于整个美股市场。

虽然标普 500 指数已经包括了美股里的大多数大盘股，但它仍然只有 500 只股票，只涵盖了美国的大型上市公司，并由标准普尔公司的指数委员会挑选。根据金融理论，一只指数基金应该尽量包括所有股票。标普 500 指数，只是一个便于早期先驱探索实践的简化途径，而不是股市本身。

1992 年，中小盘股的交易条件有所改善，先锋领航决定利用这一点，发行了"先锋领航全市场指数基金"。索特说："在我看来，这才是第一只指数基金。如果你是一个指数化投资的纯粹主义者，那么真正的共同基金指数化进程，开始于1992年。"

经历了初期的缓慢增长后，先锋领航全市场指数基金成为席卷市场的新宠儿。到2013年10月，它超越了由"债券之王"比尔·格罗斯（Bill Gross）管理的太平洋总回报基金，成为世界上规模最大的基金。现如今，先锋领航全市场指数基金管理着超1万亿美元。仅这一只基金，就可以位列全世界最大的资产管理人排行榜之首。这个规模，已经超过了沙特阿拉伯或瑞士的年经济总产值。除了先锋领航全市场指数基金这一只，20世纪90年代，随着被动投资越来越流行，越来越多的指数基金被推出。到2000年，先锋领航管理的总资产里，指数基金占了几乎一半的规模。[14]如今这一数字，已经上升到75%左右。

20世纪80年代和90年代，也并非没有遇到挑战。先锋领航飞速发展所带来的压力，传给了公司的每一根神经。尽管博格可以很自豪地说自己精通投资行业的每个方面，但他对细节、组织和流程跟进并不擅长。他保持低成本运作的决定，同时意味着先锋领航在技术上的低投入，这常常使他们面临巨大挑战。达菲尔德说："我们一直都走在成长的痛苦之路上，20世纪80年代中期，我们曾好几次差点儿超过系统容量上限。"

吉姆·诺里斯（Jim Norris）1987年年底加入先锋领航担任基金会计，后来成为博格的助手，他回忆说"黑色星期五"这天尤其暴露出公司的不足："我们扛了下来，但很勉强。这真的暴露了很多操作上的混乱和疏忽问题。"不过，多亏了博格得力助手兼首席运营官布伦南的努力，先锋领航逐渐建立起一套更好的管理体系和更现代化的技术支柱，为未来的增长做好了准备。

博格的自负，随着先锋领航的成功也一并在增长。甚至他自己偶尔也会开玩笑地表示他的自负那是相当重的。20 世纪 90 年代初，所有 6 名高管集体投票，准备让一家本地承包商进行一次重大 IT 系统改造，但博格否决了他们，并把合同给了麦肯锡。[15] 1993 年，他把公司搬到了马尔文，因为福吉谷办公园区已经容纳不下日益壮大的船员队伍了。在这个新的办公园区，博格不断增长的自信心，也从物质上得到了体现。

马尔文新总部开业不久，博格委托玛丽扎·摩根，一位他很欣赏的艺术家，创作了一幅近 8 米长、2 米宽的壁画，这幅画采用木头雕刻，由 5 块木板拼接而成，栩栩如生地描绘了尼罗河战役。顽皮的是，博格还要求把壁画正中间，被英国皇家海军先锋号战列舰轰炸的法国护卫舰的名字斯巴达，改为"忠贞"。这是对波士顿四人组毫不留情的讽刺，谁让他们当初对先锋领航第一只指数基金不屑一顾呢。

似乎没有什么能让先锋领航和它独断专行的船长偏离航线了。每年 5 月，博格都会带着他的资深"船员"开高管务虚会。1993 年，他们去了天顶小屋，位于风景秀丽的波科诺山，这是一个占地近 23 平方千米的田园诗般的高尔夫球场度假村，成立于 1928 年，恰好跟威灵顿同一年成立。当时，先锋领航刚跨过 100 亿美元的管理规模。旅途中，博格充满信心地预测，在"复利的专制"下，先锋领航可能会在 2005 年左右突破 1 万亿美元大关。他的预测没有错，但先锋领航达到这个目标，却是在另一位船长的带领之下。

▲

模仿他的领路人摩根，博格身边总是带着一名年轻的助手，通常是 20 多岁，不要求有多少商业经验，但一定要有扎实的学术基础，这样博格可以按照自己的想法来塑造他。他要求这个人，要具备忠诚的品质和高尚的职业道德，以及独立的思想和正直的人格，拒绝阿谀奉承。

博格的前助手开玩笑说，在博格手下工作的时间，要用狗龄来计算①，还慷慨地分享了许多博格的趣事，比如他那些离谱的要求，当他发现兼职员工早上 7 点多才上班后那些尖酸刻薄的评论等。不过，即便是在博格手下工作时间最长的诺里斯，历经了长达 7 年的鞭笞和磨炼，也表示说如果有可能他仍会选择再来 7 年。诺里斯一直领导先锋领航的国际业务直到 2020 年退休，他说："博格的要求非常高，但我学到的东西也非常多。我们一直在斗嘴争吵，但事实上我们都乐在其中。"博格是真的很喜欢与每个人交谈，从保安到咖啡馆服务员，再到董事会成员以及养老金负责人等。他和蔼宽厚的为人，为他赢得了众人极大的忠诚。

每年圣诞节，博格都会为他的前助手们举办一次午宴，后些年则改为晚宴。这是每年热热闹闹的传统，许多曾在他指挥下工作的人，后来要么在先锋领航升任高管，要么在其他投资公司担任高管。宴会的目标，永远是确保大家喝的比吃的多。过程中，博格会举杯庆祝，说着那句永远不变的话："大家一起，向我的英明决断致敬。"曾经的助手则会幽默地回应："听听，听听！"然后继续畅饮，为博格垒起高高的账单。在平时，博格可是有着"吝啬鬼"的坏名声，还自诩为苏格兰人。（先锋领航的董事会成员伯顿·麦基尔教授开玩笑说，博格最爱喝的是 8 美元一瓶的赤霞珠。）

宴会上，还会有一番唇枪舌剑，尤其是博格和里普、邓肯·麦

---

① 人的 1 年相当于狗的 7 年，隐喻在博格手下工作 1 年相当于 7 年。——译者注

克法兰(Duncan McFarland)之间。里普1982年离开先锋领航到竞争对手普信集团担任高管,麦克法兰则在曾经的老对手波士顿总部的威灵顿管理公司担任首席执行官。不过每个人都乐于把他们导师骄傲高耸的自尊心,轻轻地刺痛一下。一次晚宴上,里普和特瓦多夫斯基送给博格一个牧师戴的白领子,告诉他只要他打算继续像个自以为是的福音派传教士一样去布道,那他就应该穿上合适的着装。里普回忆道,"他心情复杂地接受了礼物",但助手们都很开心。

在另一次晚宴上,诺里斯拿出一份著名的"博格主义"清单,比如当博格在走廊里与人擦肩而过时,通常会低头挥手致意,以及他的口头禅"你说的是什么鬼!"(The hell you say!)。诺里斯还给大家发了一份博格主义快捷翻译清单。

当博格说:	他的意思是:
我知道这不是你的错。	这就是你的错。
你来决定。	按我的想法做。
我确定这是我自己的错。	显然这肯定不是我的错。
我需要在3点之前拿到它。	我需要在1点之前拿到它。
这里有些地方看上去不太对劲。	你把整件事全搞砸了。
别在这上面花太多时间。	需要待到多晚就待到多晚,确保这里面没有错误。
7点左右来接我。	7点整来接我,一秒也不要迟到。

大多数情况下,这都是出于善意的玩笑,再加上一些酒精的刺激、对博格的喜爱,以及人类天生的好胜心等。但对于杰克·布伦南,这位博格钦点的继任人,气氛却变得真的紧张起来。布伦南和先锋领航之间爆发冲突,就像博格当年被赶出威灵顿一样,戏剧化十足,伤害性很大。冲突发生之后,布伦南就不再来参加宴会了。

布伦南是博格最聪明的徒弟之一，虽然有争议，但被认为是对先锋领航的贡献不亚于博格的人。这位内敛的波士顿上流人士，在达特茅斯大学获得经济学学位，之后分别在纽约储蓄银行和美国庄臣公司短暂任职，还取得了哈佛大学 MBA 学位。之后于 1982 年加入先锋领航，成为博格的助手。布伦南出身于一个富裕的家庭，他的父亲弗兰克是波士顿联合沃伦储蓄银行的行长，也是该市金融机构和爱尔兰天主教机构的支柱人物，但布伦南跟博格一样，爱工作如命。

布伦南的祖父母，是来自爱尔兰凯里郡的移民，生活贫困，靠做清洁工养活儿子上大学。[16]布伦南的父亲，一位获得二战铜星奖章的坦克指挥官，希望孩子们能像他一样认真工作，所以并没有在他的银行给孩子们提供轻松实习的机会。于是，布伦南的暑假，都是在马萨诸塞州收费高速公路的隔离带上割草度过的。[17]

具备坚韧不拔的职业素养，是博格对徒弟最核心的要求。布伦南和博格常常一起打壁球，[18]一起在先锋领航餐厅吃午餐，[19]这让他们的关系越来越好，形影不离。随着布伦南步步高升，他的组织能力和管理技巧跟博格形成了很好的互补，因为博格在管理公司时通常会更偏向于讲理想和愿景，布伦南则注重于计划的落地。达菲尔德说："我认为人们可能都没有注意到，布伦南作为一名主管，做得有多么出色。"在 20 世纪 80 年代开始的高速发展中，布伦南在近乎混乱的局面中建立了秩序。1989 年，他被任命为先锋领航的总裁，已然是博格的接班人。

他俩的风格截然不同。博格爱交际，享受站在聚光灯下的感觉，而沉默寡言的布伦南则避之不及。博格经常穿着磨损的衬衫和不合体的外套来上班，还以他破旧的衣服为荣，而布伦南总是穿得干净整洁，仪表堂堂。即便是周六来上班，也会穿着熨烫平整的卡其裤和正装衬衫。博格喜欢壁球和网球，但仅限于业余水平，消遣娱乐，而布伦南则是一位正经的运动员，打橄榄球、曲棍球，跑马拉松。

但相同的是，他们都很看重勇气和毅力，并彼此互补。博格是一位有创新力、有远见、有自我驱动力的人，他会在开动员会议和进行公司野餐的时候，发表激动人心的演讲，提升大家的士气。而布伦南则是执行者，是确保博格的想法能真正落地实施的人。他们不服输的个性，激励着彼此。有一次博格向他的兄弟巴德透露："过去我七点半开始上班，但布伦南七点就开始上班。于是我开始七点就上班，但接着布伦南开始六点半就上班，于是我也开始六点半就上班。"[20]

从许多方面看，布伦南快速的职业上升轨迹以及与博格之间的关系，像极了曾经的博格与威灵顿创始人摩根所经历的过往。博格在自己最后一本书中写道："他很快为自己赢得了强硬管理者的名声。在所有与我一起共事过的人当中，没人拥有布伦南那样的能力，他会想办法来获得自己想要的东西。"[21] 这本书出版后不久，博格就于2019年1月去世了。

然而，这段博格精心挑选也可能是在描述他自己的话语，掩盖了一个非同寻常的情况，即这对师徒产生了分歧，多年来一直不和。这件事，一直折磨着博格直到他去世的那一天。另一位博格的助手达菲尔德，对两个人都非常钦佩，他比喻说这就像是个希腊悲剧。

▲

分歧最初发生的时间，可以追溯到1995年。那时，博格苦苦奋战多年的心脏开始罢工了，他的健康每况愈下，同事们非常担心。后来，他甚至仅仅是穿过房间都会气喘吁吁。布伦南已经在 5 月被选定为博格的继任者，得承担起更多的工作。虽然正式上任首席执行官要等到 1996 年 1 月，但事实上，他当时就已经开始全面接管先锋领航了。到了 1995 年 10 月，博格不得不在费城的哈尼曼医院住院，并被列入心脏移植名单。打了 128 天点滴，博格日益消瘦。然后在 1996 年 2 月 21 日，他接受了一位 30 岁青年捐献的心脏。[22]

布伦南很关心他的师傅，几乎每天都会去医院看望博格，并带去一些工作让博格保持活力。心脏移植手术取得了令人难以置信的成功，博格接受了现实，回来后重新担任先锋领航董事长。很多公司的创始人，要么无法放权，要么找的接班人不合适。但曾经有那么一段时间，看起来博格已经处理好了继任事项，就像当初创立先锋领航时一样泰然自若。在一次新闻发布会上，他称赞布伦南是"我能找到的最好的人……一个在品格、智力、勤奋和判断力等各方面都极为优秀的人"。[23]

但随后，博格不屈不挠的天性再次凸显。经过一段时间的身体恢复之后，博格回到先锋领航总部，迫不及待地要开始工作。此时，尽管布伦南已经独立管理公司好几年了，但作为董事长的博格，却表现得仍像是首席执行官似的，向船员们大声发号施令。麦基尔描述说："博格重获新生，情况基本上就是，他回到先锋领航并宣布：'我回来了，我要继续管理这个地方。'不用说，布伦南和董事会都认为这不是个好主意。"

董事会担心的，一方面是博格的年龄和身体状况，另一方面则是考虑到当时先锋领航已经成为一家大型公司，需要另一位不同的首席执行官来掌舵。麦基尔表示："布伦南可能从来都不是创始人，也不是指数基金的革新者，但博格也不是一个能管理好大型机构的人。"

布伦南拒绝从首席执行官退位，董事会支持布伦南，这让博格感觉受到了侮辱。结果就是两人之间爆发出一系列冲突，愈演愈烈。这不禁让人回想起过去可怕的往事，几十年前，固执的博格与多兰和桑迪克之间爆发冲突，博格喜欢"一言堂"，而多兰和桑迪克则更倾向于大家商量着来。而这次的冲突，伤害更大，因为博格和布伦南之前曾是亲密无间的好搭档，这让两个人都尤为痛苦。麦基尔认为，导致两个人之间出现最大决裂的事情，是博格向一名记者表示他后悔让布伦南担任首席执行官。这让布伦南彻底绝望，因为对布伦南来说，无论是面对公众媒体还是在公司内部，他都只会为博格唱赞歌。"布伦南受到了根本性的伤害。"麦基尔说。

接着就是一系列董事会上的争辩，内容涉及各种事项，从布伦南想要在技术上投入更多，到尝试一些互联网广告等。最后，他们甚至都拒绝跟对方说话了。董事长和首席执行官之间的分歧闹到如此严重的地步，是不行的。于是董事会于1998年决议任命布伦南为董事长，博格则为"高级董事长"。在博格眼里，这是又给了他一记耳光。当别人问博格，那时他跟这位曾经的门徒之间是怎样的关系时，博格只是简单地回答说"这个问题够写篇论文了"，然后就不再说什么别的。[24]这可能是博格唯一一次保持缄默。

一场暴风雨正在酝酿中。1999年年初，博格即将年满70岁，这是董事会成员的规定退休年龄。博格以为，作为公司创始人，他会被允许继续留下来。然而事与愿违，董事会考虑到博格和布伦南之间的矛盾冲突，还是决定按规定执行，让博格退休。博格生气极了。不过博格的好朋友麦基尔其实也赞同董事会的做法，他说："董事会的决定没错，公司不能同时有两个主人。"

坏事传千里。这场难堪的权力斗争，被媒体知晓了。在外界，布伦南还不太出名，而博格已经是著名的"圣徒杰克"和行业道德之声。如今，博格被自己创立的、致力于给投资者一个"公平待遇"的公司排挤出去，这让"博格头"的人们义愤填膺，"博格头"是博格的粉丝自发创建的一个网络社群。经历了公开互相指责之后，先锋领航和博格达成一致，博格离开董事会，但将担任一个新的内部智囊团的负责人，智囊团名为"博格金融市场研究中心"。

尽管这样的安排让博格得以留下来，继续扮演行业倡导者的角色，继续作为投资界的业界良心收获人们的赞美，但这仍是一次心有不甘的妥协，也给博格留下了许多挥之不去的痛苦记忆。有一次，博格的兄弟巴德问他，假如回到1996年，会怎么看待自己把缰绳交给布伦南的决定，博格告诉他："这是我一生中犯下的最大的错误。"[25]

这些痛苦记忆深深刻在博格心中，无法消散。美国前总统约翰·亚当斯和他一生的政治宿敌托马斯·杰斐逊，在晚年终于抛开芥蒂，并成为亲密的朋友。这件事让博格受到了启发，也终于跟他的波士顿死对头多兰和桑迪克，化干戈为玉帛了。[26]然而，他始终没有原谅布伦南，他告诉麦基尔说"除非太阳从西边出来"。里普，跟两个人都是好朋友，多次想办法尝试让两个人和解，尤其是在博格快走到生命尽头的时候，但依然失败了。"这真的让人太心酸了。"里普说。

博格在晚年，花了许多时间和精力，打磨关于自己的传奇故事。事实上他打磨得太多了，以至于有些朋友甚至觉得这是在写一个不相干的人。有一次，吉姆·诺里斯劝博格应该好好休息，享受自己给后人留下的遗产，不用每时每刻去擦亮它。诺里斯说：

"百年之后，人们能记住并谈论的，将是这个行业里的少数人物，他们会谈论沃伦·巴菲特，他们也会谈论你。历史的课本里不会把你遗忘，没有人能重写历史。不过另一方面，也没有人会记载一部并不真实的历史。"麦基尔常常跟老朋友博格在普林斯顿的拿骚酒店共进早餐，有一次用餐时也跟博格说了类似的话，没想到博格承认了自己的想法，他悄悄地告诉麦基尔："我真的害怕人们会把我给忘了。"

其实，他不用担心的。在金融领域，博格的名声几乎已经超过了其他任何人。就在他去世前不久，先锋领航500指数基金迎来了40岁生日，《高客》（Gawker）记者汉密尔顿·诺兰（Hamilton Nolan）写了一篇措辞激烈的文章，致敬先锋领航创始人博格。诺兰写道："戴着贝雷帽的切·格瓦拉英俊帅气，埃尔德里奇·克利弗（Eldridge Cleaver）有他的高光时刻，但此时此刻，让我们一起来致敬这位真正该死的人民英雄（Real Motherfucking Hero of the People），约翰·该死的·博格，是他，把数千亿美元从华尔街贪婪者的口袋里掏了出来。"

虽然博格被这个用词吓了一跳，但他对这篇致敬的文章还是激动不已。在2019年1月去世前的最后几次采访中，他回顾了自己的一生，没有任何遗憾了。对于没有攒下多少钱留给孩子们，也不遗憾。他说："我要私人飞机做什么呢？我想要的只是妻子开车带着我到处走走。比别人拥有更多，对我的精神并没有什么帮助。我满意的，是我为这个世界所做的一切。"[27]

也许有人会认为，我们应该忽视伟人的缺点，与他们所取得的成就相比，强调这些弱点是心胸狭窄的行为。但其实，缺点不会影响他们的伟大，反而会更加衬托出这份伟大，因为这才是一个真实的、复杂的人。博格身上所具备的、让他成为金融泰斗的这些特征——凶猛、全力以赴、核动力般的自驱力、高傲自负、不听反对意见等，全部综合起来，才让他的先锋领航船长生涯，在一个如此混乱而吵闹的结局中画上了句号。在很多朋友看来，这个悲剧源自博格没有意识到，把缰绳交给布伦南或是其他跟随他的人，其实是确保了他所爱的这艘大船能够继续繁荣兴旺。作为行业道德之声，他也得以享受了一段影响力巨大的后先锋领航生涯，尽管有时候他甚至会把怒火发到自己创立的公司身上。

  博格的葬礼，于 2019 年 1 月 21 日在布林莫尔长老会教堂举行。达菲尔德献上了一首诗，是他基于约翰·麦克雷（John Mc-Crae）的《在佛兰德斯战场》（In Flanders Fields），特意为此情此景所改写的。这是一份墓志铭，恰如其分地纪念了这位指数基金的虔诚皈依者，纪念他在普及指数基金的道路上做得比任何人都要更多。这也是一份承诺，余下的船员将继承他的遗志，承诺继续在这条道路上走下去。

在先锋号的海面，波涛依旧翻涌
一行又一行，泡沫来到浪尖上
覆盖住他安息的地方；而天空
海鸥依然在勇敢地歌唱，飞翔
歌声湮没在连天的炮火里
继续战斗吧
请你从我低垂的手中接过火炬
让它的光辉，照亮血色的疆场
若你背弃了与逝者的盟约

我将永不瞑目,纵使海风依旧吹拂

在先锋号的海面

英文原文为:

On Vanguard's seas, the waves still flow

With foaming crests, row by row

That cover his resting place; and in the sky

The gulls, still bravely singing, fly

Scarce heard amid the guns below

Take up my quarrel with our foe

To you from failing hands I throw

The torch; be yours to hold it high

If ye break faith with those who die

I shall not sleep, though winds still blow

O'er Vanguard's seas.

第九章
新的维度

戴夫·巴特勒（Dave Butler）很苦恼。1991年，他满怀雄心壮志来到华尔街，进入强大的美林工作。很多像他一样斗志昂扬的年轻人，进入金融业后就逐渐爱上了这份十分辛苦但回报丰厚的工作。但巴特勒不一样，他感到越来越不开心、坐立难安。他渴望回到加州，甚至想过干脆离开金融业，去当一名高中篮球教练。

巴特勒身材修长，身高接近2米，进入金融业之前曾是一名职业篮球运动员。20世纪80年代初，他是加州大学金熊队前锋，因技术高超而成名。1987年，波士顿凯尔特人队经过5轮NBA海选，挑中了巴特勒。然而他终究无缘与拉里·伯德（Larry Bird）并肩作战。

那年夏天，一场NBA的罢工，使巴特勒来到土耳其的一支球队进行训练。很快，这支球队给他提供了一份新合约，远比NBA给新秀球员的待遇要丰厚得多。巴特勒心想，还不知道美国那边何时才能恢复比赛，先打一年土耳其联赛还可以提高他的技能（同时能赚到一大笔钱），于是就同意了。遗憾的是，在土耳其赛季的中

第九章 新的维度

途，他扭伤了自己的小腿，从而也失去了回到 NBA 的机会。他在日本又打了一年球，随后回到加州大学伯克利分校攻读 MBA。1991 年在纽约，他进入美林，成为一名销售。从 NBA 潜力选手到华尔街，这段旅程看起来似乎不太真实，但巴特勒有着聪明的头脑，精于数字，长期以来觉得金融很有吸引力。所以对巴特勒来说，这个转换很自然。

然而，华尔街平淡无奇、肮脏阴暗的现实，让他失落到谷底。巴特勒的工作主要是打电话给银行，问它们有没有不良债务想要出售。渐渐地，巴特勒以及许多同事开始明白，他们根本不知道也不关心自己到底在做什么。这一切都是为了产生更多的费用，并不在意是否真的对客户有用。

这段时间，巴特勒还发现即便是业内人士，也常常投资失败。一开始，他使用《投资者商业日报》（*Investor's Business Daily*）鼓吹的一个高级系统来做投资，系统名叫 CANSLIM，代表了能筛选出好股票的各个因子的首字母。巴特勒的前八次挑选都赚了钱，但第九次很糟糕。根据经纪人的建议，他把赚到的钱投入波士顿烤鸡这只股票上，结果迅速亏掉了之前所有赚到的钱。同事的情况也跟他差不多，都很糟糕。

由于对工作越来越失望，他决定无论是否继续从事金融行业，都要回到加州去，华尔街不适合他。有一天，他正在办公桌前翻阅《华尔街日报》上的招聘广告，突然看到一家位于圣莫尼卡的公司正在招聘基金经理。出于好奇，他打电话去咨询，得知这家公司名字叫作"维度基金公司"（DFA），管理规模不到 100 亿美元。这虽然不少，但放在整个行业里仍然是微不足道的。其他信息对方没有过多透露。巴特勒投去了简历，不过还是有点将信将疑。1994 年圣诞节假期，他走在坐落于海洋大道 1299 号的 DFA 海滨总部，去见丹·惠勒，DFA 的一位高管。不过，他来面试的主要原因是这家公司距离他父母家只有一个小时的车程，并且他本来也要出门去把衣服送去干洗。

他坐电梯到达大楼 11 层，在走廊上偶然遇到了公司创始人大卫·布斯。布斯说话生硬但人很友好，曾是法马的门徒，在富国银行管理科学部打过杂。站在布斯旁边的不是别人，正是诺贝尔经济学奖得主、芝加哥大学经济学家默顿·米勒，米勒也是 DFA 公司的董事会成员。布斯跟别人有约了，于是惠勒问米勒要不要跟他和巴特勒一起吃午餐，米勒很乐意，然后他们三个人一起去了附近的海洋大道海鲜餐厅。

午餐期间，米勒讲述了有效市场假说、分散配置的好处，以及低成本的重要性，听得巴特勒如痴如醉。对这位心灰意冷的年轻销售员来说，这是个顿悟的时刻，让他感到"啊！原来如此"。米勒专业的讲解，让他把华尔街的那些不同的经历拼凑在了一起，他瞬间发现它们并不都是无意义的，而是都有其内在原因的。那天晚上，巴特勒回到父母家，翻出他旧时在伯克利读书时的经济学课本，花了一整个晚上重新认真读了一遍。他下定决心，无论 DFA 给他什么工作，他都会接受。仅仅过了一周，他就加入了 DFA，当时是 1995 年 1 月。他相信，这会是一家非常特别的公司。

确实，在指数投资革命的进程中，DFA 正在成长为一个非同寻常的巨人，甚至连著名演员、前加州州长阿诺德·施瓦辛格都是 DFA 的投资者。虽然名气和规模不如先锋领航那么大，但 DFA 也在传播指数福音的路途上起到了重要的作用，它创建了一个 DFA "新手训练营"，讲授有效市场假说，并培养出许多狂热的投资顾问。这为指数基金下一阶段的革命,埋下了种子。

历史总是惊人的相似。DFA 跟前面的富国银行、先锋领航一样,在初期也经历了一段坎坷的历程,遭遇了巨大的商业挑战以及差点儿把公司撕裂的内斗。

▲

大卫·布斯出生于 1946 年 12 月 21 日,在堪萨斯城郊外一个只有 3 000 人的小镇加内特长大。后来,他的父母吉尔伯特·布斯和贝蒂·布斯,为了能让孩子们上个好学校,把全家搬到了附近的城市劳伦斯。虽然劳伦斯的人口只有 3 万多,但在布斯眼中,相比起加内特小镇,劳伦斯已经是个大城市了。这里有堪萨斯大学,旅馆有 5 层楼那么高,这是小小的布斯所见过的最高的建筑了,这里甚至还有一家比萨店。

布斯在学校里成绩很优秀,尤其是数学,虽然个头不高但会打篮球,还在本地的纪念体育场当服务员卖爆米花,赚点零花钱。终于,他来到堪萨斯大学攻读经济学。当时正值越南战争爆发,所以他大学期间一直在想办法避开征兵,其中一个办法就是继续攻读研究生。

他起初的计划是攻读博士学位,然后留校任教,但一位从芝加哥大学毕业的教授给他介绍了法马·法马的理论,力劝他去那里读书。布斯心想,可能无论如何他都将被征召入伍,而服役完成后,军队必须得把他送回到来时的地方,那他最好还是申请去芝加哥大学比较好。

在征召入伍那天,布斯试图以自己患有严重过敏症为借口而脱身,但军队的人一笑置之,仍然指派他去参军。巧的是,当天晚些时候，为他做身体检查的是首席医务官，医务官检查完成后，出于好奇问他，假如不去参军，会做些什么。布斯回答说他已经计划好了要去芝加哥大学攻读博士学位。"让我再看看你的档案。"医务官说。然后医务官在档案上草草写了评语，拒绝了布斯的服役。很快，布斯收拾好自己的瓦力安特敞篷车，[1]前往芝加哥。布斯后来回忆说："如果没有那次征兵，我可能就会在堪萨斯城找个工作来谋生。当我站在芝加哥大学校园里，给法马或米勒做汇报时，那感觉好极了。否则，我知道我可能会被困在越南的某个沼泽地里。"

布斯很喜欢芝加哥大学，尤其喜欢法马的课。这位教授总是充满激情地向学生讲述，风险和回报之间是怎样的关系，股价的波动又如何能够反映出数千位投资者的集体智慧。到下课时，法马常常已经讲得大汗淋漓，哪怕是在中西部寒冷的深冬，也要开窗凉快一下。[2]有时候，身体结实的法马会和学生一起打篮球，赛场上的他比任何一个年轻人都要更加争强好胜。布斯还在大学里认识了另一位少年老成的学弟，雷克斯·辛克菲尔德。两位年轻学生逐渐跟他们的教授越走越近，也继承了法马对基金经理尖酸刻薄的看法。有一次法马打趣道："我想把选股者比作占星家，但我不会说占星家的坏话。"[3]

但布斯总感觉，学术界不适合他，这种感觉一直折磨着他。他是法马班上最聪明的学生，有幸成为这位杰出金融学教授的教学助理，但逐渐地他发现，读博士然后当老师这条路，似乎没么有吸引力了。一次圣诞节，他回到堪萨斯看望祖父母，祖父母是农民，仍旧在田地里干活，他终于彻底意识到，自己完全不想走上学术生涯。[4]

到了第二年，他更加焦虑了。尤其是芝加哥大学经济学系的大人物米尔顿·弗里德曼痛斥了他的一篇论文之后，他沮丧到极点，冲进法马的办公室嚷嚷着他要离开。"我要离开这儿,我再也受不了了。"他说。又过了两年,他完成了足够获得一个 MBA 学位的所有课程,但没能完成博士学业。

法马很失望,但也能理解他。虽然布斯是他最得意的门生,但不是每个人都能在芝加哥大学拿到博士学位的,并且布斯的心很显然并不在纯粹的学术研究上。于是他给富国银行的约翰·麦克奎恩打去了电话。过去几年,法马和麦克奎恩逐渐熟识,麦克奎恩一直唠叨着让法马给他一个学生。就这样,法马给布斯在麦克奎恩的管理科学部找了份工作。

在富国银行工作的两年,是布斯充满干劲、开心的两年。虽然当时,管理科学部和信托部正处于水火不容的状态,布斯主要工作的公共马车基金,也由于相关法律规定和缺乏投资者等原因,最终发行失败,但这丝毫不影响他的热情。为公共马车基金工作的这段经历,不仅进一步确立了他要走商业道路而非学术道路的决心,也教会了布斯销售的技巧以及仔细聆听客户声音的重要性。很快,他将把学到的一切付诸实践。

▲

1975 年,布斯离开富国银行,到纽约的贝克尔公司工作。这是一家为养老金提供咨询服务的公司,发布过一份著名的"绿皮书",对比了基金经理和全市场之间的收益情况。布斯既是法马的学生,又拥有最新最热的指数基金相关工作经验,对他来说,这是一份完美的工作。不过他开始越来越怀疑,那些传统的选股者到底有没有真本事。

有一天,公司的一位客户芝加哥第一国民银行来电,希望做一个能运行指数基金的软件。贝克尔很自然地把任务交给了布斯，因为他是全公司至少还有点儿指数基金经验的人。布斯找了另外两名 IT 人员一起，花了 6 个月时间完成了。IT 人员来自化学加工厂，对金融一窍不通，但他们仍然完成了工作。这让贝克尔激动不已，随后交给布斯另一个任务：把这个新奇的产品卖给其他投资者。第一个购买的客户是美国电话电报公司，它们当时正在整合各地"婴儿电话"公司的养老金，并且希望能做一个内部的指数基金产品，这样可以不用给别人支付费用，自己就把事情做了。

布斯会定期到访美国电话电报公司的纽约办事处，看一下他的客户是否一切顺利。随着时间的推移，他发现基金经理在投资上存在一个明显的盲区：养老金有许多基金经理，试图从标普 500 指数里挑选出表现更好的股票，也有一个内部的指数基金，但唯独缺了对中小盘股的投资。

当时，这种情况在大型机构投资者中很普遍。中小盘股的波动风险要更高，交易起来也比标普 500 指数里的大型蓝筹股更为困难。当时甚至还没有任何一个专门针对中小盘股的指数出现。直到 1984 年，富时罗素公司才发行了它的旗舰产品"罗素 2000 指数"，一个专注于小盘股的指数。博格的助手简·特瓦多夫斯基后来就是去了富时罗素工作。而当时，距离"小盘"这个词进入金融词典，都还有好多年。

不过布斯认为，让美国电话电报公司养老金或多或少地投入一些资金到中小盘股上，还是有意义的。运用他过去在芝加哥大学学到的知识，再结合马科维茨、夏普和法马等人的理论，布斯指出，美国电话电报公司有可能通过承担更大的风险，来获得更高的回报。即便是退一步来看，目前它们的股票池里大多是诸如 IBM、通用电气、雪佛龙、福特和波音等大型股票，通过往这个股票池里加入中小盘股来增加多样性，做好分散配置，也是很有价值的。

美国电话电报公司赞同这个想法，于是布斯把方案提交给了贝克尔的高管。拉里·克洛兹是公司的顶级销售人员之一，他对此很感兴趣。最近，克洛兹的一位客户——一家小型上市轮胎公司的首席执行官，一直在哀叹没什么人买他公司的股票，还提到很多同行及竞争对手都面临同样的困境。克洛兹就琢磨，能不能有人做一个专门投资中小盘股的股票基金呢。他心想："这将为小公司创造公平的竞争环境。这里是美国经济最具活力的地方，而它们却得不到资金的支持。"

布斯讲完后，克洛兹走到他身边，跟他探讨更多细节。他们一致认可这也许是个商机，但布斯更谨慎，考虑到之前富国银行公共马车基金的教训，他决定先去拜访一些克洛兹的客户，调研一下到底有多少客户会感兴趣。于是整个夏天，他们往返于75号州际公路，从底特律到辛辛那提，跨越多个城市做调研。[5] 由于缺乏具体的中小盘股收益数据，所以布斯和克洛兹主要把卖点集中在增强投资多样性这个方面，因为根据马科维茨的理论，分散配置是"投资里唯一免费的午餐"。交谈中布斯发现，跟养老金负责人们说"小盘股指数基金"这个词，会让他们感到厌烦并失去兴趣，于是他换了个说法，改叫"小盘维度基金"，这听起来酷多了，似乎也更有吸引力。

然而，贝克尔的高管却没什么兴趣，他们并不想涉足资产管理的游戏。于是克洛兹和布斯决定自己出来单干。但他们需要资金和帮助。幸运的是，布斯知道去哪里获取这两样东西，他给前老板麦克奎恩打去了电话。麦克奎恩已经于1974年离开富国银行，当时正在给各家金融机构提供咨询服务。麦克奎恩的家在加利福尼亚州米尔谷,这是塔玛佩斯山山脚下一个风景秀丽的小镇。1980年的感恩节周末,他们相聚在麦克奎恩的家中,共同详细商议向养老金出售小盘股指数基金的各种细节。[6]

▲

无巧不成书。大约同一时间,芝加哥大学的老同学雷克斯·辛克菲尔德,给布斯打来了电话。辛克菲尔德当时已经掌管整个美国国家银行信托部门,作为探索指数化投资的先驱人物,并与罗杰·伊博森教授一起出版了长篇系列丛书《股票、债券、票据和通货膨胀》,辛克菲尔德在业内已然享有盛名。这位戴眼镜的圣路易斯人,正在找人来帮他管理纽约办事处,他觉得布斯是不错的人选。布斯却告诉他,他正打算离开贝克尔,建立一家新的指数基金管理公司,专注于小盘股投资。这一消息,反而让辛克菲尔德决定出来跟他一起干。

事实上,辛克菲尔德对自己现有的工作已经感到无聊、厌烦和沮丧。不久之前,他提交给美国国家银行一个共同基金提案,跟布斯的想法类似,也是想设立一只投资于中小盘股的基金,然而遭到了拒绝。于是他俩一拍即合,都认为应该携手来做这件事。1981年6月,辛克菲尔德正式成为克洛兹和布斯的合伙人,一起创立了DFA。

如此有名气的辛克菲尔德的加入,对DFA来说是如虎添翼。他将担任新公司的首席投资官,布斯担任总裁,克洛兹则担任客户关系与销售的总负责人。除此之外,还有几位贝克尔的销售人员被高额佣金所吸引也加入了他们,从此 DFA 开辟出美股市场的一块新领域。[7]

不仅如此,DFA 的成立时机也赶上了好时候。当时利率终于开始下降,美股即将开启一轮超级大牛市。无论是公共养老金,还是私人企业的养老金,都在高速增长。1980 年年底,美国养老金计划的总规模大约是 9 900 亿美元,到 1989 年年底,增长到 3.6 万亿美元,是之前的 3 倍多。到 1999 年年底,所有个人养老金账户、养老金固定缴款计划比如 401(k),年金,州、市和联邦的养老金固定收益计划等的全部总规模,飙升至近 12 万亿美元。现如今,这一数字已经超过了 30 万亿美元。[8]最受益的主要是波士顿、纽约和洛杉矶的投资公司,它们管理着这些资金,为跃跃欲试的投资家提供了充分的发挥空间。

DFA 还有一件事要做:找到客户。幸运的是,在公司成立之前两个月,克洛兹就首战告捷。1981 年 2 月,两家公司都承诺会投入大笔资金。一家是中西部财险公司美国州立农业保险,另一家是大型玻璃瓶罐制造商欧文斯伊利诺伊。[9]有了两个大客户,DFA 自身也融资成功,一家大型英国管理公司将给 DFA 注入 35 万美元,15 年后转换成为 15% 的股权。麦克奎恩也投了,以个人的名义承诺将贷给 DFA 一些资金。辛克菲尔德担心麦克奎恩没弄清楚自己签的是什么,提醒他考虑清楚,麦克奎恩很确定地表示已经充分了解自己可能会承担的责任。

再一次,计算机突飞猛进的发展起到了关键作用。1981 年 8 月,IBM 推出首款个人电脑,每台售价仅 1 565 美元。[10]虽然电脑的配置相比今天要低很多,比如其内存只有 16K,仅为苹果手机的 1/250,但在当时 IBM 个人电脑迅速风靡全球。对很多像 DFA 这样的投资公司来说,用计算机处理股市数据是必须要做的,而个人电脑的推出则意味着再也不用购买或分时段租赁昂贵的大型计算机了。[11]曾经稀有的计算机，将在未来几十年里如雨后春笋般出现在华尔街的办公桌上，带领金融领域走向数字时代。

在正式发行基金之前，还有许多工作要做。于是布斯拜访了投资行业最有经验的高管约翰·博格，寻求建议。布斯第一次认识博格，是在詹姆斯·罗瑞的证券价格研究中心研讨会上，后来为了把先锋领航发展成为贝克尔的客户，他逐渐跟博格熟识了起来。先锋领航当时已经进军指数基金领域，按理说他们是竞争对手，不过博格还是很乐意帮 DFA 承担所有繁重的行政后台工作，只收取一点点费用。这对一家小型初创公司来说，简直是天赐之福。

运营共同基金所涉及的日常后台工作，既艰巨又昂贵，包括的事项又多又复杂，比如确保分红都已被计入基金资产、确保每天收盘后的基金净值是正确的、处理成分股的份额拆分，以及编制所有必需的文档等。不过先锋领航在这方面已经有丰富的经验，它一直帮 DFA 承担了 3 年的日常后台工作，直到 DFA 有能力自己处理。

博格给予的帮助还不止于此。他们两人在福吉谷的会面快结束时，博格向后往椅背上靠了靠，告诉布斯他的公司还需要一位好律师。接着，他翻出先锋领航自己所用的律师的名片，递给了布斯，并说他会亲自给律师打个电话说明情况，让律师等待布斯的来电。"事实证明，这非常重要。没有哪家一流的大律所，会愿意跟一家没有业绩的初创公司合作。更何况，这家初创公司还开在我的公寓里。"布斯说。

▲

下一步，是组建董事会。不用说，麦克奎恩自然是其中之一。

第九章 新的维度

然后布斯和辛克菲尔德，用一小部分股权作为回报，说服了他们的导师法马也加入董事会。这是一步妙棋。按规定，一只共同基金必须有一个独立的董事会，于是布斯和辛克菲尔德频繁拜访芝加哥大学商学院，终于集齐了所需人员。这个新组建的董事会，可谓是巨星云集，许多经济学大佬都在其中，包括默顿·米勒、迈伦·斯科尔斯、法马的门徒之一理查德·罗尔（Richard Roll）、罗杰·伊博森和杰克·古尔德（Jack Gould）等。布斯和辛克菲尔德跟他们说，虽然一开始没有报酬，但是一旦公司开始赚钱就会支付董事费。[12]这些巨星考虑到这是一家研究型投资公司，两位创始人都称得上是芝加哥大学最聪明的学生，且承诺说会将他们的学术研究成果变为现实，于是都同意了。这群巨星的加入，让这家还不知名的初创公司熠熠生辉。

没过多久，另一件重要的事也就位了。辛克菲尔德的妻子珍妮（Jeanne），是一位社会学家，她厌倦了学术研究之后回到丈夫的母校芝加哥大学商学院攻读 MBA。她是位令人敬畏的女性，长时间把自己泡在商学院的计算机中心学习和磨炼，掌握并精通统计学和编程。她毕业后进入芝加哥期货交易所（CBOT）工作，这是世界上最古老的交易所之一。自 20 世纪 30 年代以来，芝加哥期货交易所就一直位于芝加哥金融中心一座宏伟的摩天大楼里。1973 年，迈伦·斯科尔斯和费希尔·布莱克推出了开创性的期权定价模型。期权，是最受人欢迎的衍生品之一，于是芝加哥期货交易所逐渐成为金融衍生品行业的强力发电站。在芝加哥期货交易所，珍妮负责设计衍生品，这是一个高强度、很复杂的领域。

克洛兹和布斯意识到他们还需要一个人，来负责交易系统。这个至关重要，因为交易小盘股，要比交易像可口可乐或通用汽车这样的大盘股，复杂艰巨得多。如果交易这件事没做好，那么基金最好的情况也就是能勉强准确地追踪基准市场，最差的话则会逐渐被持续不断的交易佣金所吞噬。雷克斯·辛克菲尔德表示他"不插手这件事"，但也认可妻子的能力的确能够为 DFA 带来莫大的帮助。起初，珍妮花了好几个不眠之夜，免费帮 DFA 检查修整交易系统，但在克洛兹和布斯长时间的软磨硬泡之后，还是加入了 DFA，担任交易部门的总负责人。

克洛兹表示，珍妮在 DFA 的成功中发挥了关键作用。他说："珍妮是这一切行为的幕后指挥者。"由于没有指数可供追踪，所以 DFA 在何时交易、如何交易这方面，有点需要凭感觉，而珍妮则很好地利用了这一点，把它变成了一个很大的优势。后来，她成为所有新来的交易员和基金经理必须通过的一关，她会考察和询问他们所有关于 DFA、有效市场假说、共同基金规章制度等各个方面的问题。大家把这场为期多天的口头考试，称为"珍妮测试"，每一位通过了测试的人，都必须给同事每人买杯奶昔以示庆祝。[13] DFA 现任联合首席执行官戴夫·巴特勒说："她是大家的头儿，任何和她一起工作的人都知道，她希望每个人都能做到完美。"不过，雷克斯·辛克菲尔德成功让自己脱身，没参加"珍妮测试"。

DFA 的第一只基金最初起名叫作"9-10 基金"，意思是所投资的股票是纽约证券交易所里，市值从大到小排在最后 10% 的那些股票。当时这个股票池一共有大约 300 家上市公司，平均市值大约为 1 亿美元，也就是如今人们通常所说的"微型股"。其中最典型的公司包括果酱生产商斯马克和蜡笔生产商宾尼史密斯。这只基金是完全被动化运作的，目标是复制整个微型股市场的表现。

1981 年 12 月，DFA 终于向全世界揭开了其指数基金的面纱。就像它的所有指数基金前辈一样,它将经历一个坎坷艰难的幼儿时期。一家报社残酷地称之为"垃圾堆基金"。[14]而 DFA 三位创始人中的一位,将在公司取得真正的突破性成果之前,就在一场令人震惊的公司内斗中被赶下台。

第十章

智能贝塔

1981年春天，布鲁克林高地街道宁静、绿树成荫，中午在这儿散步的人都能听见一种奇怪的、极不和谐的声音，从雷姆森大街48号棕色的石墙里传出来。

这神秘的嗡嗡声，来自科特龙呼呼作响的风扇。科特龙是一台冰箱那么大的机器，能为全世界的券商和投资公司播报实时股价。布斯在1979年时，花了75 000美元买下了这里的一套顶层两居室公寓。布斯住一间房，刚成立不久的DFA总部，就设立在另一间房。布斯的兄弟还因此被迫搬了出去。餐厅变成了DFA的第一个会议室，厨房则是第一个员工食堂。

在迈克尔·布隆伯格的彭博数据帝国成立之前的几年，科特龙一直是金融业的主流数据平台，发挥着很重要的作用。但它实在是太吵了，布斯最终不得不拆掉他的桑拿浴室，建了一个隔音房来放置科特龙。布斯也会偶尔离开他的"办公室"，休息一会儿，他会在中午慢跑，穿过附近通往曼哈顿下城的布鲁克林大桥。[1]

在芝加哥，情况也没有好多少，不过至少辛克菲尔德在密歇根南大街 8 号有一间小小的办公室，紧挨着格兰特公园。第一年大多数时间都是在路上，订便宜的航班，住更便宜的旅店。有一次冬天，他们去拜访大型工业集团霍尼韦尔，来到明尼阿波利斯郊外，翻越巨大的雪堆才艰难到达红屋顶酒店，然后把信用卡塞进防弹玻璃窗下的狭窄窗口办理入住。当天晚上，辛克菲尔德告诉同行的同事："我跟你说啊，以后咱们要是赚钱了，就再也不住这样的地方了。"①

幸好，1982 年美股反弹，尤其是小盘股，表现很强劲。这一年，DFA 的基金收益率高达近 29%，而标普 500 指数的才 14.7%。基金好卖了起来。到 1983 年年初 DFA 的管理规模已经接近 10 亿美元大关。² 当年 9 月，《纽约时报》洋洋洒洒地写道："大卫·布斯让这一切看起来很容易……生意似乎一帆风顺。"³ 克洛兹兴奋地描述当时 DFA 的氛围："你能尝到成功的滋味。"

那时，DFA 还有一个强大的销售武器。罗尔夫·班兹（Rolf Banz），瑞士人，也是迈伦·斯科尔斯的门生。他使用芝加哥大学证券价格研究中心的数据，计算了中小盘股的平均回报，发现这类股票的波动比人们熟知的蓝筹股的波动要大得多，长期收益也要高得多。班兹研究发现，在 1926—1975 年，大盘股的平均年化收益

---

① 这位同事劳伦斯·斯皮思（Lawrence Spieth）曾经差点儿辞职。斯皮思拿的是销售佣金，而公司刚开始没什么客户。为了养家糊口，1982 年年初，斯皮思不得不卖掉一辆车来还房贷。过了几个月公司似乎也没什么好转，于是有一天，斯皮思走进辛克菲尔德的办公室要辞职。而恰恰就在那时，他的电话响了。来电的是滚珠轴承制造商铁姆肯公司的养老金负责人，打算投资 1 000 万美元到 DFA 基金。这笔交易的佣金足够支撑他度过这一整年了，于是他继续留了下来。（David Booth and Eduardo Repetto, "Dimensional Fund Advisors at Thirty," Dimensional Fund Advisors, 2011, 30.）

率是8.8%，而中小盘股的平均年化收益率是11.6%。[4]

这个发现令人震惊。在此之前，DFA一直把它的基金卖点定位在有助于做好分散配置上，这是几十年前马科维茨所提出的"投资里唯一免费的午餐"。而如今发现，原来中小盘股不仅能够满足投资的多样化需求，还能在长期收益上比大盘股有更好的表现。《财富》杂志1980年6月的一篇文章里也特意强调了班兹的发现，大肆宣扬"小盘股所带来的巨大回报"。班兹的博士毕业论文，于1981年3月正式发表在《金融经济学杂志》上，论文表明，即便是考虑到小盘股更大的波动，风险调整后收益仍然大幅超过大盘股。[5]辛克菲尔德已经知晓了这个消息，布斯则是从法马那里了解到的。现在，布斯有了充分的证据，可以表明DFA的小盘股基金，不仅能帮助投资者做好分散配置，不把鸡蛋放在一个篮子里，还能获得更好的长期收益。[6]

这是一个开创性的时刻，为一种新的投资方法搭好了发展的大舞台。起初考虑到营销的原因，DFA把这种方式称为"维度"，如今业内一般称之为"聪明贝塔"（smart beta）或"因子投资"。

▲

投资的历史，本质上是一部不断解密的编年史。几个世纪以来，众多业余爱好者、理论研究者以及实践从业者，编制了各种各样复杂度不同、技巧不同的选股系统，希望能找到打开金融市场这个宝箱的密码。然而，除了卖系统的人，基本上没有人从这些运用古怪公式但看起来绝对错不了的系统中发大财。不过这么多年来，还是出现了一些方法至少取得了一定的成功。例如《华尔街日报》创始人查尔斯·道首次提出的"道氏理论"，本质上试图利用技指标来判断市场走势从而获利；大卫·巴特勒创建的 CANSLIM 系统；本杰明·格雷厄姆所阐述的价值投资原则等。

20 世纪 60 年代和 70 年代进行的学术研究，给出了惊天动地的结论：宝箱密码可能根本就是无法破解的，所有破译密码的努力都是徒劳的，还白花钱。哈里·马科维茨的现代投资组合理论，以及威廉·夏普的资本资产定价模型都表明，市场本身就是风险和收益的最佳平衡。法马·法马则进一步对这个观点给出了有理有据、令人信服的解释：股市里成千上万的投资者都在试图战胜其他人，由此带来的最终结果就是，市场是有效的，人们很难战胜市场。所以绝大多数投资者都应该按兵不动，直接买下整个市场即可。

但是，到了 20 世纪 80 年代和 90 年代，新一轮的突破性研究，开始揭示在过去几十年的研究成果中，存在着一些错误或者说断层的地方。这些突破性研究，有的仍然是由那些信奉有效市场假说，并在 20 世纪 60 年代和 70 年代颠覆投资行业的人所做的。也许，市场并非完全有效？也许，确实存在着某种方法，可以长期战胜市场？

其实有些捣蛋鬼一直都存在，只不过人们往往选择不去理它。20 世纪 70 年代初，迈伦·斯科尔斯和费希尔·布莱克就注意到，学术理论有一些奇怪的存在争议的地方，比如低波动股票的长期收益反而比高波动股票更好，这跟风险（波动就代表着风险）越高收益越高的认知，是相矛盾的。虽然凭直觉会认为理论没有问题，但实际上好像经不起严格细致的推敲。

这也是斯科尔斯和布莱克最初建议富国银行建立一只低波动（也就是低贝塔）股票基金，然后通过加杠杆的方式来提高组合整体波动率到市场平均水平的原因。[7]嘿，快看它，看起来跟其他基金一样，但实际上能提供更高的收益。然而不巧的是，有效市场假说很快成为金科玉律，在全美国各大商学院盛行，这个建议也被否决了。

第一个变化的迹象出现在20世纪70年代末，提出异议的有两位，一位是斯蒂芬·罗斯（Stephen Ross），宾夕法尼亚大学前物理学家、经济学家；另一位是巴尔·罗森伯格（Barr Rosenberg），极度理性、热爱瑜伽的分析师，后来也成为金融学巨星。

为了简单起见，夏普最初的资本资产定价模型采用了单一的"市场因子"，即贝塔系数，来描述股票相对于市场整体收益而言，是更多还是更少。尽管资本资产定价模型很难描述市场到底是怎么运行的，它只与股市某个单一时刻的状态相关，并且还依赖于某些很主观的假设，但它的美妙之处就在于它优雅的极简主义。资本资产定价模型认为，除了市场因子，其他会影响股票收益的因素都是个性化的，比如利润较低、新产品发布或备受尊敬的首席执行官退休等一些公司层面的具体事项。

罗斯的"套利定价模型"（arbitrage pricing theory）和罗森伯格的"智能贝塔"（bionic betas）认为，任何股票的收益，应该是一系列因子共同作用的结果。虽然这个观点看起来是显而易见的，但此刻仍然是一个开创性的时刻，它让人们开始对股市有了更深入的了解。1978年5月，罗森伯格甚至登上了《机构投资者》杂志的封面，他被描绘成一位高大的冥想大师，蓄着胡子，原本秃顶的头上开满了鲜花，身边还围绕着一群西装笔挺的基金经理，满眼崇拜地看着他。头条标题是《谁是巴尔·罗森伯格？他到底在说些什么？》（Who Is Barr Rosenberg? And What the Hell Is He Talking About?）[8]

罗森伯格所说的，是学术界对于股票的划分，不再只根据它们所处的行业或地理位置，还会根据它们的金融特征来进行划分。其中，就有一些特征被证明确实有助于获取比市场整体更好的长期收益。

1973年，安大略省麦克马斯特大学金融学教授桑乔伊·巴苏（Sanjoy Basu）发表了一篇论文，指出低市盈率（即股价除以公司盈利）的股票收益，实际上比有效市场假说描述的收益要更好些。从本质上讲，他证明了本杰明·格雷厄姆所提出的价值投资原则是一个有效耐用的投资方法。价值投资原则主要是买入价格低于其内在价值的便宜、不受欢迎的股票。通过系统买入所有便宜的股票，理论上随着时间的推移，投资者是可以战胜市场的。

然后班兹的研究表明，对小盘股来说，这一点也是成立的。这是因子投资法在进化过程中的又一个重要时刻。之后日本和英国的研究人员也有了类似的发现，于是DFA在1986年也开发了专门投资日本股市和英国股市的小盘股基金。20世纪90年代初，金融学教授纳拉辛汉·杰加迪西和谢里登·梯特曼发表了一篇论文指出，简单地跟随市场动量，即买入正在上涨的股票，卖出正在下跌的股票，也能获取比市场更高的收益。[9]

学术界对这些明显异常现象的解释，分成了两派。有效市场派认为，这些投资者是由于承担了额外的风险才获得了额外的收益。比如说，价值股通常是一些经营不善的、不受欢迎的或遭到抛售的公司，比如"互联网泡沫"时期无人问津的工业集团股。虽然它们可能在较长的一段时间里表现不佳，但最终还是会展现出它们的潜在价值，并回报那些坚定持有的投资者。这一点在小盘股上尤为突出，因为相比大盘股而言，小盘股更容易下跌，成为暂时表现不佳的价值股。

另一方面，行为经济学派认为，这是由于人类非理性的偏见而造成的。就像人们总是花很多钱去购买中大奖概率极小的彩票一样，投资者总是花过高的价格去购买快速上涨、受到追捧的股票，而不理睬那些波动更小、更稳定的股票。小盘股之所以表现更好，正是由于人们不理智地只去购买自己熟知的大公司。另外，动量因子之所以有效果，是因为投资者往往短期对新消息反应不足，而长期来看又反应过度，总是过早地卖出赚钱的股票，又迟迟不肯卖出亏钱的股票。

不管是哪一种原因，如今大多数人已经接受市场上存在着一些持续有效的投资因子。出于营销的考虑，人们巧妙地称其为"聪明贝塔"。夏普本人是很讨厌这个词的，他觉得这个说法好像暗示着所有其他形式的贝塔都是愚蠢贝塔。[10]大多数金融学术研究者更喜欢"风险溢价"（risk premia）这个词，它更准确地表达了这些因子主要是通过承担某种风险，从而获得额外的收益。具体是什么风险，学者暂时还没有达成一致。

另一个重要的里程碑，是法马和同事肯·弗兰奇于1992年发表的一篇论文，名为《股票预期收益的内在分析》（The Cross-Section of Expected Stock Returns）。[11]弗兰奇是芝加哥大学金融学教授，后来也加入了DFA。这篇论文引发了爆炸性轰动，它提出的观点成为后来著名的"三因子模型"。法马和弗兰奇分析了纽约证券交易所、美国证券交易所和纳斯达克上市的股票，在1963—1990年的表现情况，发现"价值"和"规模"都能影响股票收益，它们是区别于股市整体贝塔因子的另外两个因子。在价值上，便宜的股票倾向于比贵的股票表现更好；在规模上，市值小的股票倾向于比市值大的股票表现更好。

法马和弗兰奇声称，这些因子可以看作对承担额外风险的奖励,本质上仍然来源于有效市场假说,不过这仍然成为经济金融学史上的一个标志性事件。[12] 从此以后,学者发现了一系列各种各样的因子,包括不同程度的持久性、强弱程度、可接受程度等。

当然,因子也不都是一直有效的。它们可能会经历很长一段时间表现不好的休眠期。比如价值股,在"互联网泡沫"时期表现很糟糕,当时的人们只想买大热的科技股。至于 DFA,也有类似的经历。第一年 DFA 的小盘股基金取得了非常好的成绩,然而在接下来的 7 年时间里表现却大幅落后于标普 500 指数,这是一段漫长而痛苦的时期。[13]

不过即便如此,DFA 仍然保持了增长,也没有损失多少客户,一部分要归功于他们一直跟客户强调,这种低迷时期是很有可能发生的。但这段时间难免让人不舒服,导致跟客户的交流也不甚愉快。

有一次,布斯被一位大客户的财务助理堵住,助理愤怒地抓住他的胳膊咆哮道:"你知道吗,你是我们所有资产配置里表现最差的。现在你还相信小盘股能取得更高的预期收益吗?"布斯仍旧按照 DFA 一贯的话术,回答道:"我们相信小盘股的风险比大盘股更高,而风险和收益是相互关联的。您对此还有哪里不明白?"[14] DFA 最终还是挺过了那段艰难的岁月,但并不是毫发无伤。

▲

当布斯和辛克菲尔德都提出要帮他拎行李箱时,克洛兹立刻察觉到了不对劲。他想,一向崇尚自由的圣路易斯人根本不是那种会帮你拎行李的人。

等他们到达芝加哥的酒店房间后,布斯毫不犹豫地告诉他:"我们要接管公司,你出局了。"克洛兹震惊又愤怒。一年前,也就是 1983 年 4 月，公司终于开始有了一点点盈利，他给 DFA 带来了第一批客户，他拥有 1/3 的公司，他以为跟公司的约定是坚不可摧的。

并且他跟布斯之间，除了就公司支付了太高的佣金给销售人员这一点上存在分歧，他觉得他们之间的关系还挺好的。事实上，他原本还担心布斯想要赶走辛克菲尔德，因为就在几个月前，布斯隐晦地表达过这个想法，他当时还劝布斯别这样做。克洛兹坚称，另外两位创始人突然联合起来对付他，真的是突如其来的打击。

震惊之余，克洛兹联系了自己的律师。但在布斯、辛克菲尔德和法马的联手下，他什么都改变不了。这群芝加哥暴徒把他扫地出门了。后来，克洛兹觉得，布斯只是挡在前面挥舞镰刀的人，真正精心设计了这一切的人，是国际象棋爱好者辛克菲尔德。克洛兹说："他们把我扔在了垃圾车面前。从此以后，我再也不会相信任何芝加哥大学的人了。"

克洛兹希望能和平分手，他不想闹事，因为这可能会危及他所持有的公司股权的价值，然而事情还是演变成了一场旷日持久的恶战。克洛兹说，他起诉了布斯，要求布斯还给他 25 000 美元，这是当初成立公司时他借给布斯的，布斯用来为自己的初始股权出资的钱。但布斯并不承认有这回事儿。克洛兹还说，他觉得布斯和辛克菲尔德试图在他出售所持公司股权的事情上使绊子。直到 1989 年，克洛兹才找到一个出价现实可行的买家。DFA 的章程规定，创始人出售股权时，公司拥有优先购买权，所以布斯和辛克菲尔德最终勉强同意了克洛兹弄到的 850 万美元交易价。

20 多年后，克洛兹表示，他已经能够心平气和地看待这场突如其来的分手，甚至原谅了他们。他说："我明白，怨恨那些不懂你的人，只会给你自己和身边的人带来伤害。"但突然被赶下台的那种痛苦和苦涩始终挥之不去，以及看到后来布斯和辛克菲尔德都成为亿万富翁，他心里显然很不是滋味。如今，芝加哥大学商学院已经改名叫作"布斯商学院"，因为布斯创纪录地为商学院捐赠了3亿美元，辛克菲尔德在他的家乡圣路易斯是一位政治领袖，而克洛兹则在俄亥俄州担任财务顾问。

辛克菲尔德对克洛兹离开的细节避而不谈，布斯虽然有所保留，但透露说克洛兹离开的原因是他在公司里无法找到属于自己的合适位置。布斯讲述道，他们一起坐下来对克洛兹说："克洛兹，你是我们最好的销售，但你似乎并不想做销售的事情，而这正是我们认为你最应该做的事。"在布斯的描述里，克洛兹是怒气冲冲地离开的。他指出，克洛兹是一个"出色的销售人员，一个好人"，也承认DFA的第一批客户都是克洛兹带来的，是公司创建和运营中不可或缺的一员。

然而事实上，他们之间的敌意仍旧存在，这一点可以从公司2011年出版的送给客户的官方发展史图书看出来。书中对于这位创始人的离开，仅用了三句话来描写："克洛兹对于公司成功发行基金，也有着不可忽视的功劳。作为一名杰出的销售员，他为DFA带来了早期的重要客户。1984年，克洛兹有了其他想做的事业，于是把公司管理权交给了布斯和辛克菲尔德。"

布斯和辛克菲尔德对公司的管理进行了清晰的划分，布斯主要负责商业拓展，辛克菲尔德则主要负责资产管理。大约就在那时，有一天晚上，他们在芝加哥总部大楼底下的咖啡馆聊天，讨论DFA的未来，谈论公司将发展到多大。布斯断言道："我认为我们能做得相当大！"辛克菲尔德对此表示怀疑，认为DFA会始终保持是个小公司。来回争论不休，于是他们决定，各自写下对三四年后公司员工数量的预计数字。结果，他们都写下了40。原来他们俩对于什么才是大公司，各自有不同的理解，明白这一点之后，他们都哈哈大笑。

那时，DFA仍然是一家分处两地的公司。布斯在纽约，不愿意搬到芝加哥；而辛克菲尔德在芝加哥，也不愿意搬到纽约。DFA也仍然是一家业务单一的小公司，专注于向养老金出售小盘股指数基金。但在接下来的10年里，这些情况将发生翻天覆地的变化，推动着DFA加速发展。

▲

1985年6月，DFA在圣莫尼卡风景秀丽的海滨大道上开设了新总部。这里气候宜人、温暖舒适，比芝加哥和纽约四季分明的特征，更让人愉悦。与此同时，DFA的商业前景也逐渐明朗起来。

那一年，DFA发行了另一只美国股票基金，最初起名叫作"6-10策略"，意思是所投资的股票是纽约证券交易所市值从大到小排在后40%的股票。这部分股票，跟经典的小盘股定义更贴近。当时人们对小盘股的正式定义还在制定中。后来这只基金改名为"美国小盘股投资组合"，上一只"9-10基金"则改名为"美国微型股投资组合"，以此来做区分。

1986年，DFA推出专门投资于日本股市和英国股市的小盘股基金。1988年推出投资于欧洲股市的小盘股基金。20世纪80年代末期，小盘股终于反弹。但此时，DFA仍然是一只只会一招的"小马驹"。不过有一个例外，公司还有一只投资于短债用来对冲通胀的小基金，这也是法马很喜欢的一个项目。

随着"因子投资法"的出现，DFA 开始发生巨大的变化。当时在 20 世纪 80 年代末，法马和弗兰奇正在研究"价值"和"规模"这两个具有持久性的风险溢价因子。得益于法马在 DFA 担任的角色，布斯和辛克菲尔德对于法马的研究进展情况一清二楚。1992 年，法马和弗兰奇的开创性论文终于正式发表于《金融杂志》，就在短短几个月之内，DFA 推出了两只价值股基金，分别是小盘价值基金和大盘价值基金。[15]

辛克菲尔德称，三因子模型的发布，是 DFA"超级重大突破"的开始。虽然公司和创始人仍然是有效市场假说的虔诚信奉者，但随着法马和弗兰奇以及其他追随两人脚步的研究人员的研究成果的出现，DFA 终于可以在其根基上进一步开花结果，成长为一家成熟全面的投资公司，拥有一系列不同的投资策略，既可以投资于美股市场，也可以投资于全世界的其他股票市场。

严格来说，DFA 并没有把它的基金称为指数基金，因为当时还没有出现可供这些基金追踪的指数。也正因如此，他们想要从市场平均里挤出一些额外的收益，会更自由些。不过 DFA 并没有采用通过人为主观判断进行选股的方式来获取额外收益，而是通过更加凭运气的交易策略来实现。所以 DFA 基金的费用，定在 0.33% 左右的水平，差不多正好是指数基金和传统主动基金费用的中间点。先锋领航的博格有时候会批评布斯收费高，但基于基金的表现，很多客户还是愿意付这个费用的。

还有一位客户，甚至愿意投资 DFA 本身。施罗德（Schroders）长达 15 年期的债权即将在 1996 年到期转换为 15% 的股权，DFA 希望能将其全部买下来。出于税负的考虑，如果能引入几个独立的个人投资者成为股东，会更有利一些。于是布斯向朋友保罗·沃切特

(Paul Wachter）寻求帮助。沃切特是一位财务顾问，服务过许多名人客户，包括 U2 乐队的波诺、比莉·艾利什和勒布朗·詹姆斯等。沃切特给布斯介绍了阿诺德·施瓦辛格，这位电影明星很快就购买了一些股权，具体数量未对外透露。施瓦辛格曾对《华尔街日报》表示说："（布斯先生和 DFA）忠于他们的经济学根基，坚持他们的投资信念和理论，并把公司发展壮大，这一点我非常欣赏。"[16]这位演员可能是 DFA 最有魅力的客户，但最核心最关键的客户另有其人。

▲

丹·惠勒的生活总是漂泊不定，像一个乒乓球，被命运的球拍从这头打到那头。但最终，他成为有效市场假说的狂热信徒，并帮助 DFA 从一个默默无闻的、只为机构投资者打理资产的公司，变成一家给成千上万的人传播福音的公司，传播范围很广，包括全美国，甚至更远的地方。

惠勒从小在东圣路易斯的一个工人阶级社区长大，之后进入一所小型文理学院学习历史，然后加入海军陆战队，志愿参加越南战争。但军队的僵化体制很快让他烦躁不安，于是他转向私人企业寻找更有价值的事情做。他换了很多份工作，在安达信当过会计，在亿万富豪军火商阿德南·卡舒吉手下当过财务总监，还尝试过到加州大学伯克利分校攻读博士学位，但很快放弃了。终于，惠勒带着家人在爱达荷州博伊西安顿下来，开始在当地一所大学当老师。他的邻居是美林公司的一个股票经纪人，在邻居的说服下，他加入了美林。然而事实证明，这又是一份表面光鲜、实则糟透了的工作。

美林的大多数股票经纪人根本不知道自己向客户卖的到底是什

么，只关心如何让客户的资金动起来以产生更多的交易佣金。并且，尽管华尔街公司有大量的分析师，但他们给出的股票建议似乎很差劲。惠勒说："我的感觉就是人们每天都在被敲诈。"沮丧之余，他开始学习法马等人的研究成果。这一下子就让惠勒顿悟。他很快就相信了市场是有效的，人们很难驾驭市场。

于是，惠勒在 40 岁时辞去了美林的工作，在加州首府萨克拉门托开了一家小店，开始做起了独立的投资顾问，这是惠勒送给自己的生日礼物。佣金的问题，是困扰整个行业的核心问题，为了避开这一点，惠勒加入了正蓬勃发展的"只收顾问费"运动，投资顾问不再收取交易佣金，而是向客户收取每小时固定多少钱的费用，或是按照客户资产量的一个固定比例来收取费用。这意味着，他不再需要向客户推荐高费用的金融产品，也不再需要让客户不停地更换股票来产生交易佣金。相反，绝大多数情况下，他都是让客户投资先锋领航 500 指数基金，这是当时唯一一只普通投资者能买到的指数基金。

到了 1988 年，他无意中在《今日美国》上看到一篇文章，介绍了 DFA 和它新奇的被动式小盘股基金，了解到这家公司是法马的两位门徒所创立的。两位创始人都在第一代指数基金的发展过程中起到了关键作用，而惠勒推荐客户大量配置的先锋领航 500 指数基金，也是从第一代指数基金演变而来的。惠勒顿时兴奋起来，他立即联系了这家总部位于圣莫尼卡的公司，看看能不能让自己的客户投资它的基金。

然而，DFA 的基金只向大型机构投资者开放，不开放给像惠勒这样的投资顾问。布斯和辛克菲尔德都对接受"散户的资金"表示怀疑。毕竟，养老金虽然做投资决策会比较慢，但一旦决定了要投，就会坚定地长期持有。而普通个人投资者的资金往往是变幻无常的，管理这样的资金简直是个噩梦。① 并且，布斯和辛克菲尔德也不相信被动基金对普通投资者来说会有什么吸引力。但惠勒坚持反驳道："你不试试怎么知道呢？"最后，DFA 的两位创始人妥协了，他们做出了这个从来都没有后悔过的决定。

惠勒的尝试取得了很大的成功，不到一年，惠勒再次向布斯和辛克菲尔德建议，说想要建立一个新的 DFA 部门，专门向"只收顾问费"的投资顾问推荐 DFA 的基金。又一次，两个人对此表示怀疑。但最终还是同意了，条件是惠勒必须亲自审查每一位合作的投资顾问，确保他们充分认可有效市场假说，跟公司理念一致，并且不会在基金表现不佳的阶段立刻卖出。

为了实现这一点，惠勒开始组织会议，每一位想要推荐 DFA 基金的投资顾问都必须参加，会议内容主要是关于有效市场假说和因子投资法的演讲，主讲人包括辛克菲尔德、法马、弗兰奇、斯科尔斯、米勒以及伯顿·麦基尔等外部人士。

会议的重心，是教育，而不是销售基金。会议为参会人提供餐食，但往返圣莫尼卡的路费是自费的。第一次会议，仅有 7 个人参加。不过，随着人们口口相传，20 世纪 90 年代开始，会议越来越受欢迎，参加的人迅速增多。公司自己形容这些会议为"半投资研讨会，半复兴布道会"。[17]外界的人通常称之为宣讲会。一位接受了这些理念的投资顾问告诉知名作家迈克尔·刘易斯："这远比匿名

---

① 大型经纪公司嘉信理财所推出的"共同基金超市"，帮助了惠勒。"共同基金超市"让投资顾问可以将许多客户和许多基金，全部放入一个"综合"账户，这样惠勒和DFA 处理起这些小型个人账户的相关事务，就容易很多了。

第十章 智能贝塔

戒酒会（A.A.）要有说服力得多，这更像是莱妮·里芬斯塔尔(Leni Riefenstahl)，① 但走在正确的道路上。"[18]

惠勒向投资顾问介绍时，把"DFA方式"描述为"永远不必说对不起的方式"。DFA给投资顾问展示了数据，告诉他们主动基金经理为客户做的事有多么糟糕，还用通俗易懂的方式讲解了芝加哥大学的学术理论，于是投资顾问趋之若鹜，纷纷签约。当然，也不是每一个人都认同，惠勒也知道这是不可避免的。在DFA会议的开幕词中，他开玩笑说："你可以选择从我们这儿学会，也可以选择让市场教会你，但市场可是要收你一大笔学费的！"

看来许多人都明白了。第一年惠勒为公司带来了7 000万美元的规模，第二年带来了1.5亿美元的规模，第三年带来了3.25亿美元的规模。惠勒还聘用了许多醒悟后的投资顾问和股票经纪人，比如美林的戴夫·巴特勒，帮他一起建立了DFA的"投资顾问服务中心"。惠勒的成功，帮助DFA迅速增长，在20世纪90年代末，管理总规模达到340亿美元。

如今，DFA的管理总规模已经超过6 000亿美元，其中2/3都是投资顾问所带来的。甚至是2008年金融危机使资产管理行业遭受相当大冲击的一年，DFA的许多基金表现都很糟糕，在这种情况下，DFA竟然迎来了不少新增客户，这足以证明DFA对投资者的教育力量有多么强大。

---

① 莱妮·里芬斯塔尔是出色的女性导演，但她拍摄了纳粹纪录片，被公认为纳粹党最有力量的宣传机器。——译者注

▲

　　DFA宣讲会的重要意义，远不只是为公司带来更多资产规模。到20世纪80年代，大部分养老金、捐赠基金和银行信托部门的投资官，都多多少少对有效市场假说等理论有了一些了解，即便他们不喜欢或不完全接受，但也都知道了关于主动基金的业绩表现不如指数基金的相关数据。并且多年来，DFA的研讨会和学习班，将学术理论传播给了美国的投资顾问大军，其重要性不言而喻。

　　20世纪90年代和21世纪初指数基金的加速发展，不好明确衡量DFA的教育在里面具体起到了多大的作用，但至少它帮助将这些理念让更多的投资顾问知晓，这些投资顾问正是普罗大众接触华尔街、开展投资的主要途径。

　　富国银行的福斯，几年前曾开玩笑地引用加拿大哲学家马歇尔·麦克卢汉的话，"只有小秘密才需要刻意保守，大秘密不需要，因为人们根本不相信它"，来解释为什么指数投资迟迟没有被普通大众所接受。DFA火热的有效市场假说新手训练营，似乎正好起到了改变大众观念的作用。适时地，DFA开创的因子投资法也取得了成功，得到了广泛认可。如今，尽管还存在一些争议，但因子投资法已经成为投资者观察市场的透视镜。

　　到这里，指数投资的起源故事，还没有结束。假如说富国银行管理科学部是指数基金最初的"曼哈顿计划"，那么后续的大多数迭代成果，虽然都很重要，但仍然是循序渐进的，而非跨越式的。人们把理论传播到投资界的每个角落，比如先锋领航将指数基金介绍给普通大众，DFA则表明指数化投资也可以有所变化。但这些，仍然属于在富国银行、美国国家银行和百骏公司所建立的根基之上，自然的进化步骤。

下一个阶段，将是一颗氢弹的出现，其力量不亚于富国银行的原子弹，这将是金融市场和投资史上的一次巨变，它所带来的影响，我们至今仍在努力探究。值得一提的是，第一只指数基金是由富国银行的一群经济学明星开发的，而下一个重大突变版本则是由一群行业里的无名小卒推动的。

第十一章

蜘蛛的诞生

和往常一样，约翰·博格早上 7 点准时到达办公室，开始为新的一天做准备，他的办公室位于福吉谷的先锋领航总部。当他浏览今天的日程表时，一个来访记录吸引了他，即将到来的来访者是内特·莫斯特，美国证券交易所产品开发部主管。莫斯特是一位戴着眼镜、面容慈祥的退役潜艇兵，跟博格很合得来。他们基本上是同一辈人，也都不会像大多数华尔街人那样打扮得西装革履，说着满口行话。温和的莫斯特说话语气柔软，不像博格那么强势，但博格很欣赏莫斯特直率的态度和性格，以及他的聪明才智。博格对莫斯特要来跟他讨论的话题，也很感兴趣，因为就在一周前，莫斯特已经把议题的大纲用信件发了过来。然而最后，博格还是草草打发走了莫斯特。

博格后来说："莫斯特是一位很好的绅士，但他说的事恰恰是我不喜欢的。"[1] 拒绝莫斯特的提议，成为先锋领航乃至整个资产管理行业的"滑动门时刻"。① 不过，对于这个决定，在博格被迫退休之后，

---

① 滑动门时刻是心理学的一个概念，指一方向另一方寻求支持时，对方可以选择拉开门支持，也可以选择关上门离开。——译者注

先锋领航又极力进行了挽回。

莫斯特有一个大胆的想法，希望能重振美国证券交易所，就是他可敬但陷入困境的东家。为此，他希望能让先锋领航的指数基金在一天之内完成交易，就像股票那样。莫斯特认为，这种可实时交易的基金份额能为投资者提供更多的流动性，也能为先锋领航带来更多的潜在客户。

博格专心听着，还指出了几个在实际运作中需要解决的瑕疵问题，但最终还是直言不讳地跟莫斯特说，即便他说的这些都有道理，他也不想合作。[2]博格担心，这种产品可能会把先锋领航的指数基金，从一个长期投资工具，变成对冲基金和频繁交易者的投机工具。他告诉莫斯特：" 你想让人们去交易标普指数，而我只是希望人们能买入后再也不要卖出。"[3]

莫斯特所描述的，就是后来的交易所交易基金（ETF），这是投资史上最具影响力的发明之一，也是指数基金进化史的下一个阶段。

比起初代指数基金，ETF 对重塑金融业的贡献要更大。这要归功于 ETF 像乐高积木一样的特征，它让每个人——从老练的对冲基金经理到普通散户——都能更好地制定投资策略或构建复杂的投资组合。ETF 的迅猛增长，正在改变交易大厅，重组市场，搅动投资行业，甚至开始慢慢地影响到公司治理，至于是如何影响的，人们才刚刚开始研究。

而当时，博格和莫斯特都没有意识到他们这次会面的重要性。他们友好地分了手，随后博格在下一次董事会上一丝不苟地说明了这次谈话，以及他当即拒绝的原因。据当时先锋领航的董事之一伯顿·麦基尔回忆，博格抱怨说：" 谁会在 10：30 买入然后在 13：00 卖出呢？为什么要这么做？这纯粹是疯了。这种产品只不过是一个引人误入歧途的工具，人们会被它杀死的。"

巧的是，麦基尔也是美国证券交易所新产品委员会的一员，他非常认同莫斯特的想法。尽管他当时就怀疑博格的决定可能做错了，但后来发生的一切，让他对博格的决定感到非常遗憾，认为这是这位先锋领航创始人掌舵时犯下的最大错误。麦基尔说："博格意志坚定，很少改变自己的初始想法。他当时是（ETF）坚定的反对者，他一生都是坚定的反对者。"

事实上，博格在晚年对 ETF 的批评勉强弱化了一些。他开始认可 ETF 是一种高效的方式，能帮助更多人了解指数基金，不过他还是担心 ETF 的交易如此方便可能会引起人们过度频繁交易，在这一点上他依然是坚决反对的。博格去世之前出版了一本个人传记，从书里可以看出，ETF 发展得如此迅速，影响力如此之大，还是让博格耿耿于怀的。

博格承认说："我真的没有想到，星星之火可以燎原，仅仅在 10 年之内，ETF 点燃的火焰，不仅改变了指数基金的形态，也改变了整个投资领域。我可以毫不犹豫地说，莫斯特富有远见的 ETF 发明，绝对是截至 21 世纪初，最成功的金融市场营销手段。不过，它是不是 21 世纪最成功的资产管理方式，还未可知。"[4]

▲

像许多指数基金先辈一样，莫斯特看起来并不像是个革命者。他早前是一位理性的、极度谦逊的物理学家，经历了曲折的职业生涯之后，晚年误打误撞地进入了金融业。

第十一章　蜘蛛的诞生

莫斯特出生于 1914 年 3 月 22 日，[5]父母是犹太人，幸运逃离了东欧大屠杀。[6]莫斯特在加利福尼亚长大，成绩很好，后来进入加州大学洛杉矶分校学习，成绩也很优异。但在攻读物理学博士学位时，遇到大萧条时期，被迫中断学业。为了生计，他只能进入美国吉时兄弟公司工作，这是一家进出口贸易公司，掌门人是拉撒路家族。他的工作主要是向当时在东亚刚刚兴起的电影院，销售音响设备。

然而战争爆发了，莫斯特的职业生涯再次中断。他是当时上海被日本侵占之前，最后一批离开上海的美国平民之一。后来珍珠港事件发生，美国参战，他则来到了太平洋潜艇上，负责开发和测试声呐。

战争结束后，他回到吉时兄弟公司，娶了梅·罗斯·拉撒路，并在家族企业中步步高升。[7]后来中国香港和菲律宾的业务全都归他管理，他再一次穿越太平洋，去视察这里的工厂和仓库。这段经历，帮他深入了解了整条供应链的情况，包括从原材料的提取和加工，到本地商业银行财务事项的处理等。

遗憾的是，他跟拉撒路家族发生纠纷闹翻了，于是 20 世纪 50 年代末，妻子跟他离婚，并把他赶出了公司。[8]自此之后，他的职业生涯开始变得飘忽不定，令人沮丧。1965—1970 年，他担任太平洋植物油公司执行副总裁，但公司随后倒闭了。然后他到了美国进口公司担任执行副总裁。1974—1976 年，他则担任太平洋商品交易所总裁，然而这家交易所又倒闭了。[9]这家交易所的主要业务是椰子油期货，20 世纪 70 年代中期全球干旱，导致许多投资者都赔光了，于是椰子油价格暴跌。[10]

之后，莫斯特接受了一个稍低的职位，在美国商品期货交易委员会任技术助理,这是一家监管机构,监管美国期货市场。他在那里工作了一年,于 1977 年,来到美国证券交易所正在建立的一个新交易场所,担任其商品期权开发部主管。很快,这一计划也以失败告终,不过莫斯特留了下来,担任衍生品开发部主管。[11]

美国证券交易所成立于 1908 年,几乎跟纽约证券交易所一样历史悠久,最早由在曼哈顿下城布罗德街的马路边,露天开展业务的经纪人创立。1920 年,《蒙西杂志》生动地描述了当时马路边嘈杂混乱的场景,就像"疯人院的叫声,有惊声尖叫,有狂喜喊叫,有愤怒抱怨,还有像动物园在喂食之前笼子里发出的阵阵低沉咆哮"。[12]

1921 年,这场盛会搬到了室内。但即便是 1953 年正式更名后,人们在很长一段时间里都仍然称它为"路边交易所"。到了 20 世纪 70 年代,美国证券交易所已经成为美国第二大证券交易所,是那些还没做好准备或不愿意登上纽约证券交易所"行情大看板"的公司的天然家园。但它也遭遇了困境,比如深陷各种丑闻,被华尔街的竞争对手以及全电子交易的新贵——纳斯达克压制,致使交易量下降等。

20 世纪 80 年代,美国证券交易所试图利用衍生品翻身,但没有成功,仍然深陷泥潭,它迫切地需要找到一些东西来帮助它摆脱困境,重整旗鼓,只要能起作用,任何东西都行。

幸运的是,华尔街史上最糟糕的、让无数人财富瞬间化为乌有的一天,恰恰给了莫斯特和美国证券交易所喘息的机会。

▲

1987 年 10 月 19 日,黑色星期一,股市崩盘。无数人的职业生涯就此断送,数千人遭遇破产,其影响波及全球经济。如此严重和

第十一章 蜘蛛的诞生

突然的崩盘,是需要仔细调查的。到了次年2月,美国证券交易委员会公布了调查结果。报告称,这次严重崩盘的罪魁祸首,是一种新兴的自动化算法交易策略,名为"投资组合保险"。

许多养老金和保险公司在使用这种策略,帮它们在市场下跌到某个值时,卖出股指期货,① 理论上可以起到保值的效果。这是一种风险管理工具。但在黑色星期一,期货卖家加速涌入市场,超出市场的承载能力,进而引发股票被抛售,价格进一步下跌,导致出现更多的自动期货卖家,形成连锁反应,最终给了金融市场致命的一击。

值得一提的是,在美国证券交易委员会这份详尽的调查报告中,还有一个暗示。报告第三章提到一个"有待验证的替代方法",说如果投资者能够通过某个单一的产品来交易一篮子股票,情况也许可以有所改善,这种产品可以在期货市场和单只股票之间起到缓冲器的作用。莫斯特的一位年轻同事,史蒂文·布洛姆(Steven Bloom)看到报告后,大步冲进莫斯特的办公室,说:"这儿放开了一个通道,我们可以开着卡车进去了。"[13]

莫斯特和布洛姆,两个人的经历可以说是天差地别。布洛姆才20多岁,刚从哈佛大学毕业,获得了经济学博士学位,走的是相当正统的金融路径。而莫斯特此时已经是73岁高龄。[14] 但他们合作起来相当顺畅,莫斯特才华横溢,富有创造力,正好跟具有系统性思维的布洛姆,形成完美的匹配。一本杂志曾评论布洛姆道:"与他交谈时,人们几乎能听到他眼镜后面的神经突触,正在嗒嗒作响,脑灰质正开足马力高速运转。"[15] 对莫斯特来说,仅创造这一件事,就能让他兴奋起来。他说:"当你看到自己的孩子们,正在下

---

① 股指期货可以以事先约定好的价格来进行交易。——译者注

面的交易大厅进行着交易，你能真真切切地感受到自己工作的意义。而大多数身处这个跟金钱打交道的世界里的人，可能永远都体会不到这一点。"

幸运的是，他们的老板艾弗斯·莱利（Ivers Riley），也表示支持。莱利是一名前海军飞行员，1987年被美国证券交易所从纽约证券交易所挖过来，负责整个衍生品业务部门。当时，莱利正在寻找一种能"改变命运的产品"，以重振美国证券交易所。很快，莱利就看到了这个具备潜力的产品，它"看起来、尝起来、闻起来以及感觉起来，都像是一种能代表整个市场的股票份额。并且这种全新的产品，随着时间推移，可以作为许多衍生品及其后续迭代品的基础。"[16]于是，莱利给予莫斯特和布洛姆全力支持。

麦基尔说："创新，决定着一个组织的生死。我们很庆幸，纽约证券交易所不是一个具备创新的组织。"

然而，他们的第一次尝试很快就搁浅了。并且，当时苦苦挣扎想要重整旗鼓，且意识到可交易型指数基金具有巨大潜力的，并不只有美国证券交易所一家。

▲

费城证券交易所，是美国历史最悠久的证券交易所，成立于1790年，最初是为了给19世纪一片繁荣的铁路行业筹集资金。之后，纽约成为美国金融中心，费城证券交易所就逐渐没落了。并且1970年，交易所里最大的股票所对应的公司——铁路运营商宾夕法尼亚中央铁路公司破产了，该公司的破产给了费城证券交易所沉重的打击。这也是当时美国历史上最大的公司破产案。为了自救，费城证券交易所积极进军正欣欣向荣的衍生品市场，取得了一定成果。[17]不过，它跟美国证券交易所一样，也需要一个"孤注一掷"的创新，以避免被竞争对手吞并。

美国证券交易委员会对黑色星期一的调查报告，给了它一个启示。就在报告发布后的几个月，费城证券交易所就向美国证券交易委员会提交了一份名为"现金指数参与型股票"（CIP）的招股说明书，这是一种股票和衍生品的混合品，目的是模拟标普 500 指数的表现。

随着这个新产品的细节对外公开，各家机构争相效仿。美国证券交易所及芝加哥期权交易所，很快也提交了类似的产品申请。这些产品的名称之间略微有些差异，不过人们把它们统称为"指数参与型股票"（IPS）。1989 年，这些产品正式上线，很受投资者欢迎。然而好景不长，竞争对手和监管机构，就扼杀了它们。

与许多国家不一样的是，美国的金融市场由美国证券交易委员会和美国商品期货交易委员会共同监管。美国证券交易委员会负责监管股票市场和交易所，1974 年成立的美国商品期货交易委员会则负责监管衍生品市场，比如期货、掉期和期权，这些都是商品交易里常用的方式。有一些期权，属于美国证券交易委员会的管辖范围，但美国商品期货交易委员会一直积极捍卫自己的领地，想要拥有所有期货的管理权，哪怕是与股票挂钩的期货。

美国商品期货交易委员会认为，IPS 在本质上是期货合约，那就应该只能在它所管辖的期货交易所进行交易。说 IPS 是期货合约也不是没有道理，毕竟它是由一种混合结构所组成的。[18]最终，芝加哥的一名联邦法官支持了美国商品期货交易委员会的主张。至此，首批 ETF 原型以失败告终。

美国证券交易所并没有气馁，而是继续往前推进，希望能克服来自监管的阻碍。美国商品期货交易委员会扼杀 IPS 时，莫斯特已经

75岁高龄，但他仍然精力充沛，坚持每天早上6点就上班，浑身充满积极向上的干劲，同事们都对他很钦佩。有一位同事曾回忆说，有一个周一的早上，他在办公室里看见莫斯特的手臂上挂着吊带，莫斯特却兴高采烈地说，这是因为他周末的时候想逞能修剪一下树枝，结果从树上掉下来了。这可不是一般的70多岁老人会做的事。

莫斯特早年见多识广的经历，也为他后来发明ETF提供了灵感。他以前在太平洋舰艇上工作时，见识了货商交易商品仓单的效率，比实体椰子油、原油或实物黄金的交易要方便得多。这就给富有创造力的金融工程师提供了很大的想象空间。

莫斯特后来回忆说："当你把商品储存好之后，你就得到了一份商品仓单，之后就可以直接交易仓单了。可以卖掉它，也可以做很多其他的事。在这个过程中，你并不需要一直来回搬运这些实物商品。所以，很简单，你就是把商品放在一个地方，然后只需要交易仓单就可以了。"[19]

莫斯特对ETF的奇妙想法，多多少少借鉴了仓单的概念。美国证券交易所可以建立一种合法的仓库，用来装标普500指数里的股票，然后生成这个仓库的份额列表，供人们交易。这种仓库式基金，有两个优势。一方面，得益于组合交易的发展及电子化进程，组合交易是指同时买入和卖出一大篮子的股票，由富国银行于20年前率先提出。另一方面，得益于共同基金一个鲜为人知的特点，即共同基金可以进行"实物"交易，用基金所包含的一篮子等量的股票，而不是现金，来交换为基金份额。换句话说，投资者可以集合一篮子底层股票，按正确的比例把这些股票配置好，然后用它们来兑换获得基金份额。

证券交易所的"专家"（specialist，也被称为做市商），即撮合买卖双方的交易公司，可以有权根据需要来创建或回收基金份额。当仓库的价格和它所包含的一篮子股票的价格之间出现差异时，它们都可以利用这个差异来做一些套利的操作。这些套利机会也能使仓库的价格向其价值靠拢。

这种巧妙的创建和回收过程，也能解决博格之前提出的一个实际运作中所面临的挑战，即资金在一天中持续进进出出该如何协调。简单来说，投资者既可以相互交易仓库份额，也可以拿着份额去仓库兑换一篮子股票，同时还可以拿着一篮子股票去仓库兑换一些份额。并且，由于仓库份额在创建和回收时，并没有现金参与交换，所以资本利得税只有当投资者确实卖出了份额时才会收取。这一点对 ETF 在美国的发展至关重要。只有当投资者真正卖出 ETF 时，才需要缴纳资本利得税。

作为一家交易所，美国证券交易所无法自己管理这样的一个产品，它只能负责运作围绕这个产品所产生的交易行为，所以它希望能找到一个合作伙伴来管理产品。莫斯特先是在博格那里吃了闭门羹，随后考虑了富国银行。虽然在面向机构投资者的指数基金中，作为老大哥的富国银行看起来是合适的选择，但它从地理位置上太远了，交易所无法负担可能产生的路费等开支。[20]

于是莫斯特开始在交易所附近寻找投资机构。他先去了纽约银行，是距离最近的一家。它们两家的总部面对面，都俯瞰着华尔街尽头的三一教堂墓地。然而由于纽约银行的官僚主义，合作没能谈成。最终，首只 ETF 的管理工作，落到了道富银行。[21] 虽然道富银行的总部在波士顿，但它在华尔街上离美国证券交易所不远的地方，设有一个重要分部。如今，道富银行在其资产管理部门道富全球顾问（SSGA）的帮助下，已经成为指数投资大军中的一股强劲力量。也许纽约银行对当初的决定悔恨不已。

道富银行里，基金管理部的格伦·弗朗西斯（Glenn Francis）、美国投资基金服务部的负责人凯西·库科洛（Kathy Cuocolo）和道富全球顾问的指数基金经理道格拉斯·霍姆斯（Douglas Holmes），三个人对美国证券交易所的提议非常感兴趣。当然，并不是每个人都如此。项目开发需要成本，参与项目的人会担心，假如项目最终没成功，可能会对他们的职业前途有影响。当时一位被说服参与项目的初级高管吉姆·罗斯（Jim Ross）回忆道："那时很多人都希望项目能成功，否则他们的职业生涯可能会面临风险。"

给这项新发明起个什么名字呢？这让大家煞费苦心。道富银行和美国证券交易所，都希望这个名字能具备一些描述性，同时朗朗上口，让投资者脱口而出。他们想到了美国存托凭证（ADR），这是外国公司股票在美股市场进行交易时通常采取的一种方式。受此启发，最终新产品的名字被确定为"标准普尔存托凭证"（SPDR），SPDR 的英文发音跟蜘蛛（spider）非常相似，因此很快人们就直接称其为"蜘蛛"。①

此外，还有许多法律和操作方面的障碍需要跨越。虽然美国证券交易委员会曾隐晦表达过想要建立这样的一个产品，但只要涉及面向广大个人投资者开放，就需要解决许多问题。蜘蛛团队仍然需要建立起一套无缝的创建和回收机制，并得到美国证券交易委员会的批准才行。一位 1990 年加入美国证券交易所新产品委员会的前生物化学家克利福德·韦伯（Clifford Weber）表示："它真的不符

---

① 原本他们想起名为"标准普尔指数凭证"（SPIR），SPIR 的发音跟长矛（spear）很相似，大家担心交易大厅里"长矛被扔来扔去"的场景太过于军事化，所以没有采用。

合任何监管标准。我们花了大量的时间跟律师一起研究，怎么能更好地回应美国证券交易委员会提出的那些疑虑点。这些事情特别耗费时间，没有捷径可走。"

负责处理这一法律难题的，是奥睿律师事务所的律师凯瑟琳·莫里亚蒂（Kathleen Moriarty）。美国证券交易所决定，把新产品作为一个"单位投资信托"，而不是一只基金来对待，这样就不需要基金经理或基金董事会了，因为在莫斯特看来，基金经理或基金董事会只会增加运作成本，却起不到什么效果。[22]然而即便如此，莫里亚蒂仍然需要从1940年的《投资公司法》中申请一系列豁免。这项任务很艰巨，于是人们戏称莫里亚蒂为"蜘蛛女侠"。与此同时，开发成本也在不断增加。

1990年，SPDR的申请文件终于提交给了美国证券交易委员会，虽然监管内部也有一些支持人士，但这个产品太新颖了，漫长而烦琐的审批流程还是省不了的。美国证券交易委员会市场部门的律师霍华德·克莱默（Howard Kramer）是一位特别热心的支持者。他曾是黑色星期一调查报告的作者之一，也正是这份调查报告启发了莫斯特和布洛姆。SPDR的申请文件提交之后，克莱默一口气读完并消化了这份文件的内容，紧接着立即冲进老板的办公室，说这个产品可能具备多么大的突破性，希望老板能尽快批准通过。克莱默后来开玩笑说："如果说莫斯特和布洛姆是这个新产品的父母，那我就是助产士之一。"[23]

新的产品结构，意味着需要美国证券交易委员会好几个部门的共同审核，但这些部门几乎都没有应对新产品的经验。比如其中一个争论点就是，SPDR持续不断的创建和回收份额的过程，事实上可以认为构成了一种永久性的上市过程，也就是正常一家公司上市所需要经历的过程，而这个过程通常是需要一众银行来进行尽职调查的。美国证券交易委员会对这些所有的过程进行了仔仔细细的推敲，根据克莱默的说法，最终结果就是"分析到瘫痪了"。

屋漏偏逢连夜雨，般迟又遇打头风。不顺的是，同一时间，想要构建一只可交易型指数基金的，并非只有美国证券交易所和道富银行。监管审批的延误，导致其他人抢占了先机。

▲

投资组合保险这个概念，可能由于导致黑色星级一的崩盘而受到抨击，但发明投资组合保险的人却是几个有着非同寻常的创造力和动力的学术界人士，他们并没有因此而退缩不干。海恩·利兰德（Hayne Leland）、约翰·奥布莱恩（John O'Brien）和马克·鲁宾斯坦（Mark Rubinstein）三个人，创建了同名投资咨询公司 LOR，决心找到另一个伟大的创意，来重塑昔日辉煌。

三个人开始设计一个新事物，将其命名为"超级份额"。这是一种巧妙但极其复杂的投资产品，它将标普 500 指数分割成许多不同收益挡位的小块，投资者可以根据自己的风险偏好在这些小块中进行选择，并在交易所进行交易。其核心是一种被称为"指数信托超级单位"的东西，跟后来出现的 ETF 在某些方面有点相似。[24]

经过了层层监管审查之后，这只基金于 1992 年 11 月正式发行，初始募集资金将近 20 亿美元。但产品太复杂，导致很多投资者和经纪商都望而却步。"你想要写那个？祝你好运吧。"一位拒绝承销该产品的金融家，跟一位正准备写一篇关于"超级信托"基金文章的《纽约时报》记者这样说道。[25]虽然这只基金比 SPDR 更早面世，但交易不活跃，最终于 1995 年清盘。不过，它在发行和运作

第十一章　蜘蛛的诞生

过程中所经历的一些创新性的法律流程，帮后来者铺平了道路。

过于复杂的结构，不那么亮眼的表现，并没有给莫斯特和布洛姆带来多少安慰。因为一群勇气可嘉的加拿大人，已经抢在美国队前面，发行了有史以来第一只 ETF。他们能成功做到这一点，主要是因为加拿大的金融业规模较小，竞争不那么激烈，跨公司合作更加顺利，当地监管也更加通融。

这只 ETF 的发起人，是多伦多证券交易所。不过，这只 ETF 能成功建立，很大程度上还要归功于美国证券交易所的仓单概念。由于并不是直接竞争对手，所以美国证券交易所很乐于把自己的理论和细节，分享给多伦多证券交易所。[26]虽然这只 ETF，追踪的只有 35 只加拿大股市里规模最大的股票，比起追踪整个标普 500 指数来说要容易很多，但它能很好地模仿加拿大股市的旗舰指数——多伦多证交所 400 综合指数。

1990 年 3 月 9 日，多伦多证券交易所正式掀开了全世界第一只成功发行的 ETF 的面纱——多伦多 35 指数参与型基金（TIPS）。也许可以说加拿大人能第一个跨越里程碑，是由于监管宽松，但更多还是要归功于美国证券交易所和道富银行蜘蛛小组虽未成功但勇于创新的开拓性工作。① 另外，这只加拿大 ETF 算不上多么成功，虽然一开始从一些加拿大金融机构募集了 1.5 亿美元，但普通投资者

---

① 如今担任多伦多道明银行指数基金主管的彼得·海恩斯（Peter Haynes），当时是多伦多证券交易所 ETF 实验小组里一名刚毕业进入职场的新人。他承认说，他们当时实际上就是复制了美国证券交易所和道富银行的产品设计，仅仅是由于加拿大的监管更加配合，所以才让他们捷足先登，发行了全世界第一只 ETF。他说："美国证券交易委员会花了很长时间都没给出结果，于是我们意识到这样一个产品，也许在我们这里能行得通。果不其然，当我们把方案提交给多伦多证券委员会时，它的反馈相当迅速。"

的反应不及预期。这场 ETF 革命的第一枪已经打响，但要想真正起飞，还得在美股这个全世界最大的金融市场成功诞生才行。

▲

看到加拿大复制了美国的发明，并如此迅速地生根发芽，SPDR 的支持者都感到很恼火。幸运的是，美国证券交易委员会的主席理查德·布里登（Richard Breeden）是支持他们的。历经两年对 SPDR 各个方面的拉锯战，从让人备感折磨的各种细节，到成败在此一举的份额创建和回收关键过程，终于布里登决定亲自出马，召开一次盛大的会议来打破僵局。

来自美国证券交易所、道富银行的 SPDR 项目组的成员，以及他们的律师莫里亚蒂集结在美国证券交易委员会的总部大楼，然后他们被引至一间与往日小会议室不同的大会议室，这里通常是举办大型公共活动才会使用的。大会议室里，不仅坐着美国证券交易委员会各个相关部门的代表，旁边看台上，还有来参会的所有美国证券交易委员会的相关律师。莱利后来开玩笑说："我当时真的希望看到，离开房间之前，狮子能被释放出来。"[27] 这次会议确实起了效果，1992 年 12 月，美国证券交易委员会终于放行了。

下一步，就是为 SPDR 在美国证券交易所上市和交易做好准备了。① 经纪商 SLK 在 SPDR 的发行中，扮演了重要的助产士角色，

---

① 第一步，就是为基金编个代码，所有上市的股票都得有这样一个代码，才能在华尔街交易大屏幕上标记出自己的身份。标普 500 指数的代码是 SPX，于是 SPDR 项目市场营销部的人，建议用 SXY 这个代码。然而这个提议被否决了，理由是太粗鲁。这让财经头条的写手多年来都一直抱有遗憾。最终基金代码被确定为 SPY，向蜘蛛这个昵称致敬。

它为 SPDR 提供了 650 万美元的初始资金，[28] 并成为 SPDR 的第一位做市商，确保基金交易正常、跟踪标普 500 指数正常。SLK 的一位场内交易员加里·爱森里希（Gary Eisenreich），还在最后一刻发现了法律条款里的一个关键缺陷。美国证券交易委员会有一个"提价交易规则"，限制了人们何时才能做空股票，这可能导致做市商无法确保 SPDR 交易的正确性。于是爱森里希和莫里亚蒂一起，在最后时刻跟美国证券交易委员会协商，获得了提价交易规则的豁免。[29]

1993 年 1 月 29 日，SPDR 终于隆重推出，开始正式交易。美国证券交易所迫切希望，这个花费了如此多人力物力的实验项目，一定要取得成功。于是在《华尔街日报》上刊登了一个整版广告，大肆宣扬这个新发明。他们在交易所大厅悬挂了一只巨大的充气黑蜘蛛，还给交易员和投资者，发放了大量蜘蛛主题的赠品。基金的管理费率是每年 0.2%，跟博格的先锋领航 500 指数基金费率一样。第一天，就有了超过 100 万份的交易量，这让大家都兴奋不已。

然而随后的事实证明，蹒跚学步时期，比诞生时期更为艰难。虽然 SPDR 开始募集到了一些资金，但速度很缓慢。交易量，是此时美国证券交易所最关注的指标，也是 SPDR 存在的理由。然而出场即巅峰，从第一天的热闹火爆之后，交易量开始稳步下降，到当年 6 月 10 日跌至最低点，只有 17 900 份交易。[30] 出现这样的问题，要归根于整个行业并没有天然的支持者。像先锋领航一样，SPDR 不向投资顾问和股票经纪人支付销售费用。这也意味着投资顾问和股票经纪人，没有动力介绍自己的客户去购买它。虽然它能像股票一样进行交易，但它不能为银行赚取承销费用。情况如此糟糕，以至于美国证券交易所一度想要放弃它，[31] 因为它需要达到 3 亿美元的资产规模以及健康水平的交易量，才能维持收支平衡。[32]

不过，外部人士的支持，比如爱森里希，还是帮助他们坚持了下来。爱森里希通过他所谓的"鸡尾酒投资法"改变了局面。他在出席每个社交场合时，都会滔滔不绝地谈论SPDR是多么神奇，还鼓励人们都去咨询自己的股票经纪人有关SPDR的信息，这样能显得自己又酷又时髦。爱森里希后来说："我并不是一个优秀的推销员，真的不是。但当我认可一个东西时，我就变得很擅长了。我甚至能把SPDR卖给我的祖母。"[33]

慢慢地，他们的努力得到了回报。到1993年夏天，SPDR终于突破3亿美元的大关，在运营成本上实现了收支平衡，到第一年年底，它已经持有4.61亿美元的资产规模。[34]1994年虽然规模有所缩水，但从1995年开始SPDR就起飞了，从此一路驰骋而去。

▲

2013年1月29日，蜘蛛女侠和蜘蛛侠们，齐聚在纽约证券交易所敲响了开市钟。20年前，他们发行了SPDR，20年后，虽然大家看起来老了一些，头发花白了一些，并且重要人物已经不在（莫斯特于2004年去世），但这仍然是一个值得欢庆的节日，庆贺他们做出了如此惊人的成就。

此时，SPDR已经不仅是一个管理着1 250亿美元的庞然大物，还是全世界交易量最大的股票。这对创立了SPDR又经历了早年发展困境，却仍然克服艰难险阻继续前行的人来说，是一种巨大的骄傲。SPDR开创了一个全新的、充满活力的、仍然在持续增长的行业。

对早期的开拓者来说，SPDR已经通过一个奇怪的信托结构，融入了他们的个人生活中。这个信托结构是在SPDR成立之初就建立好的。信托有确定的到期时间，最初设置的是 25 年。但这个期限也可以跟某个人的生命长度来挂钩，于是后来人们修改了期限，将期限与 1990—1993 年出生的 11 个孩子进行了挂钩，其中就有韦伯的女儿艾米丽，她的生日正好跟 SPDR 的成立是同一天。[35] 所以如今，SPDR 的到期日，有两个可能的日期，哪个日期先发生，就会是哪个。一个到期日是 2118 年 1 月 22 日，另一个到期日是 11 个孩子中活得最长的那个人，去世 20 周年的祭日。

经过激烈的内部讨论，美国证券交易所决定不为它们的发明申请专利，这具有深远的影响。基于 SPDR 的公开文件，竞争对手很容易做出复制品。事实上，任何东西都可以放进 ETF"仓库"。多年来，华尔街的金融工程师，已经利用这种结构及其变化，为投资者开发了许多工具，应用非常广泛，比如从美国债券市场，到高风险银行贷款、非洲股票、机器人产业，甚至金融波动率本身等。如今，ETF 已经是一个管理着 9 万亿美元的行业，其交易量占美国交易所全部交易量的 1/3。

不过，SPDR 的成功，终究还是没能挽救美国证券交易所。2008 年，它被纽约证券交易所以 2.6 亿美元收购。而道富银行，也并没有由于参与发明了 ETF 而成为最大的赢家。这家波士顿银行，由于一系列复杂因素的叠加，比如发行之初关注度不够、发行后也没能把握住其中的巨大潜力，最终只能眼看着它的 SPDR 业务被西海岸一家老竞争对手超越。

罗斯最终成为道富银行 ETF 业务的董事长，他说："往回看，我们会希望当初做些什么不一样的事吗？当然希望。我们并不是没有投入资金，只是最初投入的资金还不够。那就只能这样了。"

第十二章

开创者的背水一战

1983年夏天，富国银行投资顾问部（WFIA）陷入混乱。那些曾经在1971年，敢于争论、克服分歧、合力推出首只指数基金的先驱，都离开了。10年之后，资金的流失率已经达到了要拉响警报的程度。尽管投资顾问部发行了一些指数基金，但费用都很低，还有大量的研究预算要花出去，这意味着投资顾问部从来没有真正赚到过钱。最终走向衰败，似乎是一个可能的结局，甚至是显而易见的结局。

麦克奎恩早在1974年就辞职离开了，尖锐的维汀后来也退休了，只留下福斯看守着火焰。然而无休无止的预算之争，迫使福斯在1983年也辞职了。他回到了老东家梅隆银行，和托马斯·洛布（Thomas Loeb），也就是曾管理过富国银行第一只标普500指数基金的人，一起建立了梅隆资本管理公司。同年4月，富国银行另一位高管威廉·扬克（William Jahnke）带着十几名同事，一起离开，成立了一家金融软件公司。[1]

更糟糕的是，此时的股市也不太平。美联储主席保罗·沃尔克决心遏制通胀，不断加息，将利率提高到了前所未有的水平，引发股市的一轮下跌。到 1982 年 8 月，标普 500 指数几乎回到了 20 世纪 60 年代末的水平。

1983 年，尽管股市开始反弹，但人们对此并没有信心。相反，逐渐下降的通货膨胀率和依然居高不下的利率，促使人们纷纷把资金从股票里取出，转而投向债券。结果就出现了富国银行投资顾问部达到警戒线的资金流出率。斯坦福大学威廉·夏普的学生布莱克·格罗斯曼（Blake Grossman），在那个狂风暴雨的夏天正在投资顾问部实习，他回忆道："大家都在担心，部门会不会倒闭。"

大量员工的离职使得部门人手紧缺，于是年轻的新闻学毕业生帕特里夏·邓恩（Patricia Dunn），被迫接手管理 250 亿美元的指数基金。邓恩刚加入富国银行时，还只是一名临时秘书。聪明、有魅力的邓恩是一颗冉冉升起的明星，深受养老金客户的喜爱，她经常将晦涩难懂充斥着行话的投资顾问部的学术资料通俗易懂地介绍给客户。

但邓恩此时只有 30 岁，嫁给了离职的扬克。她担心一旦这场危机过去，她很可能会被降职，甚至被开除。于是，她利用投资顾问部的动荡给富国银行带来的恐慌氛围，提出在新的负责人到来之前，要在她 18 000 美元年薪的基础上，给她每月额外支付 25 000 美元。这个要求大胆又激进，连她的丈夫都开玩笑说，应该把她的肖像挂在富国银行历史展览室里黑巴特（Black Bart）肖像的旁边。黑巴特是 19 世纪末期，抢劫富国银行公共马车的一个臭名昭著的强盗。[2]

投资顾问部和富国银行之间的关系也变得支离破碎。长期以来，银行家早已愤愤不平，凭什么这些做资产管理的同事赚得比他们更多，而且还是在从来都没有实现部门赢利的情况下。同时，投资顾问部的人则觉得这些银行家都是傻瓜，不懂得欣赏他们开创性的工作所带来的价值。混乱中，邓恩向老板提出一个出乎意料的建议：把弗雷德·格劳尔重新请回来。格劳尔是投资顾问部一位前高管，但在仅任职8个月之后，就于1980年被草率地解雇了。

尽管这个主意听上去有点古怪，但老板还是勉强同意了。富国银行已经没有时间去仔细寻找候选人了，即便有，很多候选人当时也可能不太愿意跳进这个大漩涡。1983年，信孚银行超越富国银行投资顾问部，成为最大的为养老金服务的指数基金管理人，这对作为领域开创者的富国银行投资顾问部来说，是一个耻辱性的打击。

格劳尔后来回忆道："投资顾问部陷入一片混乱，员工的离职、客户的流失，都预示着一场风暴即将来临。留下来的人，就是那个用手指堵住水坝的荷兰男孩。① 如果他们也走了，所有的资金都将流失殆尽。好在大家都很信任我。"格劳尔的学术背景帮他很快就融入并适应了这里的办公环境，他是一名坚定的指数信仰者，早在1975年阅读查尔斯·埃利斯的《失败者的游戏》时就认同了这个理念。

事实证明，格劳尔不仅仅是一位看门人。他不但稳住了这艘大船，还为投资顾问部将来的华丽转型奠定了坚实的基础，使这个曾属于一家地区性银行、陷入困境的投资部门，转型为一家全球资产

---

① 荷兰男孩的故事，讲的是荷兰有一个名叫彼得的男孩，发现堤坝上有一个小孔，为了避免决堤导致洪水淹没国家，他将自己的一根手指戳进了那个小孔，堵住了水流，直到第二天早上人们才发现他，并修补好了堤坝。这名男孩就成了勇敢的荷兰小英雄。——译者注

管理巨头。公司前高管布鲁斯·戈达德（Bruce Goddard）表示："弗雷德·格劳尔真的改变了游戏规则，正是他的人格魅力和不服输的精神，造就了投资顾问部2.0时代。"

▲

格劳尔似乎注定会走上学术成果颇丰但生活相对平凡的道路。格劳尔在加拿大的不列颠哥伦比亚大学拿到经济学学士学位，在芝加哥大学拿到硕士学位，在斯坦福大学拿到博士学位。之后在麻省理工学院获得很有声望的助理教授职位，接着成为哥伦比亚商学院的副教授。

不过，格劳尔的妻子在旧金山工作。这种横跨东西两岸的异地生活，不能长期持续，于是格劳尔决定搬到西边。加州大学伯克利分校为他提供了一份工作，但格劳尔想要尝试一些比理论研究更有实践性的事情，于是打电话给他在斯坦福大学的老师夏普，寻求建议。夏普告诉格劳尔说："如果你要来这里，那只有一个地方适合你。"在夏普的大力推荐下，格劳尔进入投资顾问部工作，负责为养老金的投资组合和现代学术研究提供建议。

未承想，这份工作没做多久。在投资顾问部和富国银行高层的一次会议上，格劳尔没注意到双方之间剑拔弩张的紧张气氛，开始指出投资顾问部一个投资策略的不足。从大局上来看，这只是一个很小的分歧，但把这个分歧放在富国银行代表的面前来讨论，就很糟糕了。这无疑是在公司内斗中给富国银行代表送去了弹药。格劳尔悲伤地回忆道："我没能因为踩到牛粪而警觉起来，而我确实踩到了。"第二天，他就被叫到维汀的办公室，福斯严肃地通知他，他被解雇了。这简直是个晴天霹雳。况且，格劳尔和妻子还刚刚生了个男宝宝。

还好，他并没有失业太久。夏普给他介绍了美林公司。他进入美林后，既要成为一名西海岸股票销售员，又要负责给美林的研究部门提供建议。虽然这份工作能养家糊口，但推销股票，可绝不是这位曾经在学术道路上前途无量的学者，当初离开哥伦比亚商学院时所期望的。

不过，塞翁失马，焉知非福。推销员的身份，迫使格劳尔不再说那些专业术语，反而教会了他该如何讲故事。20 世纪 80 年代，许多传统投资机构迫不得已，开始关注斯坦福大学、芝加哥大学和麻省理工学院等高校的学术研究成果。格劳尔成了向他们解释这些研究的高手。作为对格劳尔耐心讲解的回报，客户也帮格劳尔赚取了丰厚的佣金收入。到 1983 年，他已经是美林在西海岸的头号推销员，年收入超过 50 万美元。他最大的客户之一就是富国银行，这帮他跟投资顾问部的老同事重建了关系，获得了同事的一致尊重。终于在 1983 年 9 月，他重回投资顾问部担任负责人，把不可能的事变成了现实。

为了稳定局势，他必须快刀斩乱麻。他说服富国银行需要给投资顾问部重新做安排。让投资顾问部不再只是银行信托部门里的一个小单元，而是分离出来作为一家独立的公司，仍然由富国银行控股，但拥有自己的董事会以及更大的自主决策权。为了解决离职问题，他拟了一份协议，允许投资顾问部的员工可以从公司盈利中（如果有赚到盈利的话）分得一部分，如果公司被收购，也可以获得一定的收益。客户这边，他也进行了成功的安抚，他告知客户指数基金基本上是全自动运行的，无须担心，这一事实确实起到了帮助。逐渐地，起码在表面上，投资顾问部恢复了稳定。格劳尔说：

"这需要极大的团队精神,我们很幸运。"

事后再看,会发现股市最低点出现在1982年8月,但当时可没有任何人能知晓这一点。1983年,养老金对反弹仍然持怀疑态度,但到了1984—1985年,许多人开始感觉到他们的股票组合似乎出现了一丝光明。大多数养老金,仍然会把大部分资金投到传统的主动基金,但挑选一只主动基金,往往需要耗费数月来进行面谈和尽职调查。在此期间,股市正在持续攀升。投资顾问部巧妙地告诉养老金,它们的指数基金既便宜又方便,养老金可以在决定最终把钱放在哪里之前,先放在它们的指数基金里,以免错过股市的上涨。最终,许多养老金投入资金之后,就一直留了下来。

到1985年,投资顾问部首次实现盈利。此后5年,公司开始快速增长,实现了逆转。曾经的瘸腿狗,如今看起来已经是一只光亮的灰狗猎犬了。因为指数基金的费用很低,所以公司需要达到一定的管理规模才能实现收支平衡。而一旦跨过了这个坎儿,运营成本并不会随着规模的继续增长而大幅上涨,那多出来的收入,就会变成纯利润。

甚至是1987年的"黑色星期一"股市崩盘,也没有放缓投资顾问部前进的脚步,即便它是LOR首创的"投资组合保险"策略的重要参与者,也没有受到太大的影响。① 1988年,投资顾问部赚到了1 350万美元的利润,[3] 这跟它过去看似遥遥无期的亏损相去甚

---

① 事实上,使他们免受"黑色星期一"袭击的功臣,是福斯提出的一个名为"战术资产配置"(Tactical Asset Allocation)的策略。这个策略按照事先设定好的规则,来调整股票、债券和现金之间的比例。"黑色星期一"来袭时,策略里只配置了10%的股票资产。"战术资产配置"策略的成功,为投资顾问部赢得了很好的声誉。

远。格劳尔成功地把一群任性的学术研究者,一群喜欢搞苏格拉底式的辩论且常有一些不切实际的想法的人,打造成稍具商业气息的组织。

投资顾问部的一位高管劳伦斯·廷特(Lawrence Tint),是格劳尔的好朋友。曾经在 1980 年离开,后来在 1990 年回归。他回忆说,经过了这些年,他能感受到投资顾问部的企业文化发生了微妙的变化。尽管走廊里还留有一些学术气息,但工作态度更加端正,也更看重利润了。"它看起来更像是高盛,而不是一所大学了。"廷特回忆道。

尽管如此,投资顾问部的企业文化比起金融业的其他公司来说,仍然是温和的。在面试招聘时,格劳尔会强调,他想要的是"友善、聪明、有激情"的人。他会带同事去汤米玩具吃饭,这是一家著名的中餐馆,连克林特·伊斯特伍德和弗朗西斯·福特·科波拉等人都经常光顾。餐厅的招牌菜是龙虾,经常会配有格拉巴酒①,格劳尔也越来越喜欢格拉巴酒。1987 年加入投资顾问部的唐纳德·拉斯金(Donald Luskin)回忆道:"格劳尔就是那个人。即便是像我这样一个坚持个人主义的人,也很愿意跟随他的脚步,一路追随。"[4]

▲

春江水暖鸭先知。格劳尔的眼界并不局限于美国。投资业历史上,很少有公司能成功开拓海外市场。尤其是美国的资产管理公司,它们认为国内市场已经足够大了,对于去其他国家拓展业务并

---

① 格拉巴酒是一种用葡萄果渣酿制的白兰地。——译者注

不感兴趣。但很有先见之明的格劳尔，相信这个行业终究会变得更加全球化，尤其是指数基金。

原因很简单，主动基金经理需要对所投资的公司和周围的市场环境，有充分的了解；而指数基金只需要对全市场有一个合适的评估方法，然后用技术的手段来实现追踪即可。于是，格劳尔希望能抢在道富银行和信孚银行等竞争对手意识到全球机会之前，就找到世界上其他大型养老金机构，能让投资顾问部帮它们管理资金。

日本是个不错的候选人。但它是个岛国，外国公司往往难以生存，如果只是简单地在当地设一间办公室，几乎不会有成功的可能。于是 1989 年，格劳尔说服富国银行，以 1.25 亿美元的价格，将投资顾问部一半的股权出售给了日本经纪公司日兴证券。合并后，公司有了一个新名字：富国银行日兴投资顾问（WFNIA），并在当时管理着 700 亿美元的资产。格劳尔说："指数基金是一个规模的游戏，我希望我们能跑到最前头，在全世界范围内抢占更多的资产规模。"

指数基金确实在日本兴起了，但合作的时机不佳，日本股市的泡沫在 1990 年破灭了。事实证明，美国金融家和日本股票经纪人之间的联姻结果，是文化冲突和混乱。不过，这次合作还是有好处的，投资顾问部一方面获得了日本养老金的规模，另一方面从富国银行的管控下争取到了更多的独立性。6 年后，即 1994 年，富国银行日兴投资顾问管理了大约 1 710 亿美元，税前利润达到 4 500 万美元。[5]

这些资产里的大部分都放在指数基金里，同时它们还有一个主动基金的业务初见成效。这类主动基金，并不是靠基金经理的直觉来选股，而是由数据、计算机和模型所驱动的，用行话来说就是

"量化投资"。这跟附近圣莫尼卡的 DFA 采用的"因子投资法"有异曲同工之妙，只不过这个要更加复杂。

指数投资也开始开拓新的疆土。20 世纪 80 年代起，被动策略的应用范围越来越广，开始尝试复制更加复杂的市场，比如债券市场或发展中国家的股市等。到了 20 世纪 90 年代，指数投资真正受到了越来越多的关注。夏普的学生格罗斯曼，1985 年进入投资顾问部工作，并于 1992 年开始负责量化投资小组，他说："那绝对是一个高速成长的时期，当那个 10 年结束时，把指数作为核心策略，已经是人们普遍接受的做法了。"

格劳尔的雄心壮志远不止于此。和日兴证券的合作可能历经了磨难，但他仍然想要进行全球化发展，并完全脱离富国银行的掌控。此时的富国银行，仍然是一家中等规模、相当孤立的加州银行。"鉴于指数策略的经济性，我们就像一枚热追踪导弹，只不过我们所搜寻的，是资金规模。"格劳尔说。

当时，有三家追求者。第一家是美林公司，格劳尔曾在那里工作过，所以还比较心动。第二家是道富银行，但考虑到互为竞争对手的关系，于是放弃了。第三家是英国的巴克莱银行。最终，财力雄厚的巴克莱银行占了上风。经过长时间的协商，终于在 1995 年，巴克莱银行以 4.4 亿美元的价格收购了富国银行日兴投资顾问。这笔交易最终取得了巨大的成功，帮助富国银行日兴投资顾问打入庞大的英国市场。不过，开局并不那么顺利，还是经历了一段混乱时期。格劳尔回忆道："很多人都被狠狠地踩了一脚。"

富国银行日兴投资顾问被并入巴克莱银行负责资产管理事务的证券部门 BZW，当时共同管理着 2 560 亿美元的资产。[6] 合并后的新公司，最终改名为巴克莱全球投资公司（BGI），但实际上真正的掌柜并不是巴克莱银行。格劳尔很快就成为新公司的领导人，总部仍然留在旧金山，并且投资顾问部的学术文化最终逐渐渗透到整个组织。一位 BGI 前高管肯·克罗纳（Ken Kroner）回忆道："BZW 是那种很传统的投资管理风格，依靠直觉，买上一大堆，然后去吃午饭（have a hunch, buy a bunch, go to lunch）。但我们都是量化分析师。"BZW 的人无法适应这种数据驱动的文化，很快就离开了。

▲

然而，格劳尔自己不久后也要离开了。为了促成这笔交易，之前他不得不大幅降薪。但如今他的 3 年合同即将到期，并且他现在掌管着一个庞大、成功的国际投资帝国，所以他希望在新合同里能大幅加薪。1998 年夏天，他参加了在格林德伯恩举办的巴克莱高管周末度假活动。[7] 格林德伯恩位于英格兰南部，是一座有着 600 年历史的优雅乡村别墅，每年夏天都会在这里举办著名的户外音乐节。之后，他拜访了巴克莱银行首席执行官马丁·泰勒（Martin Taylor），在泰勒的办公室里边喝茶边讨论新合同。当他了解到，他的要求确实无法被满足时，他立即提出了辞职。

令格劳尔愤怒的是，他的门徒邓恩竟然不跟他一起走。不久前，他刚刚提拔了邓恩，任命她为 BGI 的联合首席执行官和联合董事长，与他并肩作战。如今，邓恩却打算独自接过缰绳，掌管公司。格劳尔认为，这是一种严重的背叛。他相信邓恩肯定私下向泰勒保证过她将继续留任，从而给了巴克莱在薪酬谈判中不予让步的底气。尽管当时格劳尔没有做过任何公开表态，唯恐会影响到 BGI 的稳定，但他和邓恩之间是彻底闹掰了。"我觉得她非常清楚自己想要做什么。"格劳尔说。关于他们之间的裂痕和隔阂，邓恩后来告诉她的传记作者说:"信不信由你,在我生命中,很少有能让我感到心碎的事情,但这是其中一个。"[8]

格劳尔的突然离职,使旧金山的大部队乃至整个投资行业都非常震惊。一家业内杂志这样描述道:"国王已死,女王万岁。"[9]格劳尔让一个具备创新性但陷入困境的投资部门起死回生,并转型成全世界最大的资产管理人之一,之后却突然离开。"我们都惊呆了。还好我们有两位监护人,她还在。她是一位了不起的女士。"戈达德回忆道。也许格劳尔不会认可,但正因为有了邓恩,BGI 才能在她的领导下有勇气继续它最华丽、最意义重大的冒险旅程。

▲

邓恩一路从一位临时秘书升至首席执行官,背后是一个非凡的故事。尤其是当时,公司晋升之路对女性并不那么友好,投资行业又是一个以男性为主导的行业,这种情况非常少见。尽管后来,她在担任惠普董事长期间的一桩丑闻,玷污了她作为美国伟大企业领袖之一的名声,但每一位跟她在 BGI 共事过的人,几乎无一例外地高度肯定了她的工作能力。"她是一位极具天赋的现象级领导者。"克罗纳回忆道。

邓恩在拉斯维加斯长大,她的父亲是沙丘酒店和热带酒店的艺人预定人①,母亲是歌舞女郎。年仅 11 岁时,父亲去世了,于是母亲露丝·邓恩带着三个年幼的孩子,搬到了旧金山。[10]帕特里夏·邓恩成绩很好,获得了俄勒冈大学的奖学金,学习新闻专业。但遗憾的是,母亲陷入酗酒又无家可归的困境,邓恩不得不中断学业去帮

---

① 这个职业的意思是为自己工作的演出场所预定艺人的表演时间。——译者注

助母亲。她最终在伯克利大学完成了新闻专业的学习，同时，为了赚钱养家，她来到富国银行投资顾问部做兼职秘书。[11]起初，她的工作主要是为公司的标普500指数基金填写交易单，但很快她的天赋和求知欲为她赢得了更多的工作任务。她负责的事情越来越多，到1983年，当福斯、洛布和她当时的丈夫扬克全都急匆匆离职后，掌管250亿美元指数基金的任务，落在了她的肩上。[12]

事情并不像她最初担心的那样，这会是她在投资顾问部最后的时光，相反，格劳尔迅速提拔了她。她开始飞往世界各地，拜访BGI在各地办公室的员工及客户。不过她一直很害怕坐飞机，每当紧张的时候就会用力抓住旁边的同事。拉斯金说："直到现在我手臂上都还留有疤痕，那是一次坐飞机遇到气流颠簸时被她抓伤的。"

邓恩最擅长的，要属她神级般的人际交往能力。这一点使她深受员工和客户的喜爱。公司里流传的一件传奇轶事是说，她有一次在坐飞机的途中，成功说服美国航空公司改变了这架商业航班的航线，这样她可以赶到奥兰多去参加一个临时会议。后来她跟克罗纳透露说确实有这么回事儿，但没说当时这架飞机上只有她一个乘客。①

就连之前格劳尔没能办成的事情，也在她强大的说服力下，办到了。她成功说服了巴克莱给予BGI的高管一个更慷慨的股票期权计划。这最终让许多高管都变得富有起来。戈达德说："多亏了邓恩，许多人才能有第二套甚至第三套房子，以及好车。"

---

① 她既擅长向上管理，也擅长向下管理。BGI一位年轻的基金经理戴维·伯克特（David Burkart），回忆起2000年在台球厅举办的一次派对，派对主题是庆祝成功拿下了一笔大额投资委托，当时邓恩也出席了。一时兴起，伯克特把球杆递给了邓恩，于是邓恩将球一个个击入袋中，一举清空了桌面，然后潇洒地把球杆还给伯克特。BGI的其他高管则回忆说，她似乎总是能记住每位合伙人的名字，以及他们孩子的名字。

然而，20世纪90年代末，BGI面临着越来越大的商业压力。指数基金已经商品化，费用也面临着激烈的竞争。像标普500指数基金这样的普通产品，费用几乎为0。这对大众的退休账户来说是巨大的福音，但对BGI这样的公司来说却是个难题。虽然，它们可以通过一种名为"融券"的方式，即把自己持有的股票出借给其他基金管理人，供它们做空，来赚取一些额外的收入。但这些收入，也要跟客户一起分享。并且，随着利率下降，这些收入也逐渐在减少。

许多竞争对手，也在开发量化投资策略，跟投资顾问部首创的策略很相似。并且当时，金融业里人人都在争抢擅长数学的"定量分析师"（quants，也叫"金融工程师"），导致他们的薪酬水涨船高。而放在以前，投资顾问部是这些定量分析师唯一的家园。

这越来越明显地影响到公司的盈亏平衡线。1998年，也就是格劳尔离职的那一年，它管理的资产总规模上涨了20%，达到6 000多亿美元，但其营业利润仅小幅增长2%，达到8 600万美元。[13]邓恩迫切地需要找到一个新的增长引擎。有远见的她，已经意识到，答案可能就藏在内部一个小型业务中，这个业务是多年前为摩根士丹利设立的。

▲

20世纪90年代初，摩根士丹利的一位高管罗伯特·塔尔（Robert Tull），认真研究了LOR的"超级份额"、加拿大的"多伦多35指数参与型基金"（TIPS），以及美国证券交易所和道富银行的"标准普尔存托凭证"（SPDR）的招股说明书，于是对"上市指数基金"这个概念非常感兴趣。他利用这些文件资料，设计了一种新产品，被投资银行称为"上市证券优化组合"（OPALS）。

从概念上看，这跟ETF很相似，但实际上它们是债务型证券，目的是追踪一些国际股票市场的表现，比如德国、法国、日本等。摩根士丹利通过与资本集团成立合资公司，控制了许多新兴市场的主要指数。资本集团是一家总部位于洛杉矶的大型投资集团，也是投资国际市场的先驱。这家合资公司被称为MS-CI，后来作为一个独立的业务被剥离出来。如今，MSCI已成为全球最大的指数提供商之一。

由于各种法律和监管方面的原因，OPALS只对摩根士丹利的国际客户开放。实际上，这就是如今人们所称的"交易所交易凭证"（Exchange-Traded Notes，简写为ETN）的前身。这是一种可以复制基准指数的合成证券，而不是一个真的持有证券的基金。

在摩根士丹利这家历来严格的投资银行里，塔尔是一位不拘一格的高管。他没上过大学，断断续续做过一段时间的卡车司机，然后以大宗商品交易员的身份进入金融业。他开玩笑说，挨枪子儿、挨刀子、罢工，这些经历都为他进入华尔街做好了准备。OPALS很快就成为摩根士丹利的摇钱树。于是他决定为美国投资者也做个类似的产品，但他需要一个投资集团来进行管理，就像美国证券交易所需要道富银行来一起发行SPDR那样。

于是，塔尔邀请了邓恩、格罗斯曼和拉斯金一起，到摩根士丹利豪华的餐厅里共进午餐，向他们介绍了想要发行一系列追踪海外市场的ETF的计划。虽然当时SPDR很难说是个非常成功的产品，但拉斯金对塔尔的这个想法很感兴趣。

拉斯金从大学辍学后，做了期权交易员，在BGI里是个少见的粗鲁汉子。大多数BGI人，都是像格罗斯曼这样干净利落、说话温和的前学者，会对任何事情进行一番分析而且一定要辩论到底。不过,即便是讨厌拉斯金的人,也承认他很聪明,他给公司带来了很多动力以及交易方面的专业知识。并且,他直率的个性,在这个动不动就陷入无休止的苏格拉底式辩论的地方,还是很有用的。

拉斯金把打造这一系列 ETF 的具体工作交给了艾米·施奥德格(Amy Schioldager),一位负责 BGI 国际指数基金的基金经理。"把它实现。"他简明扼要地指点她,但并没有说该如何去实现。施奥德格可以阅读 SPDR 的所有公开监管文件,但要想实现还需要研究大量的细节。她也没法直接打电话给道富银行寻求帮助,因为当时道富银行是 BGI 最大的竞争对手。于是,她和组员开始对整个运作过程做逆向工程。

由于施奥德格平时还有日常工作,所以她每天紧张地工作 15 个小时,花了几个月的时间才完成。带来的回报似乎很有限。她自己觉得 ETF 看起来是一种有趣的产品,但当时她的老板只是把这看成帮了摩根士丹利一个忙。

这个新产品被命名为"世界股票基准份额"(WEBS),以此向 SPDR 的蜘蛛形象致敬。① 在它的招股说明书里,第一次使用了"交易所交易基金"(ETF)这个词,如今这个词已经无处不在了。但与 SPDR 的信托结构不同,WEBS 的正式结构由一系列可交易的共同基金组成,这些共同基金追踪着 17 个 MSCI 指数,由 BGI 进行管理。内特·莫斯特从美国证券交易所退休后,被请来担任 WEBS 的负责人。

WEBS 在 1996 年上线运作。鉴于 SPDR 当初的遭遇,人们对这个新产品没有抱太大的期望。果不其然,一开始确实没什么人关

---

① 因为 WEBS 的意思是网。——译者注

注。即便是在发行了3年之后，GBI管理的这些ETF的规模都不到20亿美元。[14]

在千禧年到来之际，市面上的ETF仅有36只。尽管纽约银行在"互联网泡沫"高峰时期推出了一只追踪纳斯达克指数的ETF，名为QQQ，迅速取得了成功，但所有ETF的总规模在1999年年底时，也只有390亿美元。[15]据塔尔说，令人们愈发不看好的是，摩根士丹利很快就用一个纯粹象征性的金额，把它持有的ETF业务中的股份卖给了BGI，这样至少可以收回一些它们消耗的内部资源，转而用于正欣欣向荣的股票业务。

许多BGI高管也对此持怀疑态度。BGI确实就像一个金融工厂，旨在生产指数基金，但主要客户都是大型机构投资者，比如养老金计划、捐赠基金和外国央行等。而ETF主要是面向个人投资者的一种产品，比如供普通家庭打理自己的退休金等。所以BGI里很多人认为，做ETF偏离了公司的主业，甚至可能会危害到公司品牌。打个比喻，进军零售业，就好比古驰突然打算在沃尔玛里卖衣服。公司定期就会讨论是否要发行或收购面向普通投资者的共同基金，但总会由于这些原因而被否决。

但邓恩相信ETF有潜力。1998年格劳尔离职，她被晋升后，她指派BGI策略组精力充沛的负责人李·克兰弗斯（Lee Kranefuss），制定一条在美国发展ETF业务的路线，包括开发一系列新的ETF，并组建一支专门的市场营销和销售队伍等。这将消耗大量的资源，因此需要巴克莱给予支持。

当克兰弗斯和邓恩把计划呈现给巴克莱伦敦董事会时，大家都面无表情，无动于衷。董事会刚刚结束了一项关于关闭英国商业街分部的议题，而ETF的提案就像是拉丁语（或希腊语，金融业里很多术语都使用了希腊语)一样复杂难懂。但别忘了邓恩超强的说服力,再加上巴克莱的投资银行巴克莱资本里有一位强势的美国负责人,名叫鲍勃·戴蒙德(Bob Diamond),他也很看好这个业务的潜力,于是他们合力说服了董事会支持这一计划。

巴克莱承诺将每年投入 4 000 万美元,连续投入 3 年。这可不是一笔小数目,BGI 里许多持怀疑态度的人都认为这是个愚蠢的决定。当时,ETF 发展缓慢,而 BGI 的量化投资策略炙手可热,这引发了一场广泛而激烈的关于主动投资和被动投资的行业辩论,辩论氛围带着典型的 BGI 书生气息。

有一次,公司在圣莫尼卡码头附近的洛斯酒店为总经理举办集体活动,邓恩想借此机会说服更多怀疑论者。然而,她遭到了人们强烈的反对,因为这个项目的高额成本可能会影响到他们的薪酬。一些支持者对此表示很吃惊。"那时我才知道,原来他们是担心这会吞噬掉他们的奖金池。"克兰弗斯的助手詹姆斯·帕森斯(James Parsons)如是说。

邓恩顶着压力继续前行。2000 年 5 月,WEBS 更名为安硕(iShares)。新名字的出处随时间流逝已经被遗忘了,一些人说,这是借鉴了早几年苹果公司发布的 iMac 这个名字,也有一些人说这就是简单地代表"指数份额"这个词。伴随着更名的是,如暴风雪般的大量新 ETF 的发布,它们追踪着各种各样的指数,从标普 500 到小盘股、价值股、成长股等。到了 2002 年,还出现了追踪债券市场的 ETF,这在当时可谓是金融工程里令人惊叹的壮举。与此同时,他们还进行了一系列铺天盖地的大型、昂贵的广告宣传,从电视广告到网络广告,赞助了一切能赞助的事情,从太阳马戏团到自行车赛再到极限帆船比赛等,希望能有更多的个人投资者注意到安硕。

做事专注又富有创业精神的克兰弗斯，惹恼了 BGI 里的一些人。有的人把他看作一个"疯狂教授"，总是想出一些古怪的点子，再让别人去补充细节并实现，然后把功劳都揽到自己身上。其他人则是单纯抱怨为了做 ETF 业务花了太多钱，这直接影响到 BGI 的利润，导致他们的年终奖缩水。

事实证明，正是因为克兰弗斯对 ETF 的热情，才能把安硕打造成 BGI 内部一个独立的品牌，拥有自己与众不同、令人狂热的文化特征。这一点至关重要。因为在克兰弗斯看来，BGI 审慎严谨的学术氛围，不利于快速建立一项新业务并在零售市场取得成功。帕森斯回忆道："BGI 在各个业务领域都拥有最聪明的人才，但它就像一个大学校园。李建立了另一种文化，能快速传播，而且并不自大。"克兰弗斯甚至把安硕的办公室，搬到了另一栋大楼里，位于旧金山市场街 388 号，跟 BGI 位于弗里蒙特 45 号摩天大楼的总部，隔着一个街区，以便培养出自己独特的团队精神。

不打无准备之仗，方能立于不败之地。克兰弗斯还有一个机灵的点子，他让指数提供商签订了很多固定期限的排他性协议，最长的能有 10 年。这样可以防止其他也想开拓 ETF 业务的竞争对手，在产品里使用这些指数。举个例子，BGI 支付了一大笔指数授权使用费，换来了"罗素指数"里著名的小盘股指数的独家使用权，把它用在了"安硕罗素 2000 指数 ETF"中，并于 2000 年 5 月正式发行。

带有品牌的指数，总是更受投资者的喜爱。对 ETF 来说，投资者的流入和交易能产生一个良性循环，于是这些排他性协议基本上保证了 BGI 在运作和不断拓展重要 ETF 业务的过程中，免受外界打扰。仅安硕罗素 ETF 这一只基金，规模就达到了 700 亿美元，比它最大的三个竞争对手的规模之和还要大。这实际上就是今天硅谷所说的"闪电式扩张"（blitzscaling），即以尽可能快的速度，用充足的资金，快速而激进地建立起不可撼动的市场份额。

BGI 还做好了准备，以应对来自道富银行，尤其是先锋领航的激烈反击。毕竟，先锋领航在开创面向普通投资者的低成本指数基金上，是龙头老大的地位。许多 BGI 高管都认为，先锋领航也将在新兴的 ETF 领域占据半壁江山。然而出乎意料的是，并没有出现多少竞争。格罗斯曼回忆道："坦率地说，当发现约翰·博格仍然对 ETF 持反对态度时，我们松了一大口气。他在许多方面都很有远见，但这件事，从结果上看，确实阻碍了先锋领航的发展很多年。"

先锋领航姗姗来迟，它在 2001 年推出了首只 ETF，道富银行也稳步建立起了自己的 ETF 系列。但 BGI 通过积极打造一个全 ETF 平台，成为遥遥领先的第一名。投资者可以从它提供的菜单里，选择任何自己喜欢的金融板块。投资顾问几乎是立刻就转向了安硕。让 BGI 更高兴的则是，许多机构投资者和对冲基金也迅速认可了这些 ETF，因为通过它们可以更容易地管理投资组合或做一些短线操作。这个优势，让安硕成为跨界热门产品。到 2007 年，BGI 公布的税前利润为 14 亿美元，这在很大程度上都要归功于安硕的迅猛增长，在金融危机前夕，其规模已经达到 4 080 亿美元。[16]

▲

格劳尔让一家苦苦挣扎的企业起死回生，变成了一家全球投资巨头。克兰弗斯则是安硕发展背后的驱动力。但如果没有邓恩，BGI 的 ETF 业务就不会取得成功。当大部分高管都深表怀疑时，她顶住压力，给予了大力支持，还进一步说服巴克莱出资支持安硕耗资巨大的发行庆典。"如果没有她，安硕将不复存在，故事结束。她是一个坚定的信徒。"帕森斯说。

然而，邓恩并没能一直留在BGI看到自己的劳动成果，并且她在BGI最后的日子并不太平。2001年9月，她被诊断出患有乳腺癌，需要精心治疗。另外，她已经对巴克莱越来越失望，并悄悄地开始探索一个秘密项目，是一个由管理层牵头的BGI并购方案，名为"紫水晶"。[17]

2002年年初，邓恩与大型私募股权公司H&F联手，计划以14亿美元从巴克莱手中收购BGI，然后将其作为一家独立的资产管理公司来运营，公司的高管将持有部分公司股权。

但他们发现，在具体实施中有一些障碍是始终无法逾越的。最终，巴克莱决定不再出售其投资部门，就此打住。[18]在这个过程中，邓恩与伦敦之间的关系永久性地破裂了，巴克莱里有些人甚至认为她的阴谋等同于叛国罪。

更糟糕的是，2002年5月，邓恩被诊断出患有黑色素瘤，这是一种癌症，需要做大量的化疗。实在没办法，同年6月邓恩辞职了。为了能更密切地管控BGI，巴克莱任命戴蒙德为BGI的董事长，戴蒙德是其自由率性的投资银行巴克莱资本强势的美国负责人。至此，可以说"一个时代结束了"。这段时光，被一些BGI高管形容为"善意的忽视"，从此以后，大老板就要亲力亲为了。不过，在戴蒙德的管理下，公司终于开始有了大量盈利，实现了之前一直承诺的巨额利润。

邓恩终于康复了，2005年，出任惠普董事长。但她对这家科技巨头公司的管理，最终以丑闻而告终。她在任期间，公司聘请了私家侦探来监视某些董事会成员。事情曝光后，尽管邓恩本人并没有授权这件事，但她还是于 2006 年辞职了。随后，她又被诊断出患有晚期卵巢癌，最终于 2011 年去世，年仅 58 岁。

不过，她在指数基金发展史上的重要性是显而易见的。一方面，她是一名大型金融机构少有的杰出女性领导人，这一点很值得肯定，即便是在 20 年后，这种情况都是非常罕见的。另一方面，她看到了 ETF 巨大的潜力，这一点也至关重要，这使得 BGI 超越了前辈道富银行，重新树立了它"贝塔圣殿"的名声，建立起一个改变整个金融业的新行业。

这是一个令人震惊的成功故事，整个华尔街都对此羡慕不已，尤其是一家雄心勃勃、满怀壮志的纽约投资公司，名叫贝莱德。

第十三章

拉里·芬克的妙手

2009年4月16日，罗布·卡皮托（Rob Kapito）来到新建的洋基体育场，纽约的骄傲洋基队正在对战克里夫兰印第安人队。刚刚过去的美国次贷危机，使全球金融体系几乎陷入致命的崩溃，留下一片经济废墟，许多华尔街人士都渴望能短暂地转移注意力，享受一阵子的休闲时光。但这位秃顶的前债券交易员，并不是来观看棒球比赛的。

卡皮托正在执行一项秘密任务，这项任务后来不仅改变了他的东家贝莱德的命运，而且改变了金融业的格局。巴克莱首席执行官鲍勃·戴蒙德，正在洋基体育场的巴克莱公司包厢里观看比赛。而卡皮托急需与这位老朋友悄悄地聊一聊，于是他买了张黄牛票，匆匆来到布朗克斯。[①]

2008年雷曼兄弟倒闭时，巴克莱借机收购了这家投资银行的美国业务，然而这笔交易很快就变成拖累巴克莱的沉重负担。到

---

① 洋基体育场坐落在纽约市布朗克斯区麦康柏斯丹公园。——译者注

2009年年初，巴克莱焦头烂额地到处筹集资金，以避免接受英国政府的救助。这意味着，巴克莱愿意出售自家的传家宝，包括其备受推崇的资产管理部门BGI。它甚至愿意将BGI拆分开来逐个出售。一家总部位于伦敦的大型私募股权公司CVC，提出以42亿美元购买BGI正快速增长的安硕ETF部门。同年4月初，巴克莱接受了。

它们签订了协议，但至关重要的是，这份协议里包括了一个45天的竞购条款，允许巴克莱在此期间与任何其他感兴趣且出价高于CVC的买家进行沟通。这给了贝莱德一个机会，不过，想要抓住机会的话就得尽快。

随着ETF行业的快速发展，贝莱德首席执行官拉里·芬克也想从中分一杯羹。至少从2007年起，他就指派他的策略主管苏·瓦格纳（Sue Wagner）研究入局的方法。同时，他一直在寻找合适的收购机会，从而让它们在行业里站稳脚跟。瓦格纳认为最好的方式就是收购，但似乎就在一夜之间，所有大型玩家都出现在了拍卖现场，纷纷抢着竞拍。人脉很广的芬克，通过小道消息得知，CVC正在与巴克莱商谈，于是在消息正式公布之前他就开始谋划。[①] 芬克紧急联系了贝莱德总裁卡皮托，派他立即前往洋基体育场。

洋基队当晚输给了克里夫兰印第安人队，但它后来拿下了2009年世界大赛冠军，这是它时隔近10年再次夺得冠军。不过卡皮托的心思完全不在比赛上，直到今天他也记不清有谁参加了比赛。他

---

① 多年来，关于这次合作的由来，人们有着各种不同版本的描述，包括不同的时间线、不同的细节，以及不同的参与人等。这种一个故事有多个版本的情况也很常见。这里的描述，则试图将各种不同的版本综合起来，合并为一个。

冲到巴克莱的公司包厢前，敲了敲门，希望戴蒙德能出来聊几句。戴蒙德应允了，出来跟卡皮托边走边聊。"你是想下跳棋，还是想下象棋？"这位贝莱德的总裁问戴蒙德，然后说出了他的提议。

与其只把安硕卖给 CVC，巴克莱不如把整个 BGI 都卖给贝莱德，换取一大笔钱以及并购后的新公司的股权。这样，巴克莱就能获得所需的资金以避免政府救助，因为救助往往会伴随着繁重的政府条款。同时，巴克莱还能通过持有股权享受到这个投资管理部门的收益。戴蒙德回答说："这个想法听起来很不错。"事实上，在此之前，戴蒙德就已经说服董事会去探讨卖出整个业务的方案了，并且他觉得贝莱德是理想的买家。他们在巴克莱公司包厢外的走廊上来回漫步了 30 分钟，拟订下一步的计划，最终他们达成一致：戴蒙德和公司董事长约翰·瓦利（John Varley）将于第二天去拜访拉里·芬克。

这是一场巨大的赌注。如果成功了，那合并后的贝莱德—BGI，将是资产管理行业无人可比的巨无霸，管理当时超过 2.7 万亿美元的资产，重塑行业格局。还能让芬克从一位受人尊敬的华尔街公司负责人，一跃成为高管中少有的精英成员，这样的精英成员，人们都不用说出他们的全名就已经知道是谁了。

但这个提议，同时充满了危险。金融业仍在百年最大危机的阴影中挣扎，贝莱德要为收购 BGI 支付数十亿美元，这是一项艰巨的任务。此外，市场和全球经济自 2008 年遭受劫难以来还在恢复之中，此时把一家传统且激进的投资集团，与注重指数策略且闲散随意、无拘无束的 BGI 学者集合到一起，可能将产生巨大的文化和实践冲突，最终变成一场噩梦。身为前债券交易员的拉里·芬克，曾经在第一份工作中由于损失了整整 1 亿美元而离职，如今又在进行着一次大胆的冒险。

▲

"金融之王"的称号似乎早就跟芬克无缘了。芬克出生于1952年11月2日,在洛杉矶圣费尔南多谷一个不起眼的小地方范奈斯长大,电影《终结者》第一部的大部分场景就是在这里拍摄的。他的童年时代过得很平凡。父亲在当地开了一家鞋店,母亲是加州州立大学北岭分校的一位英语教授。这对移居到中西部生活的父母,鼓励他们的孩子要具备独立性,拥有结构化思维,于是当芬克满15岁之后,就允许他独自出去旅游了。芬克的学习成绩不如哥哥好,所以从10岁起就得帮着父亲在鞋店干活,哥哥则因为天资聪颖而不必做这种苦差事。

高中时,芬克遇到了自己未来的妻子洛莉,她身材娇小,深色头发。他俩一起去了加州大学洛杉矶分校读大学,芬克主修政治理论。冷战激起了人们研究资本主义和共产主义的兴趣,但这很难成为一个人一生的追求。这只是个有吸引力的学科,但是该如何规划职业路线,芬克暂时还毫无头绪。

从大一到大三,芬克只接触了一些基础的经济学知识。到了大四,他一时兴起,选修了一些房地产方面的研究生课程,这才开始学习到商业方面的知识。他跟讲课的教授熟识起来,教授邀请芬克做了他的研究助理。就这样,这位未来可能的房地产开发商直接进入加州大学洛杉矶分校商学院继续学习。然而,打算进入房地产行业工作的热情逐渐消退,因为芬克的岳父就是做房地产的,他还是想做些不一样的事情,也许是一些更加国际化的事情。不过,他自己也不清楚什么样的事情才是国际化的事情。就像很多其他头脑聪明的年轻人一样，虽然暂时还不确定自己到底想要做什么，但赚大钱这一点是毋庸置疑的。于是，芬克披着一头长发，戴着洛莉送给他的绿松石手镯，昂首阔步地走向华尔街。[1]

他收到了几家顶级投资银行的邀请，但在高盛的最后一轮面试中搞砸了，这让他很气恼。"我当时沮丧极了。但后来才发现，冥冥之中自有安排。"芬克回忆道。于是，1976年，他去了另一家知名公司第一波士顿，开始工作。鉴于他的房地产背景，他被安排在债券交易部门，主要做不动产抵押债券的交易。事实证明，他是一位不可多得的人才，1978年就已经升为部门负责人，建立起一个以他为核心，紧密团结、勤奋工作、极其忠诚的团队。

团队里很多人都是犹太人。20世纪70年代和80年代，在像第一波士顿这样的传统华尔街公司里，人们常常会跟意大利人和犹太人保持距离，于是就有人形容芬克的团队为"小以色列"。他的领导，让他雇用了一名来自蒙蒂塞洛的名叫罗布·卡皮托的沃顿商学院毕业生，这样当其他人都放假去过犹太节日时，还能有个"意大利佬"留下来工作。然而，当犹太新年到来的时候，人们才发现，原来卡皮托跟其他人一样，也是犹太人。尽管存在着一些时代固有的排外情绪，但芬克还是很喜欢第一波士顿的，尤其是它的奋斗精神和精英主义。现实就是，只要你能赚到钱，就没有人在乎你是谁。而芬克，不仅赚到了钱，也收获了回报。

才华横溢、积极进取、富有创造力的芬克，与他在所罗门兄弟的劲敌刘易斯·拉涅利（Lewis Ranieri）一起，在建立和发展庞大的美国不动产抵押债券市场的过程中，发挥了重要的作用。抵押债券，会将许多个人抵押贷款捆绑在一起，再分割成不同的小块，投资者可以根据自己的风险偏好来选择购买这些小块。虽然这种方式最终引发了2008年的金融危机，但如果管理得当，保守运作的话，其实它们可以降低抵押贷款的借贷成本，并为养老基金和保险公司提供有价值的投资机会。

尽管芬克比许多一般的债券交易员要更加理智，但随着越来越成功，他也越来越自负膨胀起来，有些同事对他的傲慢无礼很生气。有一次芬克承认说："我那时是个浑蛋。"[2]但这不要紧，比起谦虚，华尔街更爱成功。芬克成为第一波士顿史上最年轻的总经理。31岁时，他为公司赚了大约10亿美元，成为公司管理委员会中最年轻的成员。此时的芬克，前途不可限量，一切皆有可能。

然而一场灾难，来临了。"我的团队和我自己，就像是摇滚明星，管理层爱死我们了。我正平步青云，向着公司首席执行官的位置前进。然后……好吧，我搞砸了。这太糟糕了。"芬克在一次演讲中这样回忆道。[3]

1986年，为了争抢抵押证券市场领头羊的位置，芬克与所罗门展开了激烈的竞争，他的团队囤积了大量的证券在手上。[4]万万没想到，利率突然出乎预料地下降，导致他们事先设置好的对冲保护策略失效了。结果是灾难性的，团队损失预计达到1亿美元。尽管在过去10年间，芬克为公司赚了不少钱，但他仍然从一位CEO候选人，变成了一颗弃卒。他继续在第一波士顿工作了两年，终于在1988年年初，辞职了。

曾经的热情洋溢、自信，在芬克身上逐渐消退。他回忆道："在公司里，我被当成麻风病人一样对待。当我走在公司里，人们都会用异样的眼神来看我。我觉得他们都在生我的气……这是背叛的感觉。感觉再也不是一个团队了。"不过事后再看，会发现这次屈辱的教训其实是无价之宝，而且芬克也没有打算就此放弃。

几年前，芬克与拉尔夫·施洛斯泰因（Ralph Schlosstein）成了电话里的好友，施洛斯泰因是希尔森·雷曼·赫顿公司一位专注于抵押贷款方面的投资银行家。他们俩都是早起的人，经常在早上六点半互通电话，趁着清晨的宁静聊聊金融市场的消息。施洛斯泰因说："愿意在这个时间聊天的人，真的不多。"1987年3月的一天，他们碰巧都在华盛顿，而且当晚将乘坐同一架航班回纽约，于是他们约好了一起共进晚餐。事后证明，这是一次非常重要的见面。

他们都是民主党人，施洛斯泰因在进入华尔街之前，曾担任过卡特政府的财政部官员，不过这次会面，主要谈论的还是工作。他们都对自己现有的工作表示不满，希望能做点什么新的事情。[5]这次见面，在他们俩的心中都埋下了种子，并逐渐生根发芽，尤其是在经历了"黑色星级一"的崩盘后，他们更是深刻体会到市场是多么的变幻无常。于是他们开始筹备建立一家新公司，打算对每一种证券进行建模，然后把它们集合起来做一个投资组合，以便更好地分析出所有潜在的风险。施洛斯泰因后来回忆说："有一点是很清楚的，许多大量买入这种新产品的投资者，其实并不了解这产品到底是什么。这个产品，是贝莱德真正的起源。"

1988年2月一个寒冷的中午，芬克和施洛斯泰因准备一起去吃午饭，他们沿着公园大道边走边聊，讨论新公司的一些细节问题。还没走到餐厅，他们就已经达成一致了。芬克问施洛斯泰因："你看，咱们还没谈过分成的问题，你是怎么想的？"这位雷曼银行家说，他的建议是四六分，芬克拿六他拿四。芬克不太同意，说："我想的是2/3和1/3。"然后施洛斯泰因又说，那要不就5/8和3/8，芬克同意了。整个过程只花了几分钟，这是第一次也是唯一一次两位创始人谈论起这个话题。

从第一波士顿正式辞职4天后，芬克邀请了一些人到家里商议新公司的事儿。从第一波士顿来的有：卡皮托，芬克在抵押贷款交易部的得力助手；芭芭拉·诺维克（Barbara Novick），组合产品部负责人；本·戈卢布（Ben Golub），一位聪明的数学奇才，设计了公司许多风险管理工具；凯斯·安德森（Keith Anderson），第一波士顿顶级债券分析师之一。从雷曼来的是，两位顶级抵押债券专家苏珊·瓦格纳（Susan Wagner）和休·弗雷特（Hugh Frater），不过比专业背景更重要的是他们的个人能力。施洛斯泰因说："我们主要是挑选那些高质量的运动员。"大家一起，决定创办一家新的债券投资公司，以现代技术和更健全的风险管理为基础。

这6位联合创始人，坚持认为在公司成立的头3年里，他们6人的股权要平均分配。瓦格纳在芬克家这样说道："你把10个聪明人聚集起来，但如果他们各自朝着不同的方向划船，最终你将哪儿也去不了。如果你想让大家都朝着同一个方向划船，那说真的，你应该给每个人相同的股权和薪酬。"起初，芬克和施洛斯泰因都对此表示怀疑，疑惑他们用这种类似基布兹（Kibbutz）① 的方式该如何管理好公司业务呢。不过很快他们就妥协了，并从来没有为此而后悔过。施洛斯泰因说："他们是绝对正确的，这是我们做过的最棒的事之一。在最初的3年里，他们所有人的关注点都在于如何把蛋糕做大，而不是自己分得了多少蛋糕。"

万事俱备，只欠东风。他们仍然需要启动资金，于是芬克拿出了他的名片盒。他联系了苏世民（Steve Schwarzman）和皮特·彼得森（Pete Peterson），这两位是前雷曼银行家，创立了一家名为

---

① 基布兹也被称为集体农场，是以色列一种特有的生活方式。——译者注

"黑石"的公司,这是私募股权行业里冉冉升起的一颗新星。1987年,芬克曾帮助黑石募集了第一只规模为5.6亿美元的并购基金。当时苏世民特意联系了布鲁斯·沃瑟斯坦(Bruce Wasserstein)询问情况,得知芬克是"到目前为止第一波士顿最有才能的人"。[6]沃瑟斯坦是第一波士顿耀眼的并购部门负责人,也是一位华尔街传奇人物。

再三确认后,黑石同意将芬克的新公司,安排在自己的办公楼里,并提供500万美元的贷款,代价是拥有50%的股份。① 芬克本人,则拥有黑石2.5%的股份。[7]鉴于黑石的品牌影响力,芬克和施洛斯泰因决定搭个顺风车,把他们的新公司命名为"黑石金融管理公司"(BFM)。

开张运作后,他们第一个雇用的人是查理·哈拉克(Charlie Hallac)。哈拉克是戈卢布以前在第一波士顿的同事,他们俩开始组建一套技术服务支持系统。这个系统是一套为债券交易员和投资者打造的先进解决方案,可以避免出现芬克曾在第一波士顿遭遇过的灾难情况,名字叫作"阿拉丁"(Asset, Liability, Debt and Derivative Investment Network,简写为 Aladdin)。系统第一代版本在一台价值2万美元的 Sun 工作站上运作,工作站夹在他们办公室的冰箱和咖啡机中间。[8]之后,越来越多的第一波士顿员工跳槽过来,导致第一波士顿对外透露说,芬克其实是被开除的。这是华尔街公司对待前员工常用的一种"焦土策略"②。与此同时,公司也在想办法,

---

① 根据贝莱德的内部记录,黑石持有贝莱德40%的股份。
② 焦土策略是一种军事战略,指销毁一切对敌人有用的东西,不给敌人留下。——译者注

为这个系统及一只新的债券基金争取客户。

幸运的是,黑石金融管理公司开局强劲。第一个来咨询的客户是美国储蓄和贷款协会,尽管此后十几年,阿拉丁系统都不算是一个正式的部门,但还是吸引到了第一个客户。到1988年年底,公司已经管理了好几只专做抵押债券的封闭式基金,总规模达到80亿美元。尽管他们几乎没有任何实际的资产管理经验,但强大的人脉起了作用。黑石的彼得森,曾担任理查德·尼克松政府的商务部长,于是让美联储前副主席安德鲁·里默来担任黑石金融管理公司新基金的董事会成员,施洛斯泰因则利用自己与卡特政府的关系,将前副总统沃尔特·蒙代尔拉入伙。他们的影响力可抵千金。

施洛斯泰因说:"我们事业起步阶段所募集的资金,我把它称为'信任我'资金。意思是,即便你以前从没做过这样的事情,但人们相信你将做得很好。"他一直都记得,当初克莱斯勒(Chrysler)汽车公司的养老金放弃了正常情况下的要求,即投资公司必须拥有5年历史业绩记录的要求,直接向黑石金融管理公司投资了3 500万美元,[9] 克莱斯勒的财务主管打电话跟他说:"千万别搞砸了,刀就在我脖子上架着呢。"

安德森之所以能成为公司第一位首席投资官,纯粹是因为全公司只有他在资产管理行业有过一段很短暂的实战经验。其他的岗位,虽然长期也是模模糊糊的,但也逐渐正式起来。卡皮托来帮安德森的忙,后来成为投资组合管理的负责人。瓦格纳、诺维克和弗雷特则花了大量时间来争取客户、制定战略,戈卢布和哈拉克则致力于研发阿拉丁系统。

尽管偶有争吵,但他们仍是一个超级紧密团结的队伍,这一点,无论是在专业技术水平上,还是在个人关系上,都是如此。芬克、卡皮托和施洛斯泰因三个人会一起去参加品酒比赛，一同参赛的还有十几组来自金融、工业和医药领域的高层人士。每人都得带来一瓶红酒，盲品后，得分最低的那一组要为聚餐买单，除非有人给自己带来的酒打了最低分，那就该这组人买单。

业务正在茁壮成长。黑石最初提供的 500 万美元贷款，只用了 15 万美元并且很快就还清了。[10]头 6 年，黑石金融管理公司的管理规模达到大约 230 亿美元，公司除了 8 位创始人，员工数量达到了 150 人。[11]芬克愉快地回忆道："最初那几年，真的是神奇的几年。"

然而等在前方的，却是一场与黑石的决裂。最后导致公司剧烈重组，改名换姓。

▲

黑石的苏世民，已成为金融业最有权势和最富有的玩家之一，目前资产估计超过 260 亿美元。但他能积攒起如此多的财富，并不是靠着对金钱与世无争的态度得来的。也正因为如此，才导致黑石与其蓬勃发展的债券投资部门在激烈的争吵中，分道扬镳。

施洛斯泰因和芬克想要把业务做大，用少量的股权吸引来了许多新的合伙人，但这也逐渐稀释了黑石的股权。1992 年，黑石持有的股权已经下降到约 32%，苏世民表示坚决不能再降了。一些同事猜测，苏世民的生气，可能与他当时正在经历一场代价高昂的离婚官司有关。[12]苏世民否认了这个猜测，说他就是简单地认为，芬克和施洛斯泰因已经跟其他人计划好了，将进一步稀释他的股权。[13]不过后来，他还是承认了，导致决裂的是"一个英雄主义的错误"。[14]

起初，芬克和施洛斯泰因考虑通过上市来脱离黑石的掌控，但到了 1994 年他们则决定走收购的方式。施洛斯泰因说："苏世民的所作所为让我们深恶痛绝。"他们还认为，公司应该有属于自己的名字和独立的特征。

公司的基金代码，都是由字母 B 开头，而他们与黑石有协议，规定公司新名字里不能包括"黑"（black）或"石"（stone），那留给他们选择的余地就比较有限了。芬克回忆说："我们本打算改名叫基岩（Bedrock），但太多人看到名字后就联想到电视剧《摩登原始人》（*Flintstones*）了。"①15 除此之外，他们还很喜欢"贝莱德"（BlackRock）这个名字，芬克特意用了大写的字母 R。然后他们尝试说服苏世民和彼得森，举例说大萧条时期，摩根士丹利从摩根大通中分拆了出来，这个举措使两家公司都得到了更好的发展。贝莱德（BlackRock）正是对黑石（Blackstone）的致敬。彼得森和苏世民都[16]对此表示很认可，于是应允并祝福了这个新名字。

1994 年 6 月，他们终于如愿以偿，贝莱德金融管理公司以 2.4 亿美元的价格被卖给了匹兹堡的 PNC 银行。到 1998 年，PNC 将旗下所有资产管理业务都注入贝莱德，为其带来了第一只共同基金。芬克和施洛斯泰因随后说服 PNC，将 20% 的股权卖给管理层，然后将其余的部分进行上市，这对 PNC 和贝莱德双方来说都是最好的方式。"如果没有这样做，贝莱德绝不可能成为今天的样子。也许仍然只是一家地区性银行的附属子公司，我们也可能都会离开。"施洛斯泰因说。

1999 年 10 月 1 日，酝酿已久的首次公开发行（IPO）终于到来，此时贝莱德管理的总资产规模已跃升至 1 650 亿美元。但 IPO 的结果，却不尽人意，上市股价只有 14 美元，正好是之前美林银

---

① Bedrock 是《摩登原始人》里的一个角色的名字。——译者注

行家招揽投资者时宣传的 14～17 美元这个区间的最低价，也比美林最初所预估的 16～20 美元期望价要低不少。

14 美元的股价，意味着贝莱德总市值略低于 9 亿美元，芬克对此非常失望。但当时正值"互联网泡沫"时期，投资者只关注那些热门科技股，肯定不会对一家为养老金管理债券投资组合且低调的公司，有什么热情。芬克试图取消上市，但美林首席执行官大卫·科曼斯基（David Komansky）打来电话，直言不讳，冲芬克大声喊叫道："你在干什么？赶紧给我上市。如果你在接下来的四五年里工作出色，这只会成为一段遥远的记忆。现在，立刻就去上市，别像个浑蛋一样。"

更甚的是，不仅上市股价低，贝莱德连新股上市第一天通常会大涨的红利都没吃到，而同一天上市的另外两家公司都享受到了。最受伤的是，那天芬克甚至都没能有机会敲响纽约证券交易所的上市钟。相反，纽约证券交易所给了芬克一个安慰奖：在周五的下午 4 点去敲收市钟。然而，这是一个根本没有人会去看的时间点。"这是对我们糟糕的表现，扇的最后一巴掌。"芬克说。

虽然开局不是很顺，但随着"互联网泡沫"的破灭，贝莱德业务的稳定性优势逐渐凸显，它的股价相比起其他投资行业的公司来说，还出现了溢价。这意味着，贝莱德可以依靠自己的股票作为资产，来买下竞争对手，通过并购的方式来实现增长，而不再仅仅是依靠敲开客户的门或是从零组建团队这些方式了。投资行业历史上，不乏许多失败的并购案，但贝莱德利用上市，成功地将自己从一家区域性债券投资公司，转变为一家全球最大的资产管理公司。

从 2002 年起，贝莱德开始四处打探潜在的收购对象，其中之一就是美林投资管理公司（MLIM），这是美林投资银行庞大的资产管理部门。但与美林新任首席执行官斯坦·奥尼尔（Stan O'Neal）的谈判无疾而终。另一个候选人则是BGI，当时邓恩想让一家私募股权公司收购BGI的计划泡汤了，并且她本人再次被查出患有癌症。2004年，巴克莱悄悄提出以约20亿美元的价格，将BGI出售给贝莱德。但是，也许该庆幸，这事儿没成。

当时，贝莱德创始人认为，BGI为其新的安硕部门所花费的数百万美元宣传费用，是一项比较容易被削减的成本。施洛斯泰因回忆说："我们都期待不已，我们本以为这会是一次完美的收购。"然而，价格没谈拢，贝莱德不愿意支付。最终，巴克莱也不想卖了。

如果贝莱德当时出手了，它可能会意识到新生的安硕部门所蕴藏的巨大潜力。但是，它随即将目光转向了别处，留下安硕继续极速增长。

第一笔交易在2004年夏天到来。贝莱德买下了道富研究公司，这是大都会保险公司旗下的资产管理公司，跟位于波士顿的道富银行不是同一家。道富研究公司的大部分资产都是股票和房地产基金，这让一直以来专注于债券的贝莱德，首次在这些市场站稳了脚跟。贝莱德为此支付了价值共3.75亿美元的股票和现金，合并后的新公司管理总规模达到约3 660亿美元。

善于交际、和蔼可亲的施洛斯泰因，被委以重任，主导此次收购。考虑到行业大量失败收购的前车之鉴，他决定采取果断且不失公平的行动。施洛斯泰因表示："我们做出了艰难的抉择。但据我所知，整个金融行业没有人会说，拉尔夫·施洛斯泰因误导了我，或拉尔夫·施洛斯泰因不尊重我。行得正坐得端，身正不怕影子歪。所以，当有坏消息要宣布时，我会尽可能清晰、郑重地表达出来。"

道富研究公司的收购也教会了贝莱德，若是想要争取一项业务，想要推行统一的公司文化和以阿拉丁为核心的统一技术架构，那么采取迅速而有力的行动，是至关重要的。很快，这些经验将被运用到另一桩更加复杂、金额更大的交易中。不过，贝莱德差点儿与这笔交易失之交臂。

2005年6月，摩根士丹利，这家华尔街最传统的大型投资银行之一，历经数月唇枪舌剑后，终于有了结果，首席执行官菲利普·珀塞尔（Philip Purcell）下台。于是董事会私底下找到芬克，问他愿不愿意来做首席执行官。芬克对这个受人敬仰的职位很动心，但他希望摩根士丹利能同时把贝莱德也买下来。董事会拒绝了，转身去找了麦晋桁（John Mack）。麦晋桁曾经是摩根士丹利的高管，虽咄咄逼人但也颇具魅力，多年前被珀塞尔挤对走了。

由于他的冷酷无情，麦晋桁有个昵称"刀锋麦克"（Mack the Knife）。① 他跟芬克是好朋友，接手摩根士丹利之后，马上给芬克打电话，说想要切实推进之前芬克所提的收购贝莱德的事儿，到时候芬克可以担任摩根士丹利的总裁，并成为麦晋桁的接班人。然而，等到他们开始讨论起各种细枝末节时，越来越多的矛盾出现了。最主要的矛盾可以归结为，麦晋桁想要对贝莱德有控制权，但芬克认为保持一定的独立性对贝莱德的顺利发展是必要条件。谈判持续了几个月，没有任何进展。

无意之中，芬克得知，如今奥尼尔愿意出售美林投资管理公司了，只是因为知道芬克正在与摩根士丹利进行深度谈判，所以才没告诉芬克。于是芬克通过秘密渠道联系了奥尼尔，精心安排了一次会面，与奥尼尔在曼哈顿上东区的"三兄弟"餐厅里共进早餐。还

---

① 这昵称跟麦克奎恩的一样。——译者注

不到15分钟，他们就规划好了这笔收购的主体框架，并在点菜单上为这份临时的协议签了字，以作纪念。剩下的细节，在接下来的短短两周内就商定好了。2006年的情人节这天，这笔交易正式公之于众。假如说之前收购的道富研究公司只是开胃前菜，那么美林投资管理公司因其规模和复杂性就相当于一顿有五道菜的正餐。

从协议上看，这是一笔完美的交易。美林投资管理公司凭借其共同基金，在普通散户投资者中拥有强大的影响力，同时在欧洲和亚洲拥有广泛的机构业务，这一点正是贝莱德所缺失的。贝莱德擅长债券投资，而美林投资管理公司除了少量的地方债基金，基本没有涉足固定收益投资领域。它们俩形成了很好的互补，共同联手后，将打造出一个管理规模近1万亿美元的行业巨头。与此同时，这笔交易使用了股票来进行支付，美林将拥有合并后的新公司49.8%的股份，PNC的股份则将降至34%。在公司管理上，由于美林的投资银行家似乎并不重视美林投资管理公司，贝莱德的高管相信他们自己能很好地管理这个新公司。

施洛斯泰因再次被委以重任，主导此次收购。他明白，一个收购如果变得冗长而烦琐，会带来不好的后果，于是为了避免出现这种情况，他行动非常迅速。到了2006年9月底，当协议最终敲定时，所有工作基本上都已经准备就绪，只留下一些事后让人头疼的难题需要去解决。据贝莱德高管表示，阿拉丁系统再一次成为交易成功背后的秘密武器。施洛斯泰因说："在大多数大型金融并购中，系统集成往往要花费4～5年的时间，甚至永远。而阿拉丁系统的可扩展性，提供了非常非常大的好处。"

美林投资管理公司的高管对此次收购的意见分为两派。有一些人松了一口气，在长期被美林忽视之后，终于可以身处一家更有活力且更加独立的资产管理公司了；而另一些人则对此很生气，认为贝莱德非常傲慢。嗓音沙哑的卡皮托惹恼了许多人，这在后来的BGI收购里也将再次重现。美林投资管理公司和BGI的几位高管，把卡皮托比作"挥舞者"迈克·瓦格纳。瓦格纳是娱乐时间电视网系列节目《亿万》里一个虚构的角色，他是对冲基金经理鲍比·阿克塞尔罗德身边一名好斗但极其忠诚的打手。① 相比之下，施洛斯泰因和苏珊·瓦格纳则常常充当软化剂。一位在收购中加入贝莱德的前高管说："苏珊是一位出色的组织者。芬克有很多点子，她会帮着去实现。对芬克来说，苏珊绝对是至关重要的。"

尽管施洛斯泰因负责整个收购细节的实施，但许多高管都强调，这笔交易的成功要归功于芬克，他是一个工作狂，无论是小到各种公司细节，还是大到公司整体战略制定，他都有着惊人的判断和把握。一位前高管表示："芬克对细节的了解程度令人吃惊。我不喜欢他这个人，但他确实是个极其了不起的商人，他为贝莱德而活。如果他离开贝莱德，就像是弗格森离开曼联一样……如果有人说，贝莱德的旅程就是他一个人的旅程，那也不为过。"

在这些喧闹的收购过程中，贝莱德的创始团队开始陆续分道扬镳。弗雷特是第一个离开的。2004年年初，他就去了PNC担任房地产业务负责人。下一个是施洛斯泰因，2007年年底宣布离职，又成立了一家投资公司。接着是安德森，离职创立了一家对冲基金。

大家都开始享受在后贝莱德时代地位显赫的职业生涯。弗雷特成了房利美的首席执行官，施洛斯泰因成了精品投资银行艾维克的

---

① 在剧里，瓦格纳是斧头资本公司的首席运营官，负责和鲍比一唱一和。鲍比给员工棒棒糖的时候，他就在旁边挥舞棍子。——译者注

负责人，安德森曾一度管理乔治·索罗斯的传奇对冲基金。哈拉克，这位在贝莱德成功之路立下了汗马功劳的严格"工头"，在与结肠癌长期抗战后，于2015年去世。他在贝莱德行事低调又至关重要，同事都十分尊敬和怀念他。一位前高管说："哈拉克就是牡蛎里的那粒沙，他对公司如此重要……任何草率的回答都是不被允许的。"公司里有个传说，哈拉克一直坚持工作到去世的那一刻，去世时手里还握着一颗黑莓。直到今天，一提起哈拉克的名字，许多高管都止不住地悲恸不已，尤其是芬克。

不过，最让芬克受打击的，可能还是施洛斯泰因的离开。他对朋友的决定感到非常气愤，但最终还是接受了。在离职晚宴上，施洛斯泰因为他们俩的友情而举杯，说："我想，不会有任何其他处在我这个位置上的人，曾说过我想说的话。我已经连续20年，在同一个人手下当二把手。而在这20年里，我一分一秒都没有想过'假如他不在该有多好，那我就可以成为一把手了'。"

▲

美林投资管理公司收购完成之后，没多久，金融风暴就开始蔓延，余下的创始人受到了前所未有的考验。全球金融危机令人震惊。早在2007年年初，当时次贷危机已经开始显露痕迹，而芬克低估了它的危险性。[17]并且，贝莱德对纽约彼得库珀村公寓项目的投资，结果也是一场灾难。[18]不过尽管如此，贝莱德还是比其他投资公司，更好地应对了这场混乱。

还有一件事，也能凸显芬克是一位资深华尔街大玩家。2008年年初，他是美林新任首席执行官的头号竞选人，但他坚持想让董事会批准，对公司的次贷风险进行彻底的分析，于是他就落选了。[19]其实如果做了风险分析,美林原本可能是可以挽救的,但它错失良机,最终被美国银行吞并。芬克后来回忆说:"我可不想掉进一个捕蛇陷阱。我说,哪怕只是考虑一下,我也需要让我的团队了解内情,看看资产负债表。然而自始至终,都没有人允许我这样做。整个过程很让人恼火。"[20]

尽管芬克本人遭遇了一些挫折,但贝莱德可以算得上是危机中的赢家之一。这在一定程度上要归功于其"解决方案"业务的增长,这项业务已经远不止向外部客户提供阿拉丁系统那么简单了,它已经扩展到了许多方面。① 1994年,通用电气来咨询,想要分析基德公司的资产负债表所显示的持有资产的价值。基德公司是通用电气旗下的经纪公司,虽然老牌但发展陷入困境。于是,贝莱德构建起一套分析复杂的结构性债券的专业知识体系。当金融危机爆发时,解决方案部门已经是一个完全成熟的、高效的投资顾问团队,在市场分析方面有着深厚的专业积累。

从华尔街竞争对手,到外国央行,再到美国政府本身,几乎所有人都在大声疾呼,要求贝莱德帮助分析这些几乎导致金融体系崩溃的有毒证券。贝莱德的一位高管罗布·戈德斯坦(Rob Goldstein)说:"当我们给基德公司做分析时,用的相当于一台X射线机。当我们能有机会分析最近发生的金融危机时,它已经是一台磁共振成像仪了。"[21]

贝莱德肩负着帮助美国财政部和美联储清理金融危机残骸的重要使命,第一次惹得人们对芬克的影响力既羡慕又嫉妒。不过,还是后来收购BGI及将BGI并入贝莱德所经历的痛苦但最终成功的过程,让芬克成为"小华尔街之王"。

---

① 据施洛斯泰因说,BGI是第一个签约的投资公司客户,为其债券业务寻求解决方案。

第十四章

世纪交易

2009年年初，芬克邀请马克·维德曼共进午餐。在曼哈顿中城一家时髦的餐厅，餐桌上摆满了寿司，他们聊起维德曼在贝莱德工作的不顺。这位身材高挑、一头卷发、爱交际的主管在公司顾问部门工作，并且作为一名财政部前高管，他曾密切参与贝莱德的危机清理行动。然而最近，他跟他的直属领导闹翻了，迫切地想换一条路。

维德曼抱怨道："我很喜欢在这里工作。我只是希望每周一都能带着愉悦的心情来上班。我愿意做任何事，哪怕是清洁工。"戴着眼镜的芬克似乎很理解他的想法。在他们吃着生鱼片和天妇罗时，芬克透露，他可能要做一些新的事情。他说："我交给你个任务，我们正准备买下一家名叫BGI的公司，你来主持整个收购工作怎么样？"

维德曼听说过BGI但知之甚少，他从没真正在资产管理行业工作过。但他依然回答道："听起来太棒了！"他实在是太需要一份新的事情做了，无论做什么都行。对芬克来说，理由就很简单了，曾经聪明能干且成功主导了道富研究公司和美林投资管理公司收购的施洛斯泰因，已经离开了贝莱德。毕业于耶鲁大学和哈佛大学的维德曼，可能不是非常精通于金融学术定理，但他具备应对 BGI 学者的智慧，也拥有做这份棘手工作所需的社交能力。公司内部认为，这位充满干劲和激情的年轻人，将来或可担当大任。主导此次收购，正是给了他一次证明自己能力的机会。

但这次收购，是秘密进行的，且充满艰难险阻。事实上，这宗世纪交易差点儿就在最后一刻功亏一篑。

芬克与巴克莱银行最初的谈判进展顺利。贝莱德派了一个代表团前往旧金山，拜访 BGI 的高管，进行又一轮的秘密会谈。没想到的是，这个秘密没能维持多久。一些眼尖的 BGI 员工，发现有一辆黑色轿车停在公司总部门口，车窗上的一张纸条上写着拉里·芬克的名字。[1]而此时，CVC 的高管也正在这栋楼里检查安硕的账簿。

不幸中的万幸，这件事并没有泄露给媒体，否则谈判可能会被搞砸。不过紧接着，又出现了另一位潜在的买家——纽约梅隆银行。先锋领航和富达，也在觊觎安硕。雪上加霜的是，就在贝莱德准备公布这笔交易时，它的资金情况突然看起来不那么乐观。

有一部分收购费用会以股票的形式来支付，但巴克莱同时需要一大笔现金以避免陷入政府救助，于是芬克向许多贝莱德的客户求助，东拼西凑出数十亿美元的资金包。原本，卡塔尔主权财富基金答应出资 30 亿美元，然而就在芬克已经获得董事会批准之后，卡塔尔人却在最后一刻反悔了。原因似乎是当地的一位权贵很想要亲自参与这笔交易。但芬克希望的是，由一群实力雄厚的机构投资者来支持这笔交易，他并不希望有个人投资者参与，无论这个人多么有钱或是有多么高的皇室地位。他觉得自己被卡塔尔人耍了，宁愿放弃协议，也不愿妥协。于是，6月10日，芬克突然发现自己只剩下24小时来筹集到30亿美元，以挽救这宗收购。这在当时是一项异常艰巨的任务，因为许多机构仍然陷在金融危机的泥潭里苦苦挣扎。

那个星期三，芬克一直待在贝莱德总部，在这个生死关头打着电话。一通电话打给了中国投资有限责任公司（中文简称"中投公司"），不到一小时，就得到了这个中国主权财富基金的承诺，将立即支持10亿美元。[2] 芬克继续在一大群其他潜在投资者里寻找，一直忙到凌晨四点半。然后清晨七点半，又回到办公室继续打电话，直到时间来到预定好的交易公布时刻。

皇天不负有心人，芬克的努力起了效果。2009年6月11日，纽约时间晚上8点20分，贝莱德宣布已达成最终收购，以当时135亿美元的价格从巴克莱手中买下了BGI，一部分以现金形式支付，另一部分则以巴克莱拥有20%的贝莱德股权来体现。CVC则拿到1.75亿美元的补偿，作为巴克莱违约不再出售安硕给它的赔偿金。

维德曼对这个戏剧性的插曲还一无所知，直到苏珊·瓦格纳，公司里身材娇小、留着刘海儿的首席运营官兼联合创始人，突然把他从一堂培训课程里叫出来，让他帮忙起草新闻发布稿。随后，瓦格纳主持了一次电话会议，向贝莱德的高管讲述了此次收购的逻辑和对未来的设想。不过，并不是每个人都对此欢欣鼓舞，有些人对于BGI皇冠上的明珠——安硕的增长预测，持怀疑态度。但无论如何，木已成舟。不管将遇到什么困难，都必须要成功。此后有段时间，过得确实很艰难。

道阻且长，行则将至。维德曼说："这让我们成为一家真正的全球性公司，但我们也为此跨越了界限，破釜沉舟，背水一战。我们变身成了一家同时做阿尔法和指数的公司。"他还开玩笑道："这引发了一场深刻而激烈的神学式辩论，只有16世纪的宗教战争，才能与之相提并论。"

▲

在旧金山，人们最初的反应是，既松了一口气，又有些沮丧。CVC收购安硕的交易已经流产，这让许多人放下心来。毕竟，私募股权的所有权并不是很吸引人，而且把ETF部门单独剥离出去，往好了想将是管理上的一场噩梦，往坏了想后果可能对安硕是致命的。安硕部门是一个品牌、一支销售主力军。虽然它的文化跟BGI有很大的不同，但它从来都不是一个完全独立的业务。真正的产品组装工程，是在母舰上完成的。

之前，BGI高管也在秘密地寻找能买下整个公司的人，比如纽约银行、先锋领航、富达和高盛等。BGI当时的首席执行官布莱克·格罗斯曼也在悄悄摸索，看能不能找来另一家私募股权公司买下整个公司。那样的话，BGI可以最终成为一家完全独立的资产管理公司。但全球经济还处于一片混乱，没有多少潜在买家还留有充足的弹药够买下整个公司。贝莱德买了也是不错的结果，至少BGI一直都是阿拉丁系统的客户，两家公司的关系一直很好，并且格罗斯曼私下也认识芬克，还非常尊重他。

格罗斯曼回忆道："当所有事情都尘埃落定后，大家都如释重负。我们有了一个新的老板，他非常受人尊敬，公司也非常稳定。毕竟那个时候，市场还受到许许多多其他事情的干扰。贝莱德则有一套成熟完善的收购和整合剧本。"

为了鼓舞大家的士气，芬克为一群BGI高管举办了一场晚宴，地点在旧金山帕洛玛酒店五楼米其林餐厅的一个包间。一同参加的还有卡皮托、戈卢布和其他几位贝莱德高管，他们一起围坐在桌前，讨论各自的人生哲学和价值观，看看如何才能更好地进行文化融合。这场晚宴结束后，许多 BGI 高管都放心了。

不过仍然有些人，能觉察出麻烦正在酝酿当中。大部分 BGI 普通员工都认为，贝莱德只不过是由一群像笨拙的大猩猩似的前债券交易员建立的，并且他们还以收购的方式来发展公司，而不是依靠创新和才华。而创新和才华这两点，正是 BGI 人一直引以为傲的。尽管他们对贝莱德取得的商业成就勉强表示认可，但贝莱德的华尔街文化跟 BGI 理性的学术氛围，仍然是格格不入的。

因此，许多人认为这两家公司压根儿就无法融合。当时 BGI 量化策略负责人肯·克罗纳（Ken Kroner）回忆说："当时有一些高管表示，自己永远都不会为贝莱德工作。这样的人不在少数。"

BGI 人傲慢的优越感，也惹得贝莱德人很恼火。他们抗议说，贝莱德为这个看起来不像是一家全球性资产管理机构，反而更像是个大学校园的公司，带来了严谨和商业气息。一位经历了整合的贝莱德前高管回忆道："BGI 人觉得，我们走捷径，我们不如他们聪明。他们认为，就凭他们是这里最聪明的人这一点，就应该事事以他们为主。但这可行不通。"

进一步说，当时的 BGI 其实已经失去了能如此傲慢的资格。它越来越激进地通过融券的方式，即把自己持有的股票出借给其他基金管理人，来赚取一些收入。当金融危机导致 BGI 持有的一些资产出现亏损后，巴克莱不得不介入，来帮它填补上这个窟窿，为客户提供支持。BGI 的量化主动管理部门也经历了一段噩梦般的时期，客户纷纷撤资，受打击不小。

▲

维德曼正处在一场文化和组织调整的大漩涡中。贝莱德的规模是之前的 2 倍,复杂程度却是之前的 4 倍。要确保这场资产管理史上最大的收购交易最终发展顺利,避免以失败告终只留下个狂妄自大的纪念碑,将是一项艰巨的任务。

给维德曼安排的搭档,是格罗斯曼的得力助手马尼什·梅塔(Manish Mehta)。梅塔跟 BGI 人力资源部负责人一起飞来纽约,与贝莱德的同事开会。梅塔是一位精通细节的人,拥有沃顿商学院 MBA 学位和咨询行业从业背景。他带着一份快速整理好的详尽计划案,走进贝莱德昏暗的会议室,开始仔细商议这项艰巨任务的每一个细节。维德曼很快打断了他,反而开始问问他一些关于个人和团队的问题,比如他们从哪儿来,他们都喜欢些什么等。

维德曼说:"对他们来说就像是一种文化冲击,但也由此激发了紧密的个人工作关系。从本质上来讲,整合的关注点应该在于人,在于人与人之间如何协调工作,而不在于项目计划本身。"当维德曼得知,梅塔曾就读的高中正是约翰·休斯导演的《早餐俱乐部》(The Breakfast Club)的拍摄地点时,他显得非常兴奋。

他们的亲密关系,在接下来的整合过程中起到了关键作用。尤其是当时,已经有许多 BGI 人跟一些贝莱德高管之间产生了冲突。又一次,卡皮托成了众矢之的。一位 BGI 前高管回忆起有一次,为了拉近双方高管团队的关系,公司组织了一场派对。派对上,卡皮托和 BGI 的几位葡萄酒爱好者,讨论起了自己收藏葡萄酒的热情。其中一人问这位贝莱德总裁,他的酒窖有多大,卡皮托脸涨得通红,愤怒地吼道:"什么,你想知道我的阴茎有多大?"BGI 的高管都震惊得沉默不语。

即使是在贝莱德这边，卡皮托的咄咄逼人也是臭名昭著的，而且常常令人很恼火。一位前高管表示："人们不介意直言不讳，但不喜欢无礼。"另一位高管则说："他很傲慢，而且脾气很暴躁。"尽管如此，芬克一直都坚决维护卡皮托。他指出，卡皮托可能是一个"复杂的人"，但一旦你了解了他，就会发现他和其他人一样温暖，而且愿意"为贝莱德两肋插刀"。

据卡皮托的朋友，甚至是跟卡皮托起过冲突的人说，芬克的支持和维护是有依据的。他们认为，人们总是对卡皮托怀有敌意，一部分原因是，做出不受欢迎的决定这个任务，总是落到这位贝莱德总裁身上，这样芬克就可以从中脱身了。但归根结底，他们两个人相当于是贝莱德的阴阳两面，一个唱红脸，一个唱白脸。

一位贝莱德前高管说："如果你以为在贝莱德，可以挑拨他们两个人的关系，那你就大错特错了。如果没有芬克，卡皮托可能根本不会成功。但人们没有意识到的是，如果没有卡皮托，芬克也有可能无法成功。他们俩就像嘴唇和牙齿一样，虽然完全不同，但密不可分。"

BGI 的教父格劳尔，也有过亲身经历。为了安抚 BGI 的管理层，芬克聘请了格劳尔担任特别顾问，帮助顺利完成转变。但格劳尔越来越担心卡皮托的影响力，以及他认为卡皮托正在犯错，于是把自己的想法告诉了芬克。当卡皮托得知此事后，格劳尔很快就被边缘化了。芬克表示自己不记得有这回事儿了，但这件事给一些 BGI 前高管留下了深刻印象。

一位知情人士表示:"芬克是领导者,但卡皮托是他的斯文加利①,他是一个很危险的人。你不能越过卡皮托,就是这样。贝莱德的试金石首先就是个人忠诚度,它的重要程度压倒了几乎所有其他价值。"其他员工也证实,忠诚,是公司非常看重的一点。一位员工说:"如果用一个词来形容贝莱德的企业文化,那就是忠诚。"

相比之下,无论是BGI人还是贝莱德人,都称赞维德曼的工作做得好。虽然他偶尔表现得有点古怪和忙乱,但人们一致认为,正是由于他的才华、健谈的性格以及同情心,才能在梅塔和哈拉克得力的帮助下,让这场交易走向胜利。克罗纳说:"维德曼真的太棒了,他真的做得很好。他和哈拉克切切实实地在旧金山待了一段时间,深入了解我们的文化,认识到有些事他们的做法与我们不同,但也不能强加在我们身上。多亏了他俩,否则我们还在为整合两家公司这件事而苦苦挣扎。"

▲

维德曼确实有一些做的后悔的地方,其中之一就是,打从一开始他们就没有弄清楚这是一次收购,而不是合并。虽然"收购"这个词看起来更有进攻性,但他认为,清晰的表述可能会让这个过程更加明朗化,少一些尴尬。这一点,维德曼估计,卡皮托是最先意识到的。

此外,贝莱德已经做好了应对文化冲击的准备,它已经经历过美林投资管理公司的收购,有了充足的经验,之前在美林投资管理

---

① 电影《斯文加利》讲述了险恶的音乐大师斯文加利通过催眠术和他的心灵感应能力控制女性行动的故事。——译者注

公司，即便是原本就已存在许久的公司内斗，也在贝莱德到来之后都消失了。维德曼说："我想，我可以把两种完全不同文化背景、素未谋面的人，放在同一个房间，他们可能会互相讨厌对方。但这种讨厌，其实跟文化背景不同没有关系，只是由于还没出现一个能让他们团结一致对抗的新敌人。"

有两个新问题的出现，确实让贝莱德措手不及。第一个是非常实际的问题。贝莱德和 BGI 两家公司的规模都不小，这意味着它们的客户重叠程度远超其预期。贝莱德不仅要重组新的销售团队，像打阵地战似的理清其中的关系网，还由于许多客户自身有一个上限要求，投资于同一个管理人的资金不得超过某个值，这导致贝莱德在未来几个月里，失去了许多单子。第二个问题则纯粹是距离问题，包括企业文化之间的距离，以及地理位置上纽约和旧金山之间的距离。通常情况下假如人们搬到伦敦或东京的一栋大楼里，可以保留自己原来的职位和工作汇报层级，但这一点对于旧金山和纽约来说并不适用，毕竟在同一个国家。并且，BGI 的西海岸总部又非常大，不可能整个儿搬到纽约去。

有时候，这种地域导致的问题，还会从一些细微之处显现出来。贝莱德有一个美国航空的企业账户，美国航空在纽约有枢纽站，但在旧金山没有枢纽站。BGI 则有一个美国联合航空的账户，联合航空可以直飞全世界很多地方，不需要转机。贝莱德接手后，希望 BGI 的旧金山员工转到它的美国航空账户来，这样可以每年节省 200 万美元。但遭到 BGI 强烈反对。最终，一位 BGI 前主管承诺，将从其他地方节省出 200 万美元，以允许他们保留联合航空账户。

一开始贝莱德砍掉了旧金山办事处的管理层，把大部分工作汇报都挪到了纽约。维德曼承认，这种做法虽然避免了尴尬的平行组织架构，但同时让旧金山在一段时间内"失去了它的魔力"。后来人们才醒悟，整合后大家的愿景和价值观必须保持同步，但具体在哪里做汇报、用什么方式做汇报，都可以是不同的。克罗纳认为，这个迟来的认知，才是代表着此次收购最终赢得胜利的标志。旧金山可以更悠闲、更理性，纽约可以更进取、更商业化，只要它们都朝着同一个方向努力就可以了。克罗纳说："贝莱德允许旧金山保持自己的文化，于是事情开始变得顺利起来。"

不过总体来说，维德曼预计全面整合要花费3年艰苦奋斗的时间，尤其是安硕部门，进展格外缓慢。一直到了2011年，工作勤恳的维德曼，被任命负责管理贝莱德的所有指数和ETF业务之后，安硕的整合才算最终完成。如今，这位积极活跃、饶舌的前律师，掌管着贝莱德的国际业务和公司战略，被认为是最有可能成为芬克接班人、管理全公司的候选人。

▲

2009年12月1日，位于弗里蒙特45号的BGI总部大楼上，大大的蓝色BGI招牌被摘了下来，取而代之的是另一块大大的银色贝莱德招牌。那天，甚至连门上的标志、办公室信笺和钢笔，都打上了贝莱德的烙印。这一天，代表这笔交易正式完成。

尽管在贝莱德的观念中，快速而强有力的整合是很重要的，必须立即推行"一个贝莱德"的理念，但一些BGI前高管却把这种行为看作在打他们的脸。另一方面，芬克也对一些BGI前高管抱怨，说他买贵了，原来这实际上是一个复杂又令人头疼的麻烦。贝莱德有一部分费用是用股票来支付的，从交易宣布之时起，到此刻正式完成，股价大涨，于是最终的收购交易价格达到了152亿美元。[3]

随之而来的是一轮裁员，以及持续不断的离职。据估计，在收购完成后的几年里，BGI 总经理的离职率达到了 50%~75%。一位 BGI 前高管说："这是权谋主义一次完美的演绎。王子（这里指芬克）要所有的贵族都对他完全忠诚，不愿意效忠的贵族都被杀死了。"

芬克无怨无悔。他把这次收购所取得的非凡成功，归因于一种信念，即一个组织必须有一个统一的企业特质，并且要有意愿去强制推行这个特质。这一点在许多其他资产管理公司中并不认可，因为这样做很容易导致混乱争斗的后果。芬克说："这执行起来非常难。你会失去许多人，他们会离职，因为他们想要属于自己的领地、属于自己的粮仓。但我们绝不允许这样做。"

平心而论，许多 BGI 高管都由于这次收购实现了财务自由。他们之所以能拥有一些股权，还要感谢格劳尔和邓恩过去多年来跟巴克莱的艰难谈判。所以，许多人把股权变现并离开，也是很自然的事情。除了有一大批人离开，事实证明，这笔交易是一次令人震惊的成功，它展现了芬克大无畏的冒险精神，能在当时全球经济受到重创的情况下，做出这次收购的决定。

一些贝莱德高管说，就连芬克自己一开始也低估了 BGI，尤其是安硕的价值。其中一位高管说："这就像一个俄罗斯套娃，你不断打开娃娃，发现下一个娃娃总是比上一个还要漂亮。"不过，贝莱德很快就意识到了它背后蕴藏的巨大发展潜力，并展现出比 BGI 还要更加成熟的商业化及扩张能力。

尽管有一些质疑声，但许多人认为这次的成功，卡皮托也有一份功劳，他在运营上的聪明劲儿已经渗透到整个公司。也许，比起资产管理行业的其他领域，指数投资更需要卓越的运营才能。一只标普 500 指数基金，跟其他的标普 500 指数基金没什么区别，但如果你能建立一套好的内部流程，从而比其他的基金成本更低、效率更高、服务更好，那你就赢了。

实际上，贝莱德在投资方面所做的，就像亨利·福特在汽车领域所做的那样，建立一条金融流水线，以高于几乎其他所有人的效率，为投资者生产投资产品。一位前高管说："贝莱德成功的主要原因，是内部建立了一套了不起的卓越运营机制，这让它达到了外人无法企及的庞大管理规模。芬克创建了贝莱德，卡皮托则主要负责构建管道和电线，他应该得到跟芬克一样多的赞誉。卡皮托带领着一众优秀的运营高管，疯狂地提高效率。"

不过，在战略眼光上，还要属芬克厉害。是他意识到了，对指数这个业务来说，虽然人也重要，但本质上它是一个工程式的产品。事实上，摒弃人的因素，正是它得以成功的核心原因。就像1998年格劳尔突然从BGI离职，客户其实并不太在意一样，如今贝莱德接管BGI，他们同样不怎么担心。维德曼说："你在乎到底是谁来管理丰田公司吗？你所关心的，只是车能不能开。指数投资是不受到人的影响的，这是个专营店。"

在收购过程中，贝莱德的文化也在发生着变化。艾米·施奥德格，曾帮助打造出BGI第一批ETF，交易完成后被推举继续留在贝莱德，升任指数业务的总负责人，直到2017年年初退休。虽然一开始遭遇了一些不快，但施奥德格说她很欣赏芬克、卡皮托和贝莱德所带来的一切，随即融入这个新环境里。她说："10年后，我感觉纽约办公室变得更加友善、更加温和，而旧金山办公室则变得更加强硬。这是两者中和产生的结果。"

尽管存在一些冲突，但事实证明，这项大胆的交易取得了惊人的成功。如今，贝莱德是一家管理着超过9万亿美元资产的巨头。

这比日本和德国的年经济产出之和还要多，是富达管理规模的两倍多，也是美国投资丛林中，史上最大的野兽。

之所以能成为行业巨头，很大程度上是由于贝莱德的商业头脑，为 BGI 已领先于行业的指数基金业务提供了超强的动力。2014 年夏天，ETF 业务突破 1 万亿美元大关，维德曼在伦敦举行了一场庆祝派对，穿了一件带有美元图案的布料制成的"万亿美元西装"。这件西装还曾经在贝莱德纽约总部七楼的一个小型非正式博物馆里，展出过一段时间。这个里程碑，如今已成为遥远的记忆。到 2020 年年底，安硕部门管理着 2.7 万亿美元，贝莱德的机构指数投资业务管理着接近 3 万亿美元，它们加起来占公司管理资产总额的一半以上。

这次成功，还反映在了贝莱德的股价上。贝莱德的市值如今已经超过 1 300 亿美元，甚至超过了高盛。事实上，这比它的一些竞争对手，比如普信集团、富兰克林邓普顿、景顺集团、骏利亨德森、施罗德集团和道富银行等的市值全部加起来还要大。

也许还没得到公认但毋庸置疑的是，芬克已经成为新的"华尔街之王"。他在 20 年前创立了一家小型债券投资公司，并迅速将其发展成一个前所未有的庞大金融帝国。事实上，芬克可以说是当今全球金融领域最有权势的人，他是总统和首相的军师，在世界上几乎所有大公司的董事会上，他都能展现出自己的影响力。让人惊讶的是，他甚至帮助魔力红乐队（Maroon 5）走向世界，为乐队签约的第一家唱片公司提供了资助。[4]

▲

贝莱德的成功是一座纪念碑，纪念着芬克从第一波士顿惨败中汲取的宝贵教训。2016 年，他在加州大学洛杉矶分校的毕业典礼上发表演讲时，透露了那次挫折给他带来的领悟："我原以为，我已经摸透了市场，但我错了。一旦我稍有走神，世界就已经天翻地覆。"[5]

芬克接着回忆起，加州大学洛杉矶分校的传奇篮球教练约翰·伍登如何通过不断适应比赛的变化，在十几年的时间里带领校篮球队赢得了 10 次总冠军。伍登曾说过"如果我学会了，我就胜利了"，这也是这位贝莱德创始人身上反复展现的特性。他对 BGI 的收购时机把握准确，比大多数人都要更深刻地认识到投资游戏正在发生着怎样的变化，并且能够比其他所有人更早一步去适应这种变化。

这场指数革命终于取得了胜利。从一开始微不足道、打破固有认知的小苗开始，如今终于在华尔街最中心站稳了脚跟，并正在一步步扩大自己在投资世界板块中的领地。可能不是人人都喜欢金融业，但到目前为止，这对整个人类来说都是有好处的，每个人都直接或间接地从指数基金的低成本中受益。在过去短短的 20 年时间里，美国共同基金的成本已经下降了几乎一半。[6]

芬克把 ETF 所带来的影响，比作亚马逊对零售行业的转变，即更低的价格、更便利的交易、更透明的流程。他说："资产管理行业天生就不是这么设计的，它们原本一直都是不透明和复杂的代表。"

不过，如此巨量的增长，也引发了一些棘手的问题。让人眼花缭乱的创新层出不穷，但这些创新并不总是跟投资者的利益相一致，或者并不总是对金融系统的健康有利。被动基金的发展，使得它在全球投资行业中的占比越来越大，但能成为指数基金行业巨头的公司却越来越少。①

---

① 因为指数基金有规模效应，规模越大的公司会越来越大，逐渐就会挤掉其他小公司。——译者注

第十五章
珀迪猎枪

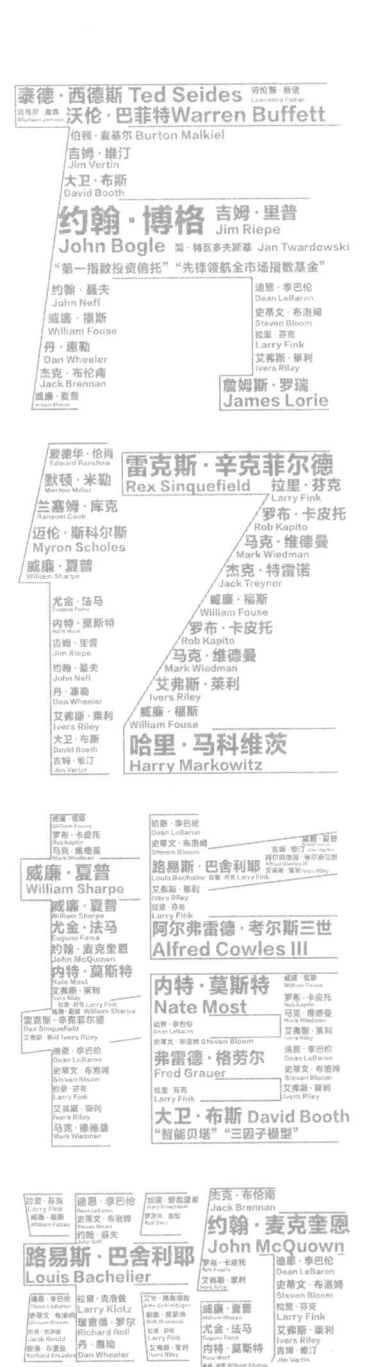

信仰，一直是罗伯特·奈兹利（Robert Netzly）生活的中心，支撑他度过了艰难的童年岁月，又陪伴他走过了不断变换的职业生涯，从年轻的牧师，到汽车经销商的网络销售员。但他最终在指数基金诞生地富国银行，找到了自己的使命。

2008年，奈兹利工作的大众汽车经销商在金融危机中破产了，于是他来到了富国银行财富管理部门。这位保守主义的基督徒，在网上搜索《圣经》里关于金融的研究，以便能在教堂里为人们讲授相关内容。无意中，他发现了一篇文章，介绍的是如何利用《圣经》里的原则来构建一个投资组合，这里的原则并不仅仅是从金融角度出发。这位戴着厚底眼镜、留着胡茬、身材修长，看起来更像是一个科技公司的会计，而不是一个能说会道的股票推销员的男人，由此受到了启发。

奈兹利很早就有了信仰。他的父母都吸毒，3岁时父亲沦为彻底的瘾君子，于是母亲跟父亲离了婚，戒了毒，独自抚养奈兹利和他患有孤独症的弟弟。教堂，很快成为奈兹利生活中的重要支柱。

不过直到成年之前，奈兹利都不太愿意和人们谈论自己的信仰。

作为一名投资顾问，奈兹利很了解社会责任投资（SRI），即不去投资像重污染、军火制造、赌博等这样的行业。但他认为，这只是对自由主义的一种束缚，与他所信奉的保守主义传播福音的思想，相去甚远。然而，"圣经责任投资"（BRI）瞬间引发了他的共鸣。这感觉就像是圣灵亲自出来，紧紧抓住了他的心。[1]

出于好奇，奈兹利更加仔细地检查了自己的投资组合，却震惊地发现，里面有3只大型医药股，公司的盈利来源都包括一种用于堕胎的药物。奈兹利在闲暇时间担任一个反堕胎中心的负责人，这个发现对他来说简直是个诅咒。但这还不是投资组合唯一令他烦恼的事。后来他回忆说："我的投资组合充斥着各种不神圣的东西，就像是一封来自地狱的《热门股票挑选指南》。"[2]

这个发现，直击这位年轻投资顾问的心灵。奈兹利知道，自己无法继续无愧于心地在富国银行工作下去了，他不能把客户推向那些他认为正与恶魔相伴的股票。那天，他回到家跟妻子说，他觉得上帝给他准备了另一条路。"好的……你知道我们有两个孩子要抚养，还有房贷要还，那么另一条路是什么呢？"妻子焦虑地问。[3]奈兹利回答说，他现在也还没有头绪，但他们只需要虔诚地祈祷就好。几个月之后，奈兹利从富国银行离职，创立了基督教徒财富管理公司（CWM），为基督教徒提供投资建议，告诉他们该如何完全按照基督教指导原则来进行投资，这个理念通常被叫作圣经责任投资。幸运的是，生意开张了。最终，基督教徒财富管理公司成为所有基督徒财务顾问的联结中心。到2015年，公司管理规模达到约4 000万美元。

但这里还有一个难题。许多想要加入的投资顾问，当时主要工作就是建议客户把资金投入低成本的指数基金，这不可避免地意味着，将投资一些他们所反感的公司。传统主动基金或许有一定的自主选股权，但在避开罪恶公司这方面，做得也没好多少。而且较高的费用和糟糕的业绩也令人气恼。

奈兹利联系了几家指数基金提供商，希望能为他的客户定制专属产品。这将剔除那些通过做他认为充满罪恶的事情来从中直接或间接赚取利润的公司和部门。这些事情包括堕胎、色情产业，以及一些积极支持同性恋、双性恋或变性人的生活方式等。不出所料，对公众可能会产生强烈反对和抗议的担心，吓跑了所有主流提供商。于是不得已，奈兹利只能自己做。2015年，他建立了启示投资，2017年开始发行一系列圣经责任ETF。

他使用了一个系统，来给上市公司进行打分，打分依据是它们与保守主义基督徒价值观之间的关联程度，从而构建出一个指数供ETF追踪，一旦发现哪家公司出现问题，可以立即将其从指数中完全剔除。有一些公司很明显是不符合的，比如酒生产商；也有一些是有争议的，比如苹果和星巴克，因为这两家公司支持同性恋基本人权。意料之中，这引起了轩然大波。奈兹利说："我们并不怨恨任何人，我们希望每个人都是最好的样子。只是很显然，我们对于什么样子才是最好的，有不同的看法。"

在实践中，这个方法囊括了一系列不同的公司，有能源公司、矿业公司、零售商、计算机芯片制造商英伟达等，奇怪的是，还包括英国皇家邮政和马来西亚橡胶手套制造商顶级手套，这家公司同时生产避孕套。启示ETF的业绩表现差异很大。首只基金，代码为BLES，很好地诠释了一只受《圣经》启发的ETF所代表的意义，自发行开始业绩表现就一直低于全球股市平均水平。而另一只基金

BIBL，不像 BLES 的投资范围那么多样化和国际化，主要投资于大盘股，业绩表现则可以比得上标普 500 指数。

尽管如此，启示投资还是取得了成功，到 2020 年年底，旗下整体比较稳定的圣经责任 ETF，总规模略高于 13 亿美元。奈兹利说："我们希望启发全世界，为了信仰而做出改变。我们认为，ETF 正是我们能做的最好的实现方式。感谢上帝，它成功了。"

抛开这些圣经友好型 ETF 所引发的争议不谈，启示投资是一个很好的例子，生动形象地展示了 ETF 是怎么改变整个指数基金行业的。这都要感谢 ETF 技术的发展，让一个曾经只是股市里不起眼的东西，变成如今金融业的每个角落都在建立的登陆场。

不过，当一些支持 ETF 的人认为这个充满活力的生态系统适用于任何场景时，这种不断的增长却正渐渐变得危险。ETF 给指数基金的发展带来了强劲的动力，它有一个特性，就是几乎可以轻松装入任何金融证券。正是这个特性，当初孕育出这个行业，而如今也给了投资者犯大错的空间。约翰·博格有一次曾说道："ETF 有点像你在伦敦买的那把出名的珀迪猎枪①，这是有史以来最棒的猎枪。它在非洲猎杀大型动物时非常好用，但用来自杀，效果也是很好的。"[4]

▲

BGI 是第一个意识到 ETF 构成一种拥有巨大潜力的新金融技术，但它并不是最后一个。随后，安硕在 21 世纪初采取的闪电式扩张，在一些 ETF 推崇者口中，甚至被形容成一门"意大利面大炮"，[5]一系列提供商不断推出越来越小众的产品，把它们一个个儿地发射到墙

---

① 珀迪（Purdey），是英国一个品牌，皇室认证的老店，主要生产枪支。——译者注

上，看谁能粘住不掉下来。

根据美国投资公司协会的数据，2000年全球仅有88只ETF，总资产规模仅为700亿美元，相比之下，当时全市场有500多只指数基金，总计管理着4 260亿美元的资产。10年后，ETF的数量上升至2 621只，比全市场的指数基金数量还要略多一些，不过规模上要比传统指数基金管理的1.5万亿美元略小一些。再过10年，到了2020年年底，全球ETF的数量接近7 000只，管理规模达到7.7万亿美元。从数量上看，这已经是传统指数基金数量的两倍多；从规模上看，两者相差不大，另外这个规模也快赶上主动基金的总规模了。

ETF中，大部分资金都集中在大型主流ETF，比如道富银行开创性的SPDR，以及与之类似的贝莱德标普500 ETF和先锋领航标普500 ETF等。ETF的主战场如今仍在美国。美国之外，日本于1999年发行了亚洲第一只ETF，欧洲于2000年发行了第一只ETF。摩根大通的数据显示，在北美交易所上市的ETF仍占全球ETF总量的近2/3。

不过，过去10年，全世界的ETF都在加速发展，甚至还有人做了一份滑稽的新ETF名单。连支持者都开始对这个增长速度警觉起来。比尔·麦克纳布（Bill McNabb），2008年接替杰克·布伦南成为先锋领航首席执行官，扩大了先锋领航的ETF业务。2016年，麦克纳布出席了在佛罗里达州举办的业界规模最大的年度盛会，在这个为期4天的ETF庆典上，他呼吁与会者遏制这种毫无节制的增长。

麦克纳布忧心忡忡地向观众说："感觉行业里每隔30秒，就会出现一只新的ETF。我们得千万小心了。如果一个行业走得太远太偏了,人们就会对它的初心产生怀疑。并且有些类目确实非常深奥难懂。"[6]他还慎重地指出,历史总是惊人地相似:"现在的情况,就像是20世纪80年代时的共同基金。结局并不都是美好的。"

然而,这场在迈阿密郊外举行的狂欢盛会上,没人听进去他的话。近年来,投资者已经能够买到各种各样的主题式ETF,希望能从中赚到收益。这些主题如此之多,请深吸一口气,然后跟我念:全球流行的肥胖症、网络游戏、千禧一代[①]的崛起、威士忌产业、机器人技术、人工智能、清洁能源、太阳能、自动驾驶、铀矿开采、让更多女性成为董事会成员、云计算、基因组学技术、社交媒体、发展中国家的收费公路、水净化、反向加权美股、健康和健身、有机食物、老年护理、锂电池、无人机、网络安全等。甚至还短暂出现过一只ETF,投资于那些跟ETF行业打交道的公司。这种实验性质的基金,有的表现不错,但也有很多表现不好,最后只能清盘,资金赎回后会被再次投入其他热门领域。

很多ETF的主题让人难以捉摸,而制造它们的公司辩称,在这个自由市场,它们有权做各种实验,看投资者会喜欢哪一个。这个说法也不无道理,毕竟,成功有的时候只需要一点运气。HACK,是一只投资于网络安全公司的ETF,2014年发行后没多久,索尼影业就遭黑客攻击,大量数据被泄露,一系列内部敏感邮件被公之于众。这引起了人们对HACK的大量关注和投资,HACK的规模如坐火箭般迅速攀升。到2015年年中,规模已经增至近15亿美元。由此产生的丰厚管理费,还导致它的发行商陷入激烈的争斗。除此之外,还有一些ETF则需要时间的积累。比如一只金矿ETF,花了两

---

① 千禧一代指的是80后和90后,在美国人口中占比很大。——译者注

年时间才突破 10 亿美元大关，不过现在规模已达 160 亿美元。① 像这样的成功案例，如今正在逐渐减少。然而，希望能从中跑出一个赢家的美好期望，仍然支撑着许多小规模的 ETF 提供商。

假如你以为接近 8 000 只 ETF 的数量听起来已经很多了，那把它跟金融指数如超新星爆炸般的增长进行对比，你就知道，这只是个小数目。随着指数基金数量的增长，一个曾经平淡无奇只是一项副业的业务，如今已经变成一个利润非常丰厚的行业。行业里的大玩家包括标准普尔道琼斯指数公司、摩根士丹利和富时罗素等，它们为客户提供了数目多到令人咋舌的指数基准。指数行业协会是为这些玩家提供服务的组织，其统计数据显示，目前在它这里处于正常维护中的"活的"指数，数量有接近 300 万个。[7]

除此以外，还有数以千计的指数，由各个大大小小的银行自己维护。银行通过这些指数为客户提供定制化产品。还有一些指数基金公司，自己制作指数，以免向大型指数提供商支付高额的指数使用许可费。人们通常把这种方式叫作"自制指数"。②

相比之下，当今世界上只有大约 41 000 家上市公司。[8] 而实际上，这里面可能只有 3 000~4 000 只上市公司的股票，是人们经常交易的。这一点也是人们常常用来证明指数基金革命如今正在吞噬

---

① 其实放在现在，这个时间已经算得上比较快的了。一只专门投资小型银矿的小盘股 ETF，自 2013 年成立后整整 3 年都无人问津，规模始终不足 1 000 万美元。然而在接下来的 4 年里，规模基本上都保持在接近 1 亿美元的水平。到了 2020 年，规模突然就飙升到了 8 亿美元以上。

② 旷势（Qontigo），德国证券交易所旗下一家分析公司，甚至推出了一个可以自制指数的"工作室系统"，任何人都可以在上面构建出任何自己想要的指数，然后把剩下的枯燥的维护工作丢给旷势。

自己的首要证据。

▲

这一切是怎么回事？嘲笑一个好主意变得疯狂，是相当诱人的事。2018 年，金融研究公司伯恩斯坦的一位分析师伊尼戈·弗雷泽-詹金斯（Inigo Fraser-Jenkins），通过一部小说取笑指数的"奇点"①。这部小说虚构了一位孤独、匿名的英雄，其身上肩负着一项艰巨的任务：创建出一切可能的股票指数。弗雷泽-詹金斯这样描述他笔下的英雄："有人说，一些明显无用的指数，就不必创建了。还有一些指数，即使已经被创建出来，后面一旦发现它是多余的，就应该毫不犹豫地淘汰掉。英雄反驳了这个说法。谁能有资格判定哪个指数是无用的，哪个指数又是有用的呢？"9 英雄的终极目标，是创建出一个唯一的"终极指数"，消灭其他所有指数。英雄冥思苦想，那会是个什么样子的指数呢？

首先它肯定是非常美丽的，那这么说从某种意义上来看，它也是一件艺术品。有些人说，它可能代表了针对所有资产的一种最优配置方式。于是英雄越来越确定，它不能也不应该局限于股票市场。它应该是一个集齐了所有股票、债券、商品和其他金融资产的混合物，其中每类资产的权重，根据人类社会对这些不同资产的需求程度来确定。一旦满足了这些条件，这个指数就既能为人类做出贡献，又能保证自身的成功。其他人质疑英雄：这样的指数真的会存在吗？人类能精准地知道所有

---

① 奇点是"宇宙大爆炸论"中所追溯的宇宙演化的起点。——译者注

资产的最佳配置应该是什么样的吗?

这个讽刺夸张得有点过头。现存的300万个指数中,有许多都是合理无争议的,只是同一件事物的不同展现方式而已。比如,存在以几十种不同货币计价的标普500指数,或剔除了枪支股的定制指数,或剔除了酒生产商、赌场和银行的伊斯兰指数。还有一些指数,不是根据市值加权,而是根据环境、治理或社会标准来调整权重。这300万个指数,还包括庞大的全球债券市场和大宗商品市场。就像英语字母表中的26个字母,可以创造出无数的谍战小说、青少年小说、经典著作及长篇巨著一样,能创造出或应该创造出多少个指数,实际上也是没有限制的。

话虽如此,但各种各样的指数和指数基金爆炸式的增长,还是不免令人担忧。指数基金被发明的初衷,是因为人们意识到大多数人其实都是糟糕的投资者。无论是有经验的专业基金经理,还是一位想给自己存养老金的牙医,又或是一位20几岁的无业青年想做短线快速赚点儿钱,都是如此。最好的长期收益,则是通过买下一个包含大量证券且足够分散的投资组合,然后长期持有、尽量少交易,来获取的。正是围绕着这两个原则,约翰·博格建立起一个庞大的金融帝国。

在实践中,投资一只热门的互联网股票,还是投资一只生物科技ETF或一只机器人ETF,其实并没有本质上的差别。从前,主动投资和被动投资之间的界限本就是有些模糊的,因为人们选择什么样的指数基金来投资,其实已经是一种主动行为。创建一个指数,也并非完全被动的,大多数指数提供商多多少少都会加入一些自己的判断在里面。所以,一个基准指数里包括的股票同样反映了主动的选择。不过这种主动的选择,并不是来自富达或普信的某位组合投资经理,而是来自一个由许多人组成的匿名指数委员会。这一点我们将在下一章详细介绍。如今,大量激增的 ETF 已经完全抹去了主动和被动之间那条模糊的界限,这将带来潜在的可怕后果。

尤其是,考虑到基准指数的构建可能相对不是那么透明,于是出现危害性的后果是很有可能的。有些时候,这种不透明甚至是人为设定的。现在有一种最新的趋势,叫作"主动管理型 ETF"。这种产品,只是使用了新的 ETF 结构来替代传统结构,可交易且能享受 ETF 的税收优势,但本质上仍然是传统主动基金的模式,有分析师、交易员、组合投资经理等。

贝尔斯登于 2008 年发行了第一只主动管理型 ETF,投资于短期债券工具。它的代码是"YYY",有人开玩笑说这让人联想到:"为什么为什么为什么(why why why),人们会想要去投资这样一只主动管理型 ETF 呢?"由于存在一些重大缺陷,这类产品的增长很缓慢,到 2020 年年底总规模只有约 2 400 亿美元。其中最大的一个问题就是,ETF 必须每天披露其持仓情况。这么做是很重要的,可以保证内特·莫斯特当初设计的创建和回收过程平稳运行,人们才能实现相互交易。但是,很多主动基金经理非常不愿意公开自己的交易情况,因为公开的话,竞争对手就知道了。

经过多年的游说,如今美国证券交易委员会已经开始批准一种"半透明"的 ETF,可以每隔很长一段时间才公开披露其持仓情况。业内对此议论纷纷,觉得这非常有可能帮助扭转主动基金规模年复一年不断下降的局面。这种基金通常被称为"ANT",是"主动管理型不透明 ETF"(active non-transparent ETF)的英文缩写。

投资者的兴趣如何,还有待观察。一位知名美国科技股投资者凯西·伍德（Cathie Wood），通过投资特斯拉等热门股票，打造出一个主动ETF帝国。不过，ETF的税收优势仅存在于美国，对大多数投资者来说，每日披露持仓的高透明度可能也并不重要，再加上主动管理型ETF高额的费用，这都意味着，它们不太可能挑战极其廉价的传统指数基金的霸主地位。

有一些人，把如此多的ETF看作行业取得成功的可喜标志。投资者的可选择范围，不再局限于少量的简单指数基金，他们可以选择任何他们喜欢的基金了。无论你的投资品位如何，总有一种ETF可以满足你。这也许是真的，但负面影响也真实存在：人们发明指数基金，是为了消除人类的原罪，而ETF的进化和扩散却让投资者有机会再次犯下同样的原罪。

然而，即便如此五花八门的主题ETF，其带来的潜在危害仍不及另一种指数基金形式。过去10年，出现了一系列基于衍生品的指数基金。据说，贝莱德、先锋领航和道富银行这行业"三巨头"，以及许多小型竞争对手，都避开了这类指数基金，它们担心这种更加细分、更加复杂的产品可能会伤害整个指数基金世界。

▲

自从金融危机以来，美国经济一直停留在稳定但增长非常缓慢的状态，前总统唐纳德·特朗普的企业减税政策，给美国经济带来了短暂的刺激与活力，股市也因此而受益。2018年年初，美股已经连续创下多个新高，并打破了20世纪60年代和90年代的纪录，创下了连续增长且没有较大回撤的最长时间纪录。然而遗憾的是，这种平静并没能持续太久。

经过了2018年1月底几个紧张的交易日之后，股市于2月5

日开始下跌。截至当日收盘,标普500指数下跌了4%,创下了自2011年欧洲危机以来的最大单日跌幅。截至当周收盘,股市已经经历了历史上速度最快的10%回调之一。全球股市在短短5天内总共损失了4.2万亿美元,从绝对金额上来计算的话,要比2000—2002年"互联网泡沫"破裂时纳斯达克所遭受的总损失还要多。

人们猜测,导致下跌的主要原因可能是债券市场的抛售,投资者担心这会蔓延到股市,于是也纷纷抛售股票。但这无法解释为什么这次下跌的速度如此之快,程度如此之深,因为当时的经济正是一片繁荣景象。最后人们发现,罪魁祸首是几只极其复杂的ETF。它们把一些金融衍生品打包在基金内,以便普通投资者可以利用股市较低的波动率获取收益,正是这些ETF引爆了当天的下跌。虽然这些基金的规模当时只有30亿美元,但它们的崩盘就像滚雪球一样引发了雪崩。它们一下跌,导致其他盲目与股市波动率紧密相连的投资策略,触发了一连串的自动抛售动作。

这些投资策略与市场波动率紧密相连的基金中,规模最大的名为"VelocityShares Daily Inverse VIX Short Term ETN",股票代码为"XIV"。从技术上讲,这只基金的类型属于ETN,而不是ETF。这是从摩根士丹利的罗伯特·塔尔最初设计的OPALS演变而来的一种类型,可交易,并且看起来跟传统ETF很相似。但实际上,ETN是一种可以追踪指数的合成证券,由华尔街金融工程师设计。ETN具有很强大的灵活性,这使得人们用它来构建一些大胆的产品就更加容易了。比如,利用金融衍生品提高潜在收益的杠杆产品,或是供投资者做空的反向产品。无论是ETN还是ETF,它们都属于一个大家族,统称为"交易所交易产品"(ETP)。但人们在实际使用中,常常将所有这类型的产品混为一谈,把它们全都叫作ETF。

XIV 是一只反向 ETN，追踪 Vix 指数。Vix 指数通常被人们认为是华尔街的"恐慌指标"，因为它利用了衍生品的价格来预测美股的短期波动率。换句话说，XIV 这只基金，本质上是打包了一篮子基于衍生品的衍生品，并且任何人都可以购买，没有金额门槛。当股市比较平稳，波动率变化不大时，它的收益非常丰厚；然而一旦出现较大波动，股市的平静被打破时，它就会以惊人的方式下跌。更糟糕的是，它复杂的动态变化意味着，它一旦崩盘就会连累股市主场，加剧股票的抛售。许多普通投资者，其实根本不了解 XIV 和同类产品的复杂程度以及其中所隐藏的风险，因而损失惨重。①

XIV 很快就被发行商瑞士信贷关闭了。贝莱德担心这次事件可能会对整个 ETF 行业产生危害，于是破天荒地发表了一份非常直白的严重声明："反向型和杠杆型 ETP 不是 ETF，它们的表现并不像 ETF 那么抗压。这也是安硕并不提供这类产品的原因。"[10]

当新冠肺炎疫情导致股市出现动荡后，又有许多反向型、杠杆型以及其他基于衍生品的 ETP，再次遭遇了打击。有 40 多个产品立即被发行商终止，其中大部分都是追踪商品指数的，另外一些产品则被附加了更多的限制条件。但在采取这些措施之前，仍然出现了一些动乱。[11] 比如 USO，一只投资于石油衍生品的 ETF，2020 年 4

---

① 两名做短线的业余音乐爱好者，在这次崩盘里受到了损失，他们写了一首歌来嘲笑自己犯的错，并把歌曲上传到了优兔（YouTube）上。歌曲模仿了汤姆·佩蒂（Tom Petty）的《自由坠落》（*Free Fallin'*）。俩人在歌曲视频中悲伤地唱着，歌词是这样的："这是漫长的一天，看到股市回调/地板已被标普 500 跌穿/我买了 XIV，因为我想从中去赚钱/我是个坏男孩，因为我又买了更多/现在 XIV 自由坠落了/是的，XIV 自由坠落了"（It's a long day, watching a correction/The S&P crashing through the floor/I bought the XIV, 'cause I'll make my money back/I'm a bad boy, 'cause I bought even more/Now XIV is free fallin'/Yeah, XIV is free fallin'）。

月价格直接下跌到史无前例的负数，引发美国原油价格史上极其壮观的景象。债券 ETF 在 2020 年 3 月也引发了人们的关注，这一点我们将在第十七章进行介绍。尽管如此，2018 年 2 月和 2020 年 3 月所发生的这些事件，仍然没能减弱人们对于这些基于衍生品的 ETP 的热情。

第一只杠杆型 ETF，是 2006 年一家名为"专业股"的小型初创投资公司所发行的。到 2018 年年初，晨星公司的数据显示，杠杆型和反向型 ETF 的总规模已经超过 700 亿美元。XIV 事件发生后，随着一些投资者的醒悟，规模有所下降。但到了 2019 年 12 月，规模又再次恢复到之前的水平。而到了 2021 年 3 月，总规模已经跃升至 1 300 多亿美元。即便如此，这也低估了它们日复一日对股市的影响，因为它们主要是被设计用来做短线交易的，而不是一种能长期实现资产积累的工具，因此这也意味着，依靠它们很难像普通 ETF 那样，积攒出巨额财富。

▲

经过了任性妄为的 10 年，目前有迹象表明，指数基金的发行热潮正在放缓。行业版图里大部分的主要领地，已经完全甚至很可能将永久地被少数几个大玩家所占领，主要是贝莱德、先锋领航和道富银行。还有许多大大小小细分的领域也是如此。

不可否认，未来指数基金行业将出现更多的创新产品，有着各种各样的用途和价值。但是近年来，也有越来越多的 ETF 被关闭。新冠肺炎疫情引起的股市动荡，已经使得 ETP 墓地的遇难者数量突破 1 000 大关了，并且毫无疑问，还有更多的遇难者正在赶来。于是一些业内人士认为，指数革命的下一次迭代很可能是他们非常期待的：直接指数化。

奈兹利并不是唯一一个想要定制化指数的人。所谓定制化指数，就是可以根据自己的喜好来调整指数里的成分股，比如从指数中剔除自己不喜欢的煤炭公司或武器制造商等。现如今，想要实现这一点并不难，大型指数提供商基本上都能针对它们最畅销的产品提供多种不同的"口味"。直接指数化将这一点提升到了一个新的层次。投资者不再是买入一只指数基金或ETF，而是直接买入指数里包括的全部（或接近全部的）股票。这样，投资者就可以完全自由地创造出符合自己口味的投资组合，同时能更高效地处理其中亏损的个股。可以把这种方式想象成：首先，标普500指数或富时100指数里所有的股票，都是默认勾选项；然后，根据自己的喜好，剔除其中不想要的。瞧，这就有了，一只完全根据客户需求量身定制的指数闪亮登场，并且客户还可以在自己认为合适的时间，采用自己认为合适的方式，对其进行调整。

直接指数化并不是一个全新的事物，但最近有三个领域的发展，提升了它的发展前景。首先，技术的发展使得直接指数化在实际操作中更容易实现，曾经的计算机处理难题如今已变成小菜一碟。其次，近年来交易成本大幅下降，某些情况下甚至是免费的。这使得直接指数化的成本，跟直接买入一只便宜又简单的指数基金的成本，相差无几。最后，零星股份（"fractional" shares）的出现，可以让投资者只买入一只股票不到一股的份额，这使得不同资金量的投资者都能有机会做直接指数化。

指数投资的下一个阶段，即指数投资3.0时代，是否真的就是直接指数化，还有待验证。事实上，目前已经有许多大型机构投资者正在做着直接指数化了，但大多数普通投资者还是更喜欢一键买入普通指数基金的方式,而不是自己瞎折腾,买入许多个股再自行调整权重。往极端一点说,其实直接指数化跟买入一小撮没有分散配置的股票,并没有本质上的差别。

无论如何,很明显,在可预见的未来,仍将有大量的资金涌入传统指数基金和 ETF,它们对市场、投资管理业务以及整个金融业的影响也将越来越明显。

第十六章

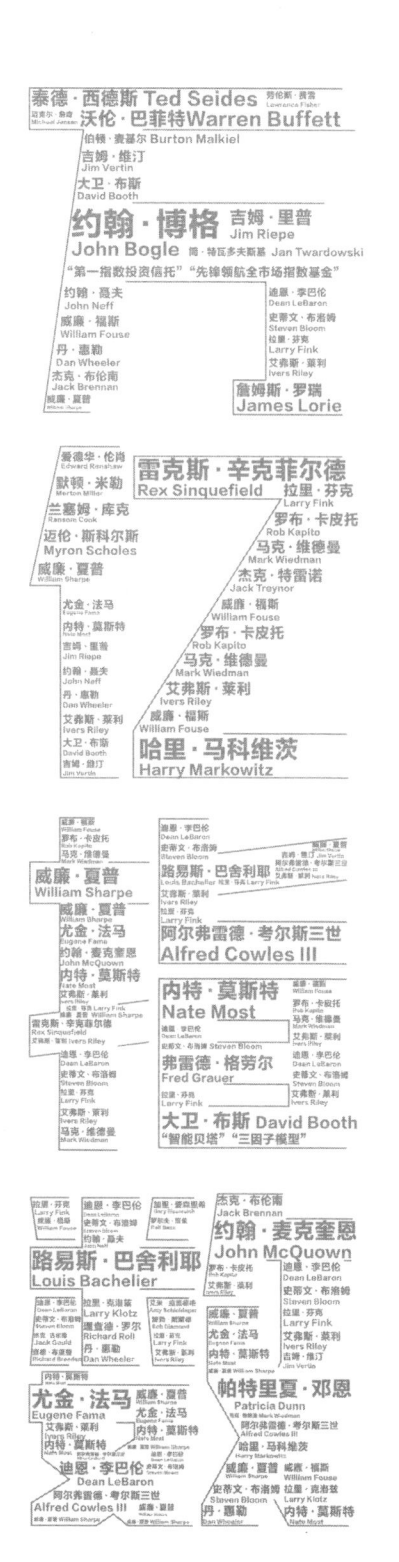

新资本队长

特斯拉的股票，在大量普通投资者对这家电动汽车生产商的热情的推动下，在2020年疯狂上涨。由于新冠疫情肆虐，这些普通投资者突然被困在了家里，只能每日交易他们手里刺激的股票，以此来消磨时间。到了2020年11月，股价又出现一次巨大的上涨，这使得埃隆·马斯克的公司成为世界上最值钱的公司之一。

尽管在过去10年里，特斯拉的股价已经涨了不少，但世界上最大的指数提供商之一标准普尔道琼斯指数公司，一直没有把特斯拉纳入公司旗下的旗舰指数标普500指数。理由只有一个：公司必须持续赢利才可以被纳入。而这个要求，特斯拉一直都不满足。

但到了2020年夏天，特斯拉连续4个季度赢利，其终于符合了要求，因而有可能被纳入指数。仅仅是这种可能性，就继续推动着特斯拉的股价往上涨。到了11月底，标准普尔道琼斯指数公司的基准官员委员会终于正式宣布，将特斯拉纳入指数。于是这个消息引发了一阵交易热潮，推动特斯拉股价飙升，市值升至4 000亿美元以上。到了12月21日，标普500指数正式实施纳入操作的时候，股价已经相比消息刚宣布时又火箭般地上涨了70%，使特斯拉的市值超过6 500亿美元。[1]

标普500指数，在大众意识里光芒不如老牌的道琼斯工业平均指数，那为何这个指数的调仓能突然使特斯拉的市值一下子就增加数千亿美元呢？答案很简单：指数基金。

所有把自己的业绩基准设定为标普500指数的基金经理，从今以后都可以把特斯拉作为自己投资时的考虑对象了，不过到底买还是不买，他们有最终决定权。相比之下，采用被动指数投资策略、老老实实追踪指数的数万亿美元，没有别的选择，只能根据公司在指数中的权重占比来买入对应的股票，无论特斯拉的股价是多少，或其业务是否有吸引力。

很早以前，指数提供商一直被认为是单调乏味的公共事业类公司，最初往往是大型金融报刊开设的一个附属业务，比如美国的《华尔街日报》、英国的《金融时报》、日本的《日经》等，没人想过依靠它们来赚钱。而如今，创建基准指数已经成为一个利润丰厚的行业，现存的"三巨头"分别是：摩根士丹利、富时罗素和标准普尔道琼斯指数公司。这三家占据了全行业70%的市场份额。它们一起，当之无愧地组成了金融业最隐秘的"权力代言人"。

简单来说，它们已经从最初的只是拍个市场快照，演变成可以对市场施加影响的一股力量。这主要归功于指数基金的增长，因为投资指数基金，本质上就是把投资决策权交给了创建指数的人。

指数提供商现在实际掌控的资金量是非常巨大的。如今公开存在的、可以计数的指数基金和ETF，以及像捐赠基金、养老基金和主权财富基金等机构内部管理的无法确定准确数量的指数策略产品，全部加起来有超过26万亿美元是直接与指数挂钩的。① 如今，几乎所有美国大公司的最大股东都是指数基金，并且在国际上也开始出现同样的趋势。

庞大的全球投资行业，除了指数基金，还包括激进的对冲基金、私募基金以及传统的主动基金等。它们的总规模，目前要远远大于26万亿美元这个数字。另外，若是统计全球金融资产池，那规模就更大了。不过，低成本的指数基金仍在以很高的速度增长着，从高成本的对手手中争夺市场份额。增长带来的影响力已不容忽视，甚至有些指数基金的支持者也承认，已有大量的迹象显示，指数基金这条"狗尾巴"已经开始撼动市场这只"狗"。而指数公司，无论是从金钱上还是从权力地位上，都是最大的受益者。

▲

即便是金融业内人士，也常常会忽视指数带来的影响。但特斯拉的例子向人们证明，把一家公司的股票或债券纳入主流指数，可以改变公司的命运。②

这一点对交易量较低的小盘股来说，影响尤为惊人。2019年，摩根士丹利宣布旗下一个主流指数正考虑纳入一家小型企业某大理石开采公司，导致其股价暴涨3 800%。然而随后，在市场参与者

---

① 可以在本书第一章查看一下对于整个指数策略世界的规模，我是怎么粗略估算出这个数字的。
② 被指数剔除，也是一件痛苦的事。2020年9月3日，欧洲斯托克50指数（EURO STOXX 50）宣布将从指数成分股中，剔除欧洲最大的两家银行——法国兴业银行（Société Générale）和西班牙对外银行（BBVA），导致当日两家银行的股价暴跌。欧洲斯托克50指数在欧洲的地位，相当于标普500指数在美国的地位。

就可投资性进行了进一步分析和反馈后,摩根士丹利改了主意,导致该公司股价重挫。另一个案例,也进一步凸显出指数的影响力。2020年,标准普尔道琼斯指数公司的一名员工,因内幕交易而被起诉。他提前获得消息,得知哪些公司将被纳入指数,于是在纳入操作之前,提前买入这些公司,净赚了大约90万美元。[2]

指数对成分股有如此大的影响,也不仅仅是被动投资的原因,也就是说,并不仅仅是因为指数基金必须按照指数规则来购买股票。传统主动基金经理也会由于指数而受到束缚,他们需要考虑,到底有多大的空间可以在基准指数的成分股范围之外来挑选股票。对于一家在指数之内的公司,被动的指数基金不得不买入,没有选择的余地,主动基金经理则可以选择买或不买,不过最终许多基金经理还是会选择买入。另外,期货等金融衍生品也经常与基准指数挂钩。所以,即便是还没有发明出指数基金的20世纪70年代,指数也仍然具有影响力,只不过可能影响的程度会低一些。

最近有一些学术研究表明,指数新纳入成分股对股价的影响,正在减弱。2020年,本杰明·班尼特(Benjamin Bennett)、勒内·斯图尔兹(René Stulz)和王泽喜(Zexi Wang)在一篇论文里表示,即使指数基金的规模仍在增长,但一只股票在加入标普500指数后的涨幅在过去时间里逐渐降低,现在则已经消失了。这个现象出现的原因,可能跟投资者早早就开始做预测有关。投资者会猜测哪些股票有可能会被纳入指数,于是就提前买入这些股票,那么在消息正式宣布之前,股价就已经包括了未来可能的涨幅。另一个可能的原因则是,在成为指数成分股之后,公司就变得骄傲自满,从而阻碍了股价的上涨。[3]

不过,还有一些其他研究给出了相反的结论:成为一个大型指数的成分股，能给公司以及投资者都带来巨大的影响，这一点是毋庸置疑的，特斯拉就是一个最好的例子。最主要的原因是，越来越多的被动投资策略，都不可避免地要跟指数挂钩。特斯拉当年被纳入指数的时候，标准普尔道琼斯指数公司估计，大约有价值 510 亿美元的其他股票不得不被指数基金卖出，然后投入特斯拉。[4]

为什么这种指数的影响力给指数公司带来了权力呢？原因就在于一项复杂且常被人们忽视的工作：创建指数。指数通常被看作对市场的客观反映，或一个恰当的市场快照。当人们谈论起美股表现如何时，大概率指的就是标普 500 指数表现如何。不过现实情况比这还要更复杂些。

虽然大多数指数都是根据一个严格可量化的规则来挑选成分股，但使用哪种选股规则、怎样给成分股分配权重，决定权把握在指数提供商的手里。两位法学家，曾经用了一个词"客观的神话"（myth of objectivity），来形容人们试图把指数打造成一个近乎柏拉图式的、纯粹的数学结构。[5]因为在这个过程中，人类主观因素是不可避免、一定会存在的。

举个例子，2017 年标准普尔道琼斯指数公司宣布，旗下美股旗舰指数，从此不再纳入拥有多种股票类型的公司。[6]这可是件大事。有时候，公司创始人希望能把大部分股份都上市，但仍然保留公司控制权。其中一种实现方式就是，公开上市的股份只有分红权，没有或只有很少的投票权，然后再发行另一种不同类型的股份，专供创始人持有，以此来保持对董事会的控制权。典型的案例就是谷歌和脸书。标准普尔道琼斯指数公司允许这些已有的公司继续留在标普 500 指数中，但新加入的公司必须满足"同股同权"的原则。

当时，这个决策受到了人们的大力称赞。作为一家指数公司，标准普尔道琼斯指数公司采取了强硬的态度，为主张平等主义的股东民主原则（即每一股都拥有相同的价值）奠定了基石。但同时，这强有力地证明了这些指数公司是如何通过制定规则，从而在事实上对公司治理核心领域施加压力的。这也许是一个正确的决定，但也有人会反驳说，这些决策最好是留给立法部门和监管部门来做，而不应该是私人企业来做。

再举个例子，联合利华原本打算将总部从伦敦迁往荷兰，但后来又打消了这个主意。这家历史悠久的消费品大企业，拥有"英国—荷兰"双重架构。1929年，一家英国肥皂制造商和一家荷兰人造奶油制造商合并后，就形成了这样一个奇怪的组合，属于历史遗留问题。于是联合利华打算解决这个不必要的麻烦。然而，它发现把公司搬到荷兰，意味着将退出英国富时100指数，那将导致许多大股东被迫跟随指数卖出股票，于是它也被迫放弃了搬家的打算。[7]

甚至连把公司归到哪一个行业这种看似平平无奇的选择，也会产生巨大的影响。如果不深究，投资者会很不解：为什么道富银行和先锋领航的美股科技股ETF，总管理规模达到800亿美元，竟然不包括亚马逊、脸书以及谷歌的母公司字母表公司（Alphabet）呢？原因很简单，标准普尔道琼斯指数公司认为，亚马逊属于零售行业，而脸书和字母表公司则属于通信行业。反而是苹果，一家物理设备生产商，以及信用卡公司万事达和维萨，被归到了科技行业。

这样的分类往往备受争议，指数公司则倾向于把这当作一个小问题。然而它间接带来的后果是巨大的，因为它指引了资金的最终流向。2020年，约翰内斯·佩特里（Johannes Petry）、扬·菲希特纳（Jan Fichtner）和伊尔克·海姆斯科克（Eelke Heemskerk）发表了一篇名为《资本掌舵手》（Steering Capital）的论文，他们认为指数基金爆炸式的增长，导致指数提供商已经获得了"资本市场的私人权威地位，具有深刻的政治和经济影响力"。[8]改变标准，可能会经过指数提供商、客户以及相关公司之间艰苦的协商讨论，但最终拍板的还是指数提供商。

三位作者还写道："因此，在这个被动资产管理的新时代，指数提供商正在成为事实上行使监管权力的看门人，从而可能对公司治理及各国的经济政策，都产生重要影响。"

▲

就像论文《资本掌舵手》里所提到的，甚至连国家，都不得不重视指数的重要性了。有时候，政府会秘密而激烈地游说大型指数提供商，要求纳入其股票和债券，或者升级其股票和债券，又或者起码不要对这些股票和债券进行降级。

国际股票指数提供商摩根士丹利，曾经帮助发行贝莱德的安硕。2016年，摩根士丹利发出警告，打算把秘鲁从"新兴市场"降级为更低的"前沿市场"，理由是当地的交易所规模太小了。这两个针对发展中国家市场的分类，从字面上看，容易让人捉摸不透，但从资金量上看，就能知道明显的区别了。当时，追踪更为主流的摩根士丹利新兴市场指数的资金总规模，包括主动基金和被动基金，有1.5万亿美元；而追踪摩根士丹利前沿市场指数的资金，只有120亿美元。[9]因此，评级下调可能会导致这个拉美小国的外资环境受到灾难性的打击。并且，对另外一些本身就在前沿市场的国家来说，比如巴基斯坦和尼日利亚等，秘鲁的加入会使它们在指数中的权重大幅下降，从而导致其出现资金外流的负面影响。

最终，在秘鲁政府积极的游说，以及将好好扶持秘鲁小交易所的承诺下，总部位于纽约的摩根士丹利终于答应停手，不予降级，[10]秘鲁财政部长阿方索·塞古拉·瓦辛（Alonso Segura Vasi）才松了一口气。他后来对彭博社表示："它们的决策，要不要把你放到指数里，在很大程度上影响了投资者的决策。它们确实控制着很多国家和公司在资本市场的命运。"[11]

而另一个国家希腊，就没有这么幸运了。希腊在发生经济危机后，就被摩根士丹利、富时罗素和标普道琼斯从"成熟市场"中除名了，这是被除名的第一个西方国家。不过有时候，塞翁失马，焉知非福，被除名也不一定都会导致灾难性的后果。在某些情况下，宁为鸡头，不做凤尾。希腊股市被降级到"新兴市场"之后，反而比之前表现更好了。在大型指数中，投资者主要是对西欧和美国的大公司感兴趣，而希腊在大型指数里排在靠后的位置，微不足道。它在降级后反而受到了更多的关注。再举个例子，韩国。尽管韩国比许多进入"成熟市场"的国家还要富有，但它似乎很高兴自己被分到"新兴市场"，也很愿意一直待在这里。确实，只要有足够多的追踪资金，那么在一个不太有名的指数里占据更高的权重，可以说是个更好的选择。

如今，在意自己处于哪一个市场的，并不只有小国家。就连中国也向摩根士丹利采取了积极的行动，[12]希望能被纳入摩根士丹利的新兴市场指数。2018年，中国成功被摩根士丹利纳入指数，并且摩根士丹利还承诺将逐步且稳定地提升其在指数中的权重占比。

一方面，这次纳入是非常合情合理的。中国是世界上第二大经济体，中国企业规模庞大，对投资者很有吸引力，且政府一直在努力提升监管和技术基础设施，改善庞大金融市场的运作情况。指数所做出的决策，既经过了当地与国际金融机构长期且详尽的磋商，又符合一系列公开、透明的量化标准，以及技术要求。摩根士丹利坚称，做出这个决策并非受到任何压力，还指出做决策的是一个独立的部门，与商业部门无关。

但另一方面，并不是所有人都对此表示激动。一些人认为即使是参照新兴市场的衡量标准，中国股市也仍然处于相对不发达、不成熟的状态。同时在政治上，这也引发了争议，尤其是在美国。举个例子，杭州海康威视，是一家国有控股的中国公司，主要生产视频监控摄像头，前不久被美国政府列入黑名单，禁止美国企业与其开展业务，但它被纳入了 MSCI 的旗舰指数里。[13]

摩根士丹利、富时罗素和标准普尔道琼斯指数公司的影响力，已经不限于股市了。对国家来说，更重要的是，在各种有影响力的债券市场指数中，它们是否存在且权重是多少。这些债券市场指数，虽然不像媒体上随处可见的名牌股票指数那么广为人知，但像彭博巴克莱全球综合指数（BBGA）、摩根大通新兴市场指数（EMBI）和全球新兴市场政府债券指数（GBI-EM）等债券指数，也是相当有影响力的。

债券指数是一头有趣的野兽。大型股票指数会根据各个成分股的市值来确定权重，这个方式看起来完全合理，易于理解。比如苹果公司的权重就要比安德玛高。但债券指数是根据公司发行的债券价值来确定权重的。所以比较反常的是，一个国家或公司的负债越多，它在指数中的权重就越大。

此外，一个债券的交易价格越高，它的权重也会越大，即便这意味着它实际上提供的是负利率。近年来，各国央行推出了大量的货币刺激政策，负利率现象已经变得越来越普遍。换句话说，债券指数的独特性意味着，被动债券基金必须按照指数规则，买入负收益的债券，如果打算把债券持有到期，实际上就相当于提前锁定了一笔损失。

国际清算银行的经济学家弗拉迪斯拉夫·苏希科（Vladyslav Sushko）和澳大利亚储备银行的格兰特·特纳（Grant Turner），都在 2018 年指出，指数基金也可能引发债券市场出现较大风险。他们发现，由于被纳入指数很重要，而是否能被纳入指数跟传统的债权人保护条款没有关系，于是很多公司就倾向于发行规模更大、期限更长、对投资者的保护不那么严格的债券。[14] 事实上，债券指数，从来都不是为了发行某种投资产品而设计出来的，只是用来大致反映固定收益市场的表现情况的，并且它确实能反映出来。

抛开这些特性不谈，债券指数对国家来说有着非常直接的影响，虽然政治家和普通民众对这一点往往看得并不是很清楚。债券指数对投资者来说还是很重要的，投资者会参考它们来进行投资，对于不在指数中的债券，他们投资时会更加谨慎。所以，被纳入债券指数，可以降低一个国家的借贷成本。债券指数的重要性与日俱增，于是国际货币基金组织开始研究其对全球资本流动的影响，以及对全球金融体系健康发展的潜在危害。虽然被纳入主要债券指数可能是件好事，但也可能带来"稳定性风险"，因为国家的命运跟变幻莫测的国际资本流动更紧密地联系在了一起。

在庞大的全球债券市场，指数基金仍然是小众产品，但它们的影响力正在增长。被动型债券指数基金的规模在过去 10 年增长了

10倍，近年来仍在加速增长，目前已经逐渐接近2万亿美元的水平。仅先锋领航的全债券市场指数基金（代码为BND）这一只，就管理了超过3 000亿美元的资金，这也是全球最大的一个固定收益类投资工具。当这只基金的规模成为全球最大的时候，先锋领航的船员们特意在它的基金经理乔什·巴里克曼（Josh Barrickman）的办公桌上装饰了许多汉堡王的纸皇冠，以此代指比尔·格罗斯。格罗斯曾担任太平洋投资管理公司旗下全球最大的债券基金的基金经理，是人们公认的"债券之王"。[15]

就像国际货币基金组织指出的，债券指数对新兴经济体债券的影响越来越显著。2018年，托马斯·威廉姆斯（Tomas Williams）、内森·康威斯（Nathan Converse）和爱德华多·列维-亚亚提（Eduardo Levy-Yayati）在一篇论文中发现："ETF作为国际资本流通的渠道，其作用日益增强，这放大了国际金融冲击对新兴经济体所带来的影响。"[16]换句话说，ETF能帮助将资金输送到发展中国家，但也能将风险输送过去。ETF的交易便捷性，会使得不管这些国家国内实际情况如何，一旦国际投资者有任何风吹草动，它们都很容易受到影响。

在大多数情况下，大型指数公司和大型指数基金公司，都会尽职尽责地工作，并充分了解其决策的重要性和所肩负的责任。不过，它们从枯燥的、公共事业般的数据提供者，转变为全世界最大的资金看门人，既有能力间接影响大型上市公司的命运，还能改变数百万人的生活。这样的权力，也意味着更多的审查流程不仅是合理的，而且是必需的。

虽然至少到目前为止，关于指数提供商日益增长的影响力这一点，还没登上过头版头条，但许多监管部门已经注意到了这一点。

欧洲证券和市场管理局，欧洲大陆主要的泛区域金融监管机构，现在要求所有指数提供商接受更多的监督和检查。业内人士认为，美国证券交易委员会采取类似的措施，只是时间问题。与此同时，还有很多例子也表明，指数的特性正以各种各样的方式潜移默化地改变着市场结构。不过在这个过程中，时不时会引发一些小故障。

▲

股价的波动神秘莫测，没人能说清为什么涨，为什么跌。但这并没能阻止分析师和财经记者绞尽脑汁地拼凑出一个合理的解释。2017 年，美国一大批小型金矿股突然暴跌，就算是从股市本身会有波动的角度来看，这件事也非常奇怪。

那一周，金价持续攀升，达到近 5 个月的最高点，也没有迹象表明，大众对黄金饰品的需求正在减弱。核心原因可能还是在于 ETF，它们的特性偶尔会引发市场波动。确实，是一只名为"小型黄金矿业 ETF"的基金，引发了这次意想不到的波动。这只基金，是 ETF 发行商范达旗下规模为 160 亿美元的主要金矿股 ETF 的"小弟"。

2016 年年初，小型黄金矿业 ETF 的规模仅为 13 亿美元。但到了 2018 年 2 月，管理规模已飙升至近 60 亿美元的峰值。它追踪的是微型金矿股指数，这么大的规模已经超出了基金的容纳能力。在某些情况下，它持有某一家公司的股份数量，已经触碰到监管规定的上限。这将导致基金很难贴合地追踪指数，从而出现追踪误差。这一点在 ETF 领域，通常被认为是"头等大罪"。小型黄金矿业 ETF 追踪的指数是小型金矿指数（MVIS），这是范达旗下另一个独立的指数业务线。于是 2017 年 4 月，小型金矿指数宣布将调整指数规则，修改选股范围，纳入市值几乎是原先成分股两倍的金矿股到指数里,这样ETF所面临的问题就可以得到解决。这个修改是合理的,但其他投资者,料想到将有一批公司从指数里被剔除,于是就提前行动,抛售这些公司,导致黄金矿业股领域产生异常波动。[17]

虽然这一切,只是发生在美股一个微不足道的小板块里,但它引起的波动却有力地说明,即便是一个小指数的调整,也会产生不小的影响。这也展示了指数调整可能会引发的ETF资金流动情况。这样的例子远不止这一个。2020年1月,在ETF机制的作用下,坦格尔直销中心和总部在艾奥瓦州的杂志出版商梅雷迪思公司的股价,坐了个过山车。

这两家公司长期以来都在苦苦挣扎,2018—2019年股价大幅下跌。不过,它们仍然坚持向股东发放红利。于是,道富银行规模为200亿美元的红利ETF开始大量买入它们的股票。大多数ETF追踪的指数都是根据市值来加权的,而这只红利ETF(SPDR S&P Dividend ETF)追踪的指数是"标普高收益红利贵族指数"。这个指数,是根据股息率来加权的。简单来说就是,股息相对于股价越高,股息率越高。

当坦格尔和梅雷迪思的股价暴跌,而它们保持红利发放时,这意味着,其他投资者都在抛售它们,而道富银行的红利ETF却在持续买入它们,逐渐地,这两家公司就接近ETF的持股上限了。在ETF中,有规定持有单只股票的比例不能超过4%。从指数的比例上看,这个占比并不大,但从单个公司的角度来看,随着股价下跌公司市值不断缩小,ETF已经持有公司的大部分股权了。并且,一些其他红利指数基金也在抢购它们的股票。到2020年1月中旬,指数基金已经拥有超过50%的坦格尔股份,以及接近40%的梅雷迪思股份，其中红利 ETF 这一只就拥有近 20%。[18]

问题是，标普高收益红利贵族指数的选股规则，规定成分股的市值在不考虑股息的情况下，至少要在 15 亿美元以上，而坦格尔和梅雷迪思的市值最终还是跌破了这个门槛。这意味着，当一众标普道琼斯指数 1 月 24 日将这两家公司从指数中剔除时，ETF 就得抛售它们的股票。考虑到 ETF 持有的股份数量，以及严重缩水的公司市值，结果很可能非常糟糕。除非，有另一个妙计。

大多数指数基金，都会通过出借证券来赚取一些额外的收益，把股票借给想要做空的投资者。实际操作中，投资者会把股票借来之后卖掉，然后希望股价下跌，再重新买回来，赚取差价。这个过程通常叫作"卖空"。鉴于坦格尔和梅雷迪思这两家公司的黯淡前景，卖空者已经蜂拥而至。对红利 ETF 来说，想要卖出所持有的两家公司股票，那就需要先召回已经借出去的股票。于是，卖空者被迫必须把股票买回来以便归还给 ETF。就这样，两家公司的股价飙升。[19]虽然，这帮助减弱了红利 ETF 卖出股票所带来的影响，但不良后果仍在，即两家公司的股价在 1 月份经历了巨大的波动。

一些怀疑论者认为，像这样一些小而特殊的例子的存在，让人们忽视了指数基金更普遍、范围更广的不良影响。他们担心，指数基金对金融市场的健康所造成的负面影响，已经超过了指数基金能带给投资者的好处。我们即将在下一章讨论这一点。

第十七章

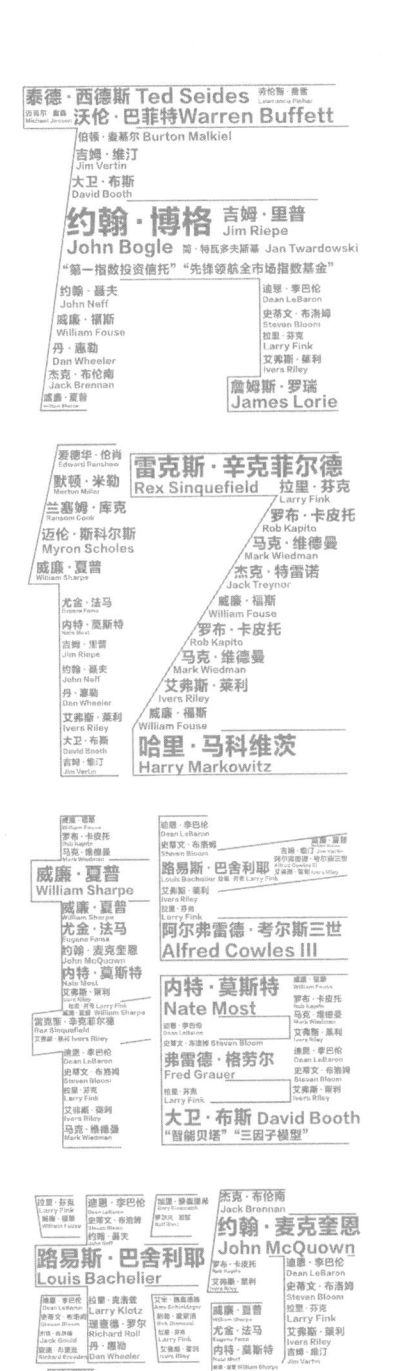

这就是水

大卫·福斯特·华莱士（David Foster Wallace）并不喜欢公开演讲。2005年5月，在一个阳光明媚的日子，这位作家忐忑不安地走上凯尼恩学院的讲台。紧张的情绪，再加上炎热的天气，使得他今天特意穿的黑色长袍都被汗水浸透了。1

"有人热得直冒汗吗？没关系的，想出汗就出吧，反正我已经汗流浃背了。"头发蓬松的华莱士一边说，一边从长袍下面拿出一块手帕来擦脸。接着，他开始演讲。后来，这次演讲成了有史以来最著名的毕业典礼演讲之一①。

开篇的故事简单有力，引人入胜。两条小鱼在海里游来游去。偶然遇到了一条年长的鱼，年长的鱼向它们打招呼，随口说道："早上好，孩子们。今天水怎么样啊？"小鱼们继续游着。游了一会儿，其中一条小鱼终于忍不住，转身向同伴问道："水是什么东西？"华莱士想要向听众表明的观点是，"最显而易见、最重要的东西，往

---

① 华莱士的演讲名为《这就是水》（This is water）。——译者注

往是那些最不容易被注意到和谈及的事情"。

对华莱士来说，这代表的是成年人应该要有意识地培养自我觉醒和同理心，这样可以帮助自己正确应对日常生活中的烦恼、孤独和乏味。但对越来越多的指数怀疑论者来说，两条小鱼忽视了环绕、支撑和改变它们周围一切事物的普遍现实的故事，也是描述被动投资对市场产生了什么影响的最佳方式。

在众多敲响警钟的人中，迈克尔·格林（Michael Green）是其中一位。格林50岁出头，热情理智，一头黑色短发，就像卡桑德拉（Cassandra）一样，用疲惫的语调，说着注定永远不被人们相信的预言。2018年2月，与波动率挂钩的ETP暴跌，格林通过做空从中大赚了一笔，名声大噪。[2] 当时，他在对冲基金蒂尔宏观工作，老板是硅谷投资者彼得·蒂尔（Peter Thiel）。现在，他在简化资产管理公司任首席策略师，讽刺的是，这家公司虽然名字叫简化，但是一个主动期权ETF发行商。格林把自己的使命定为，提醒人们注意指数投资变幻莫测的危险性。[3]

格林认为，华莱士的演讲《这就是水》里这个寓言小故事，非常完美地比喻了指数基金如今对市场及整个行业全方位的影响。格林说："指数生来就是一个评估方法，而一旦你开始投资指数基金，你的行为实际上就已经改变了它。当它参与市场并且规模开始增长的那一刻，它就对市场产生了影响。"批评被动投资的人，远远不止格林一个，但其他人都不如格林那么执着和善辩。假如说格林的观点有些确实是对的，那被动投资就真的将面临一些很棘手的问题。

有些负面影响，确实是存在的，这一点没有争议。正反双方争议的点在于，这些影响到底达到了什么程度，重要性又如何。

大多数指数基金都是市值加权的，这意味着，投资指数基金的资金，大部分都流向了规模最大的公司，或负债最多的公司。跟人们的普遍认知有所不同，且关键的一点的是，当指数基金已经持有一只股票时，并不会因为这只股票短期上涨而买入更多。但是，如果有新的资金投入指数基金，这些资金就会按照动态变化后的各成分股占比，来进行配置。这样从理论上来说，会导致分配更多的比例到那些已经上涨的成分股。举个例子，过去40年里，投入先锋领航500指数基金或道富银行SPDR的资金，平均有14%流向了规模最大的5家公司。10年前，这个比例还不到10%，而如今这个比例已经超过了20%，创了历史新高。[4] 2020年一项调查研究表明，这些额外流入的资金，不仅会让这些大公司越来越大，还会导致市场比例失衡，造成不良后果。[5] 换句话说，批评家认为，就像"左脚踩右脚登上天"似的，这种现象可能引发金融市场走向泡沫。

他们还说，人们的"指数基金相对于大多数传统主动基金有超额收益"这个想法本身，就可能会使想法成为现实，至少在理论上是成立的。因为新流入的资金会按照指数基金的持仓配比来进行配置，从而进一步使指数基金的成分股从中受益。过去10年，有巨量资金流入指数基金，这很有可能会对市场产生影响。实际上，主动基金经理所面临的对手是裁判员，即能控制和影响最终成功标准的人。像格林这样的批评人士，虽然也承认指数基金之所以能有超额收益，一部分原因是它低成本的核心优势，包括低管理费和低换手率所

第十七章 这就是水

带来的低交易佣金等，但主要的原因还是受到这个情况的影响。①

指数基金的批评者认为，过去传统主动基金经理会买入他们觉得被低估的股票，或是在特定情况下做空被高估的股票，这对市场起到了很重要的作用，套用法马·法马的理论，这可以帮助市场整体保持相对的"有效性"。然而如今指数基金规模如此庞大，任何想要挑战其力量的行为都是徒劳的，长期来看，主动基金经理的表现将不可避免地追不上指数基金。

此外，格林还表示，自从 2008 年金融危机以来，指数基金正在推动股市的平均估值不断向上提升，但这同时会导致市场在低迷时期更加脆弱。

造成这种现象的其中一个原因，主要是机制的问题。主动基金经理通常会保留 5% 左右的现金，以应对赎回或降低风险，比如当股市暴跌时回撤能更小一些。但指数基金几乎不保留现金，以免偏离指数。换句话说，投入指数基金的钱，基本上 100% 都会投入股票，而投入主动基金里的钱，平均只有 95% 左右会投入股票。当市场上涨时，预留的现金部分始终会拖累主动基金的表现。格林认为，随着那么多资金从主动基金转移到指数基金，市场的估值将被带动着长期上升。不过近几十年来，还有一些其他的趋势会增厚公司的利润从而导致股市估值上升。比如反垄断力度减弱、全球化、工会力量减弱、利率下降推动所有金融资产都上涨等。目前还不好说到底哪个原因的影响更大，但格林的说法很可能是不全面的。从

---

① 这个理由，似乎也能帮助解释为什么近年来沃伦·巴菲特的表现不如从前了。过去 10 年的大部分时间里，伯克希尔－哈撒韦的股价表现都要逊于先锋领航 500 指数基金。当年，巴菲特正是用先锋领航 500 指数基金战胜了泰德·西德斯的对冲基金。

另一个角度来看，当指数基金被赎回时，由于没有现金仓位，它们会更快地卖出股票。

不过，在格林看来，指数基金最大的影响来自追踪指数的策略，如今这些策略的数量太多了，几乎占据了整个市场。过去10年，它一直都是股票的主要买家，用华尔街的话来说就是"买方出价"。这使得其他人能买到的份额变少了，而这些策略的持仓并没有被排除在指数的计算之外。这就产生了问题，大多数大型指数，比如标普500指数，如今都不是纯粹市值加权的，而是根据"自由流通股"做了调整的，也就是说，股票在指数里的权重是根据真正的可流通市值来计算的，而不是总市值。

举个例子，假设有一家市值为1 000万美元的上市公司，一共有100万份股票份额，创始人拥有一半的股份，也就是50万份。剩下的50万份是市场上的可流通份额，指数就是基于这可流通的500万美元市值，而不是总的1 000万美元，来计算这只股票在指数里的权重占比的。但现在，指数基金可能自身就买入了20%的份额，除非投资者赎回，否则这些份额是不会被卖出的。这就意味着，实际上其他投资者能真正交易的份额，只有30万份，即市值300万美元，但指数计算权重使用的值，仍然是500万美元。

当大量的资金流入主动基金和指数基金的时候，基金要将资金配置成股票，会采用增量买入法，① 于是会推动股价更快速地往上

---

① 比如要买入100万份股票，可能需要从许多不同的卖家手里买进，比如从报价1美元的卖家手里买入10万份，再从报价1.1美元的卖家手里买入一部分，再从报价1.4美元的卖家手里买入一部分，以此类推，直至买到全部所需的100万份。——译者注

涨，因为此时市场上买家很多，而卖家很少。格林表示，在极端情况下，被动投资会吸入越来越多的自由流通份额，从而形成一个黑洞，导致股价呈抛物线型上升。指数基金，就像在传染病肆虐期间，囤积了满满一仓库抗菌肥皂的人。一旦指数基金浪潮退去，会发现沙滩上留下了大量的残余，因为此时指数基金要根据权重进行卖出，市场上的潜在买家却寥寥无几。原本股票的主要买家将消失，转而都变成卖家。

当然，纵观历史，无论是在单只股票上，还是在整个市场上，都有事实证明普通投资者和专业基金经理，都是有能力吹出大泡沫或是造成崩盘的。假如说"左脚踩右脚登上天"的说法是真的，那么埃克森美孚仍将是世界上价值最高的公司，因为指数刚兴起的时候它的规模就是最大的，事实显然并非如此。其实，在计算一只股票的自由流通股数量时，把指数所持有的部分排除在外，并没有什么意义。毕竟，指数基金所有的买入和卖出都是根据投资者资金的起起落落来的，当然绝大多数时候资金都是呈涌入状态的。此外，就目前而言，单论股票市场，被动投资工具所持有的资金仅占全市场总规模的1/7，而在其他市场的占比就更小了。它们实际上并不完全像水之于鱼那样，无所不在。还有一点，指数投资也并不像批评家所想象的那样同质化严重。交易量屡创新高，表明市场的活跃度并没有因为指数基金的崛起而下降。对于批评家的担忧，人们很容易把它看作自私自利的当权者面对来自对手越来越大的压力时，刺耳的危言耸听。这个对手，不仅更便宜，还表现更好。

不过，已经有一些学者的研究表明，指数基金在一些细微之处已经展现出不良影响。比如，有的研究指出，指数基金的增长意味着金融证券的走势越来越趋于一致,而不是根据各自的特性来涨跌。[6]还有研究发现,ETF 持有量较高的股票比其他正常的股票波动率更高。[7]

就连美联储也注意到,从主动投资策略向被动投资策略的转变,"在过去几十年里,已经对资产管理行业产生了极大的影响,这种转变一直在持续,意味着未来几年,这种影响将波及整个金融体系"。[8]美联储的经济学家,从经典的"平衡理论"出发,认为主动向被动的转变"导致对金融市场稳定性有影响的多种风险因素,其构成情况发生了改变,增强了某些风险,减弱了另一些风险"。然而,格林等批评人士坚持认为,这种不偏不倚的态度无疑是一种洗白。

格林说:"这些策略变得如此庞大,已经在实践中直接影响了市场本身。现在开始,我们能看到这些东西的脆弱性了。"

▲

许多批评家争论说,最大的风险,并不是来自那些大型主流的股票型指数基金,而是来自那些追踪交易量更少、更特殊的市场的 ETF,比如债券 ETF。

著名的企业狙击手卡尔·伊坎(Carl Icahn),曾在一次业内会议上坐在拉里·芬克旁边,公开称贝莱德是"一家非常危险的公司",理由是贝莱德是世界上最大的固定收益类 ETF 发行商。[9]伊坎已经财务自由,可以想说什么就说什么,不受束缚,他用与年龄相符的冷静又调侃的语气,预测债券市场最终将"触礁"。受到打击的芬克,十分不习惯在公开场合被业界大佬批评,于是给予反击,他坚称:"卡尔,你是个很棒的投资者,但你这次又说错了。"观众都被这不同寻常的公开互相抨击惊得目瞪口呆。

在许多批评人士看来，债券 ETF 的核心埋藏着一个危险特征。ETF 可以在证券交易所里像股票一样进行交易，但一些债券的交易频率却很低，通常只会通过像高盛、巴克莱或德意志银行等机构来进行交易，这些投资银行是至关重要的中间商。在企业债上，这一点尤为明显，ETF 也在企业债市场越来越重要。花旗集团的研究显示，2018 年公开登记的在售美国企业债有 21 175 只，但其中每天交易一次以上的只有 246 只。其实，几乎固定收益市场的每一个角落，都不如股票市场那么活跃。于是有些批评家就担心，一只债券 ETF 如果遇到投资者挤兑式赎回，可能无法卖出所持有的债券来换回资金给到投资者，从而引发崩盘。这继而可能会引发更多人对固定收益市场产生恐慌，争相踩踏式赎回，于是引发更大面积的债券市场崩盘。

2020 年新冠肺炎疫情的暴发，使这些担忧更是像幽灵一样笼罩着人们，当时许多债券 ETF 的价格大幅下跌，比起 ETF 所持有的债券资产价值来说，出现了很大的折价。那么通常情况下，一些专业交易机构就可以利用这种折价来获益了。它们会买入下跌后的 ETF 份额，换成一篮子债券，然后卖出这些债券，以此让折价收敛。这种专业交易机构通常在业内被称为"授权参与人"（AP），负责处理 ETF 份额的创建和回收过程，以确保 ETF 交易能平稳进行。创建和回收过程，是 ETF 的一个独有的特性，当初由内特·莫斯特所设计。然而，债券市场的流动性差，导致功能失调，债券无法被卖出，交易冻结，那套利也就成了"水中捞月"了。只有当美联储扛着充足的货币武器库介入，承诺购买债券 ETF 后，折价才会消失。[10]

批评家表示，债券 ETF 每时每刻都在交易，而它们所包括的一篮子债券的交易频率却不高，这种流动性上的不对称，需要美国央行花费很大力气才能遏制不良后果，这一点恰恰证明了市场的脆弱性。此外还有一些观察人士认为，美联储选择贝莱德来管理其 ETF 购买事宜，也存在利益冲突的问题。

不过，新冠肺炎疫情以来发生的事，证明 ETF 的结构实际上要比批评家所认为的更加柔韧灵活。债券 ETF 的价格不断下跌，但没人能卖出底层债券，底层债券看似起伏的价格，实际上不起作用。于是，ETF 的折价套利基本上变成了幻想，其价格已经反映了债券市场真实的低迷程度。[11]并且，ETF 也不是一定就会导致抛售加剧，因为套利被冻结了，所以投资者能交易的基本上也就只有固定收益类 ETF 的份额了。后来，这种现象也被用在了封闭式基金上，使得封闭式基金也可以进行自由交易了。[12]

也就是说，出现折价是金融市场压力的一种表现形式，而不是造成压力的原因。从某种程度上说，债券 ETF 扮演了至关重要的市场减震器的角色，30 多年前，内特·莫斯特的创意灵感也是由此角色而来。是的，债券 ETF 默默承受了所有的抛售，宁愿自己价格急剧下跌，如果美联储没有采取行动，也许还会有一只或几只 ETF 清盘，但也要保护整个债券市场的局势不要继续恶化。债券共同基金也面临同样的风险，即当投资者集中赎回时无法卖出持仓完成赎回，只是这个风险的严重程度可能相对来说会轻一些。

如今，ETF 的粉丝为成功而欢呼，就连有些批评家也默默地承认，固定收益类 ETF 比他们想象中要好太多了。拉里·芬克表示："我真没想到，竟然有那么多人根本不懂 ETF。他们仍然只是很肤浅地说 ETF'很坏'或是说它们没什么用处。不过几乎每发生一次市场动荡，都能用事实证明他们错了，尤其是新冠肺炎疫情初期那几周。"

同样，过去人们常常认为，流入指数基金的资金应该是变幻无常的，迟早会再流出去，导致金融危机。然而事实一次又一次证明，投入指数基金的钱，远比传统主动基金里的钱黏性更强。美联储在2018年的行业报告中指出："这意味着被动基金的净流动情况，不会由于业绩表现不好而加剧，因此这类基金的规模增长，有助于维持金融市场的稳定性。"[13]

不过有一个一直以来都存在的点，确实是值得关注的，即无论是在股票市场还是债券市场，被动投资的增长都可能会带来潜在的扭曲效应。有人把指数基金在金融市场的出现和发展，类比为在一个自然生态系统里引入了一个外来物种，比如18世纪晚期人们把欧洲猪引入澳大利亚，从而引发了巨大的灾难。但是，人们也应该记得，金融市场本身一直都是一个动态变化的生态系统，最终能够适应并接纳丛林里出现的新野兽，无论这个野兽是19世纪的投资信托、20世纪的共同基金，还是前些年兴起的对冲基金。每一个这样的新物种，都曾有一段让人们极度痛苦、感觉看不到希望的时光，但随着时间流逝，它们终将为整个生态系统增添新的活力。

指数基金很可能也是这样的一个新物种，尽管未来几年关于指数基金对金融市场影响的争论可能将愈发激烈。同时，在金融行业里的另外一些地方，被动投资所展现出来的破坏力，也已经越来越明显。

▲

当新老板临时叫她去全透明的会议室开会时，伊丽莎白·费尔南多（Elizabeth Fernando）的直觉告诉她，肯定有什么大事要发生了。这里是英国高校养老金计划（USS）——英国最大的私人养老金计划之一，管理着约750亿英镑的资产，它的会议室就在投资部所在楼层的中央大厅。

费尔南多是股票投资小组的负责人，已经听闻一些消息，新来的老板西蒙·皮尔彻（Simon Pilcher）想要搞点事情。她已经在这里工作了25年，有点担心这份工作可能保不住了，但心里还有一丝庆幸，因为没被叫到更隐蔽的会议室里，那里通常才是宣布坏消息的地方。

然而事与愿违，并且皮尔彻打算做的，不只是让费尔南多一个人走这么简单，他打算砍掉整个股票投资小组。这个小组管理着140亿英镑的资产，主要投资于世界上的主流股票市场，比如日本股市、欧洲股市和美国股市。如今，皮尔彻打算将这笔钱转交给由计算机模型指导的量化"主题策略"来管理。[14] 整个会议过程中，费尔南多不得不像石头一般呆坐着，因为在这个全透明屋子里的一举一动，整层的人都看得一清二楚。终于会议结束了，她艰难地穿过走道，找了个安静的屋子，整理自己的思绪。她感觉，自己甚至还没意识到正身处于一场考试之中，就已经输了，并且她完全无法理解老板这样做的意义在哪里。

费尔南多的基金经理小组表现一直很出色，USS在最新的年报里还自豪地吹嘘说，过去5年这个小组跑赢了基准指数，获得的费后超额收益，高达3.89亿英镑。不过皮尔彻告诉费尔南多，这是最终决定，并且在他公开宣布这个消息之前，她不能向任何人透露半个字。这段时间，正是团队年度绩效评定即将开始的日子，费尔南多不想带着这个秘密面对团队成员，于是开始一天到晚都泡在健身房里，在跑步机上消耗着沮丧的心情。

2020年2月12日，皮尔彻终于发布了一封电子邮件，宣称公司将做出这个"艰难的决定","重塑"其投资团队,"将内部投资能力集中到可以发挥最大价值的地方",也就是,弃用之前的股票挑选策略,启用"主题策略"。邮件里没说这个主题策略到底是什么意思,也强调了"2019 年股票投资表现强劲,团队士气高昂",但信里仍然明确表示,费尔南多及她的 12 名团队成员很可能将被请离公司。[15]

命运的铁锤狠狠砸向传统投资方式,这样的事情在过去 10 年里屡屡发生,USS 选股小组并不是唯一的一个。人们开始越来越青睐量化投资和被动投资。①

指数基金先驱肯定还清楚地记得过去所遭受的那些蔑视。当年,即便主动基金的表现常常糟糕透顶,投资者也仍是极不欢迎指数基金。而如今,在这场由约翰·麦克奎恩、约翰·博格和内特·莫斯特发起的指数革命中,即便是业绩能打败基准指数的基金经理,也不再是安全的了。20 世纪 60 年代和 70 年代以来,人们开展了大量研究,从最初带给人们启发的观点,到如今越来越笃定的结论,都表明了主动投资在很大程度上仍然是一个"失败者的游戏"。这个词,是查尔斯·埃利斯在 1975 年就提出来的。威廉·夏普在 1991 年发表了一篇开创性论文,进一步加强论证了指数基金的诞生初衷。论文题目非常直白,叫作《主动投资的演算》(The Arithmetic of Active Management)[16],内容扩展了夏普以前的研究成果,针对当

---

① 行业数据提供商 EPFR 估计,自 2007—2008 年金融危机发生前夕以来,共有超过 2 万亿美元的资金从传统的主动管理型共同基金流出,这几乎等于整个法国和德国股市的总市值之和。债券基金要更顽强一些,但同期流入被动固定收益类工具的资金,仍然比流入传统主动基金的资金更多。就在不久之前,这个现象都还是不可想象的。并且,这个数据还只是统计了有公开报告的基金,在机构投资中这种现象会更为明显。

时开始流行的观点"指数投资仅仅是一种赶时髦的事情",给予了分析和判断。

论文里,夏普阐述了两条铁律:第一,主动基金的费前平均收益,跟被动基金的平均收益一致;第二,主动基金的费后平均收益,则要低于被动基金的平均收益。换句话说,从纯数学计算的角度看,市场代表了平均收益,每一位跑赢市场平均的投资者,背后都有一位跑输市场平均的投资者存在。由于指数基金的费用比传统主动基金更低,随着时间的累积,被动投资者的平均收益一定会超过主动投资者。

有很多其他学者,对夏普的这篇论文提出了质疑,其中最值得关注的是拉瑟·海耶·佩德森(Lasse Heje Pedersen)的《主动投资的演算进阶》(Sharpening the Arithmetic of Active Management)。在这篇发表于2016年的论文中,佩德森指出,夏普的论断是基于一些关键假设的,比如假设"市场投资组合"永远都不会变。但真实情况是,组成市场的这些股票,一直在持续变化。这就意味着,至少在理论上,主动基金经理的平均表现是可以超越市场的,并且这样做也能帮助保持一个健康的市场经济环境。不过佩德森也强调说这并不代表对主动投资的全力辩护。他写道:"我认为,低成本的指数基金,是金融领域对投资者最友好的发明之一。这篇论文不应该被一些表现不佳的主动基金经理拿来作为他们收取高额费用的挡箭牌。我的演算表明,主动投资作为一个整体是可以带来超额回报的,但具体到单只基金,是否能做到有超额、超额能达到多少,就要看基金经理各自的经验和水平了。"[17]

还有一个问题,我们能不能找到可以长期持续跑赢市场的基金经理呢?学术界依然认为,找不到。标准普尔道琼斯指数公司分析了詹姆斯·罗瑞的证券价格研究中心创建并维护至今的数据库的数据，它每半年发布一次基金经理的"业绩持续性记分牌"，以统计业绩顶尖的基金经理能持续多长时间一直保持出色的业绩。统计结果让人心凉透了半截，能持续 5 年都保持优秀业绩的基金经理的人数还不到 3%。事实上，当一位基金经理当年业绩表现超级好的时候，并不意味着他接下来的业绩将继续保持，反而预示他大概率即将迎来下跌。[18]

结果就是，人们对基金经理的表现越来越没信心，即便他们的业绩做得不错，费尔南多就是典型的案例。① 摩根士丹利的数据显示，20 世纪 90 年代排在前 60% 的美国股票基金，规模都有所上涨。[19] 到了 21 世纪头 10 年，只有排在前 30% 的股票基金规模有所上涨，而到了 2010—2020 年这 10 年，只有前 10% 的股票基金能维持规模不下降，且规模增长的速度已经大不如从前。

有一个很生动的例子，表明时代的钟摆已经偏向于指数基金这边。克拉伦斯·赫布斯特（Clarence Herbst）是科罗拉多大学的校友及捐赠大户。2020 年，他把学校捐赠基金告上了法庭，起诉捐赠基金始终采用主动投资策略。尽管这只规模为 20 亿美元的捐赠基金，在短期和中期的业绩表现都要超过绝大多数其他高校捐赠基金，但赫布斯特在诉状中指出，如果过去 10 年把这笔钱放在先锋

---

① 主动基金经理通常宣称，他们真正的价值只有在熊市才能显露出来。依靠着聪明才智和灵活性，他们可以避开熊市最糟糕的跌幅，并在反弹中获利，而指数基金只能完全跟着市场走。然而这只是一面之词，现实并不是如此。虽然确实有一些基金经理能做到跌得更少、跟上反弹，证明自己的价值，但大部分基金经理即便是在熊市也跑不过指数基金。这个现象也能解释为什么自从 20 世纪 70 年代以来，每发生一次大的股灾，都加快资金流向指数基金的速度，而不是减缓这个速度。

领航500指数基金里，收益会比现在更好。不过，这样只投资一只基金的做法的风险要大很多，因为绝大多数捐赠基金都会采用远比这更多样化的分散配置策略。丹佛的一位法官驳回了赫布斯特的诉讼。不过我们可以从这个例子里看出，如今每位大型机构投资者都面临和需要解决主动和被动这些问题。

假如说主动基金经理的整体努力有益于维持市场有效性及健康状态，进而也有利于经济的健康发展，那我们能从中得到哪些启示呢？在保持好处比代价更大的情况下，被动投资能管理的资金量有上限吗？

▲

费尔南多并不是一味维护主动投资行业的人，她表示过去20年投资行业取得了非常大的进步，确实也存在一些表现平平的基金经理，把大量的时间和金钱浪费在了追热点上。她承认说："有不少散户常常因此而'上当受骗'。"但她也担心，现在这种一股脑儿全部转向被动投资策略的做法，可能会影响金融市场作为经济体系中心的地位。因为在被动投资里，资金只是盲目地根据公司市值大小来进行配置，根本不看公司的发展前景。

她说："股市本应该是一个资本分配机器，但遵循被动投资策略的话，你只是简单地把资金投入过去的赢家，而不是未来可能的赢家。"换句话说，被动投资除了对市场和其他投资者会产生影响，是否也会对经济的发展动力产生危害呢？

对于这个难题，金融研究公司伯恩斯坦的分析师伊尼戈·弗雷泽-詹金斯给出了最尖锐、最精彩的解释。他用极具讽刺意味的文笔，勾勒出一位虚构的指数专家，这位专家试图构建一个"终极指数"。2016年,伊尼戈发表了一篇言辞更加激烈的研究报告,名为《通往奴役的沉默之路:为什么被动投资如此糟糕》(The Silent Road to Serfdom: Why Passive Investment Is Worse Than Marxism)。他认为,至少在一些共产主义国家,资源会被分配到最重要的领域,相比起资本主义去中心化的、以市场为导向的配置方式,可能没那么高效,但仍然比随便根据一个指数的变幻莫测来配置资金更强。

虽然这篇文章难免有些挑衅意味,但不可否认的是,指数基金确实是站在了主动基金的肩膀上,主动基金所做的工作整体对社会还是很有价值的,这一点就连约翰·博格也是认可的。博格在去世之前的几年曾表示过,如果每个人都完全只做被动投资,那结果将是"灾难性的,一片混乱"。2017年,他说:"那时,交易将不复存在。人们将无法把收入变成资产,也无法将资产变为收入。"[20]

当然,博格也客观地指出,每个人都完全只做被动投资这种情况出现的概率为零。但也有一些投资者和分析师认为,被动投资是大势所趋,长此以往,市场的有效性恐怕将逐渐减弱,这会带来极其可怕的后果。伊尼戈说:"主动投资,对某一个投资者来说,可能是好的选择,也可能是不好的选择。但对于整个市场来说,是有好处的,可以让资金更高效地进行分配。而被动投资,并不关注实体经济情况如何,也不会去了解未来的经济发展动向如何,只是以自身为参照,来进行资金分配。"[21]

在"有效市场假说"的核心思想里有一个难题,通常被称为"格罗斯曼-斯蒂格利茨悖论"(Grossman-Stiglitz Paradox)。这是由对冲基金经理桑福德·格罗斯曼(Sanford Grossman)和诺贝尔经济学奖得主约瑟夫·斯蒂格利茨(Joseph Stiglitz),在1980年撰写的一篇开创性论文中提出的。[22]这篇《论信息有效市场的不可能性》（On the Impossibility of Informationally Efficient Markets），正面挑战了法马·法马的理论，指出如果股价已经真实完美地反映出所有相关的信息，比如公司数据、经济新闻、行业趋势等，那人们就完全没动力也没必要为了做交易而去搜集任何信息了。毕竟，搜集信息这个活儿还是挺耗费时间和精力的。但是，如果真是这样，那市场也就变得不再有效了。也就是说，想要市场是有效的，就必须得有人来做些什么事情来让市场有效，而做了事情就该因此而获得相应的补偿。

这个悖论，也没能阻止被动投资的持续增长。许多投资者逐渐意识到，无论人们认同哪一种学术理论，一个冷酷无情的事实就是，随着时间推移，越来越多的主动基金经理跑不赢基准指数。即便有主动基金经理跑赢了指数，所获得的超额收益阿尔法也会被高额的费用吞噬掉。博格以他一贯的机智，称这个现象为"成本问题假说"。[23]不过，"格罗斯曼-斯蒂格利茨悖论"也确实引起了人们对相关问题的思考，随着越来越多的投资者投资指数基金，那市场到底有没有变得不如以前有效了呢？

许多传统主动基金经理认为，市场最终将达到一个临界点，在这个临界点上，市场将完全无效，于是将出现大把大把利润丰厚的投资机会，供他们享用。不过到目前为止，还没有迹象表明这个临界点会在什么时候出现。有些分析师怀疑，这样一个临界点可能压根儿就不存在，也就更谈不上会有一片充满阿尔法的乐土了。

迈克尔·莫布森（Michael Mauboussin）是华尔街最资深的分析师之一，也是哥伦比亚商学院的客座教授。他认为，众多主动基金经理的"当指数基金最终达到足够大之后，市场就很容易被打败了"的想法,可能是空欢喜一场。他用了一个非常贴切的比喻来形容:想象一下,投资就好比一群朋友玩扑克牌,大家能力水平各有不同。十有八九,那些水平比较差的玩家将首先被淘汰,回家暗自神伤。但这并不意味着,剩下的玩家可以更容易地通关。事实上,剩下的游戏将变得难度更大,因为能留下来的,都是高手。[24]

尽管金融市场这个游戏的动态变化要多得多,有无限可能的排列且没有像扑克游戏那样固定的规则,但这个比喻仍然非常有力地解释了,为什么当指数基金浪潮持续升高后,市场反而比以前更难击败了。首先,水平一般的主动基金经理逐渐被挤出这个行业。其次,个人投资者的数量也在下降,众所周知,医生和牙医过去常常都是在高尔夫球场上得到一些股票建议,然后赌一把。如今,这种送给华尔街的源源不断的"傻钱"(dumb money)在减少,也就是说,为专业基金经理的"聪明钱"(smart money)提供好收益的输家变少了。

也许,这正是格林等人指出的扭曲效应的其中一种表现。不过,大多数基金经理都愿意承认,从事这个行业所需要的平均技能和培训水平一直在不断提高,需要持续不断的学习和训练,以及非常耗费脑力的努力工作。过去那种"依靠直觉,买上一大堆,然后去吃午饭"的时光,早已一去不复返。曾几何时,仅仅是拥有一个MBA学位或CFA(特许金融分析师)证书,就已经是值得骄傲的事,如果再努力一些,认真阅读一些公司的季报,那你就有可能成功,或是至少有成功的希望。而如今在金融行业,MBA或CFA已经满大街都是,就在你打开电脑这一会儿的工夫,算法已经读完了成千上万份公司季报。

来看真实的数据。据花旗的统计数据,一家上市公司拥有CFA

证书的平均人数，在过去 20 年里，已经从 4 个人增加到了 51 个人。现在，即便是拿到了博士学位，也不保证一定能在资产管理行业找到工作。除非在拥有博士学位的同时，能熟练掌握像 Python 这样的编程语言。这样才有能力去分析市面上的大量数据集，比如信用卡数据、卫星图像数据，以及通过持续抓取数十亿个社交媒体帖子从中收集到的消费者情绪数据等。

战胜市场，并不是不可能的。但如今想要持续战胜市场，其难度已经比过去要高出许多许多倍。即便是管理规模达到数十亿美元的大型对冲基金，拥有一大批数据科学家、程序员、精英分析师，以及行业里最聪明的"大脑"，都不一定能在费后持续跑赢基准指数。借用莫布森的比喻来形容，如今不仅留在桌前的玩家是最顶尖的，而且新加入的玩家要比过去更加狡猾、精于算计和难以捉摸。①

▲

结果就是，资产管理行业的方方面面，都已经在指数基金的影响下发生了改变。许多投资顾问不再押注于最热门的趋势股或某位富达的明星基金经理，而是建议客户把资金投入一篮子指数基金。

苏黎世和新加坡的私人银行开始不再推荐对冲基金，而是更青

---

① 这一点有数据做支撑。标准普尔道琼斯指数公司除了发布"业绩持续性记分牌"，还记录了跑赢业绩基准指数的基金经理人数。在大多数年份里，无论市场表现如何，大多数基金经理都跑输了指数。如果看连续多年的结果，跑输指数的人数就更多了。截至 2020 年 6 月，过去 10 年的长期收益能战胜基准指数的基金经理，仅有 15%。在债券市场，情况也是类似的，只不过不同类型的固定收益品种，数据略有差别。对于一些海外的、不那么有效的资产类别，比如新兴市场，跑赢的人数要多一些。但整体而言，统计数据很清晰地表明，在长期投资中，大多数主动基金在费后仍然是跑输指数基金的。

睐于构建一个分散配置的多样化 ETF 投资组合。甚至对冲基金本身，也开始越来越多地使用 ETF 来执行交易。

指数基金的影响是深远的，将一个曾经赚得盆满钵满的行业的利润率大幅压缩。尽管资产管理行业仍然还有不菲的利润，但如今大多数趋势都指出了问题所在。尤其是费用问题，首当其冲。当富达终于放下迟疑、后知后觉地加入指数基金这场游戏后，2018 年它发布了第一只零费用的 ETF。这一举动，可以说在主动基金经理的世界引发了一场地震。人们开始意识到，原来终极游戏很可能是零成本投资，至少对简单且普通的指数基金来说是这样。

2019 年，道富环球投资顾问公司负责人赛勒斯·塔拉波雷瓦拉（Cyrus Taraporevala）在一次会议上开玩笑说，全行业正处在一个十字路口，"一条路通往失望和绝望的深渊，另一条路则通往彻底的灭绝"。[25]虽然这只是玩笑话，但也代表了行业里大部分人普遍的悲观情绪。还有一点颇能说明问题，就是公开上市的资产管理公司，它们整体的股价走势都弱于大盘，不过贝莱德是唯一的例外，表现明显要好很多。

泛金融行业，也受到了影响。它们通过执行交易、开展大量的经济研究及多种多样的其他事项，来为投资行业提供服务。小说家加里·施特恩加特（Gary Shteyngart）为了写书，曾花了一年的时间来专门研究华尔街，他把泛金融行业比作自然界的"共生小帮手"，它们会帮助大型动物清理牙齿，同时自己饱餐一顿。他向《巴伦周刊》表示："在纽约，凡是基金经理之外的人，都是这样一个共生小帮手，它们能否生存，跟大型动物的健康息息相关。若是大型动物不在了，那整个生态系统也会随之消失。"[26]这可能是专业作家特有的夸张笔法，但至少在金融行业，他说的没错。

投资银行、证券交易所、律师事务所、会计师和券商等，随着客户的快速变化，不得不跟随着一起做出改变，别无选择。改变涉及的范围很广，大到金融研究机构开始设立专注于研究 ETF 的团队，小到交易员重新布置自己的办公桌等，这一切都在向人们展示着市场上这一支生力军所带来的影响。大型 ETF 的崛起，也影响了企业债的走势。负责企业并购的银行家，必须事先考虑先锋领航或贝莱德将会如何看待他们发起的企业并购；而股票和债券部门的人，在帮助企业上市或出售债务时，需要想方设法让客户的证券被纳入所有主流指数。

最终，指数革命的辐射范围，将远远超过金融行业这一领域。最近，人们争论的焦点集中在，被动投资的增长将对所有上市公司的运作产生什么影响。指数行业有些人还不愿意承认这种影响真的存在，但一场独一无二的美国悲剧，生动地向我们展示了这种影响所带来的后果。

第十八章

新的企业霸主

2018年2月14日下午,佛罗里达州一个阳光明媚的日子,尼古拉斯·克鲁兹(Nikolas Cruz)从一辆优步车上下来,走向这所位于帕克兰的学校门前,这也是他的母校。这位瘦削的19岁少年,径直登上楼梯,进入马乔里·斯通曼·道格拉斯高中的校园,然后拿出藏在他黑色背包里的AR-15半自动步枪,开始向学生们扫射。

仅仅6分钟,克鲁兹就枪杀了17人。这场惨无人道的屠杀,唤醒了美国人对枪支管控的争论。自由派要求立即执行更严格的管控,而保守派则坚持认为不能仓促行动,需要留出一些时间来"思考和祈祷"。

第一次,指数基金发现自己竟然被卷入这样一场悲剧,因为有相关人士指出,最大型的上市枪支制造商的最大股东就是指数基金。亲身经历了这场惨案的幸存者大卫·霍格(David Hogg),甚至呼吁人们应该强烈抵制贝莱德和先锋领航。[1]这两家投资行业巨头的处境非常尴尬,因为枪支股确实存在于它们的指数基金里。无论两家公司的高管的个人看法是怎样的,他们的指数基金都不能卖掉这些股票。

贝莱德和先锋领航都发誓,一定要跟这些枪支制造商见面会谈,要求它们制订计划以降低其生产的大量武器所带来的潜在风险,防止像帕克兰枪击案这样的悲剧再次发生。同时,他们还会为有需要的投资者发行不包含枪支股在内的指数基金产品。贝莱德发表声明说:"我们认为,对于民用枪支制造商和零售商来说,制定负责任的政策以及切实可行的实施方案,对于公司的发展前景是至关重要的。尤其是在现在这个时刻,更是如此。"[2]

在指数投资行业里,如此错综复杂的局面也引发了一场无声的争论,争论的焦点在于人们应该怎么做或是能够怎么做。看到电视上的惨案画面,幸存下来的还在瑟瑟发抖且处于震惊中的学生和老师,在警察的指引下撤离帕克兰校园,约翰·博格仔细思量后,向枪支制造商发了一封公开信,呼吁它们放下一向桀骜不驯的姿态,采取切实有效的具体措施来防止更多这样的惨案发生。他悲痛地说:"你看到这些老师和孩子走出校园,他们再也不会是从前那个自己了。"但他在结尾也说了,归根结底,这一切具体措施的执行终究还得是靠政治家,而不是指数基金发行商。

现实情况就是,指数基金无法卖出这些枪支股,也无法阻止制造商继续生产枪支。人们能做的,也不过就是扼腕叹息。不过从这场悲剧以及引发的争论中,我们可以看到,指数基金行业"三巨头"的规模和影响力,已经大到足够引起人们的重视。未来,它们将在何时、将以什么样的方式、将用什么样的理由,来对全世界的公司行使它们越来越大的权力,可能成为非常关键的问题。

一位贝莱德前高管说:"帕克兰枪击案是一个很典型的例子,对贝莱德这样的机构来说,这是一件很棘手的事情。要不要发布一份道德声明，卖出枪支股，但承受因此而造成的指数基金跟踪误差呢？最终，我们选择的方案是单独提供不包括枪支股在内的指数基金产品。不过，贝莱德越是公开讨论该如何运营一家公司，'跟着指数走'这个答案就越是站不住脚。"

沧海桑田，谓世事之多变。早年间，批评家还在说，投资者不应该只满足于"平庸的收益"，但在强大的数据面前，这种说法不攻自破。而另一种说法，指数基金会让市场更容易走向泡沫或崩盘，充其量也就是尚无定论。如今流行的，可以说迄今为止最有底气的质疑是，被动投资的增长对公司治理意味着什么，以及不断增强的行业寡头垄断局面将带来什么影响。

"公司治理"这个词，听起来似乎晦涩难懂，也不常见，似乎只是那些呆板的律师才会关心的事情。然而事实上，这是一件举足轻重的大事。大型公司，在现代社会具有很大的影响力，而这些公司的大股东往往都是像贝莱德、先锋领航和道富银行这样的指数基金提供商。并且，还有越来越多的公司正在形成这样的局面。这是一个无法逆转的进程，即便是这些指数基金提供商不打算行使它们大股东的权利，可能这个决定本身也会带来一系列后果。

博格在晚年，对指数投资的规模经济所带来的不可避免的结果，越来越不安。他指出，如果行业寡头垄断的局面持续下去，那最终所有的美国大型上市公司的投票控制权都将掌握在少数几家公司手里。

他在去世前不久说："美国国家政策应该重视这股日益增长的力量，认真思考这股力量对于金融市场、公司治理和监管所带来的影响。这将成为下一个时代要面对的主要问题。我的看法是，这种

越来越集权的情况，是不利于国家发展的。"³

▲

保罗·辛格（Paul Singer）身材修长，满头银发，留着络腮胡子，戴着眼镜。这位年逾古稀的老者过去做过律师，如今的他看上去也更像一位律师，而不像是人们熟知的可怕的"秃鹫基金之王"。2001年阿根廷无力偿还外债，打算违约，于是辛格创立的艾略特管理公司在世界各地的法庭上向阿根廷追债，最后终于从阿根廷首都布宜诺斯艾利斯讨回了24亿美元。2017年，他在写给投资者的一封信中，对被动投资大张挞伐。

他的这封信极具煽动性，主要说的是过去几十年以来，企业责任感一直在下降，而指数基金的崛起更是加剧了这个情况。⁴先抛开是否有投资价值这一点不谈，辛格认为，指数基金是懒惰、不作为的大股东，助长了企业的懒散和浪费等不良风气，在极端情况下，最终会导致经济大环境失去活力。

他义愤填膺地问道："越来越多的投资者在做投资决策时，根本不对公司进行研究和评估，不考虑公司治理情况、管理水平，不对公司的长远前景做实际考察，而是直接把选股的重担交给了指数提供商和指数基金发行商。这种行为，对资本主义来说意味着什么？增长？创新？"①

一直以来，许多投资集团都会把围绕着公司治理相关的艰难而

---

① 信中，关于被动投资的小节标题为"习惯麻木"（comfortably numb），取自英国摇滚乐队平克·弗洛伊德的歌曲名，辛格用这个词来代指有太多的投资者都在采用被动投资方法。

乏味枯燥的工作，外包给少数几家咨询公司，人们通常称这类咨询公司为"投票顾问"。目前最大的两家分别是格拉斯·刘易斯公司和机构股东服务（Institutional Shareholder Services，简写为ISS）公司，基本上垄断了这个细分行业。这两家公司，在企业和金融业交界的十字路口，默默发挥着自己的影响力。

格拉斯·刘易斯每年在全球100多个市场参加超过25 000次年会，ISS则宣称它参加了115个国家和地区的44 000场会议。加在一起，它们为成千上万家投资集团提供咨询服务，累计服务的资产达到数十万亿美元，每年代表投资集团做出的投票达到数百万次。

许多企业高管，对投票顾问机械式的流程做法非常不满，认为投资集团依赖它们，就相当于放弃了自己作为一名投资者的职责。这个看法在一定程度上可以说是自私的，比如高管们不喜欢投票顾问对薪酬制度的建议。不过这里有一点说的没错，大多数投资集团都不愿意介入自己所持有的几百家甚至几千家公司的日常琐碎事项处理当中，这些事做起来很麻烦。格拉斯·刘易斯和ISS存在的意义，就是帮助投资集团解决这些让人头疼的麻烦事。

主动基金经理也会使用投票顾问，但他们对此的解释是，当他们不中意某家公司的发展方向时，他们可以有权选择卖出股票，而指数基金却不能卖，只能继续持有。指数基金则反驳道，作为事实上的"永久资本"，它们拥有更强大的能力和意愿来帮助公司共同发展，不像炒短线的主动基金经理，可能明天就离公司而去了。2015年，先锋领航首席执行官比尔·麦克纳布在一次演讲中说道："当你完成了季度业绩目标时，我们将继续持有你的股票；当你没能完成业绩目标时，我们仍将继续持有你的股票。如果我们喜欢你，我们将继续持有你的股票；如果我们不再喜欢你，我们仍将继续持有你的股票。当所有人都蜂拥而至来买入时，我们将继续持有你的股票；当所有人都跑着撤离时，我们仍将继续持有你的股票。也就是说，我们的规模很大，我们不会添麻烦，我们专注于做长期投资。这也正是我们会如此看重拥有一个良好的公司治理环境的原因。"[5]

尽管如此，在批评人士所谓"被动基金就代表着被动股东"的攻击下，受到刺激的大型指数基金公司都在做出改变。大部分与公司治理相关的单调工作，比如例行决议、批准审计报告等，仍将由投票顾问来完成，但与此同时，道富银行、贝莱德和先锋领航近年来也一直致力于组建庞大的管理团队。这些团队的职责，包括监督所有持仓中的公司，与公司董事会更高频、更深入地沟通交流，在公司年会上更慎重地投票等。2018年，拉里·芬克在写给公司高管的年度信函中承认："指数基金的增长，要求我们现在必须把这项职责的重要性提升到另一个高度。"[6]

然而在辛格看来，这不过就是块遮羞布而已。他强调说，他并不质疑这些管理团队的专业性，他也承认说，假如隔着一万米的高度远远看过去，公司治理可能会因为它们的努力而稍微有所改善。这确实是事实，比如就有三位金融学教授伊恩·阿佩尔（Ian Appel）、托德·戈姆利（Todd Gormley）和唐纳德·凯姆（Donald Keim）发现，随着指数基金持有的公司股票越来越多，独立董事的数量也在提升。[7]但辛格还说，鉴于指数提供商的公司规模，它们还是太小了，没有足够的能力去做如此复杂、细致的工作，这些工作要求能对成千上万家公司的状态给出正确的判断，还要有能力解决在公司治理中可能会出现的数不清的重要问题。[8]

不管怎么说，事在人为，改变正在进行中，尤其是在ESG领域。ESG是目前金融界流行的一个概念,是"环境、社会和治理"的英文首字母缩写。在投资中融入ESG理念,如今已成为一大热门趋势,简单来说就是排除掉在这三个方面中的其中一个或几个方面做得不好的公司,或是引导公司向正确的方向发展。

虽然指数基金没法儿根据自己的意愿卖出股票,但它们还是有很多其他武器的。比如,通过暗中游说来在投票时阻止某个董事会成员连任,或是否决某些薪酬计划等。虽然ESG很容易被人们看作哗众取宠,甚至"漂绿",但许多迹象已经表明,细微且真实的转变正在发生。

▲

每年8月,芬克都会带一群朋友和同事去阿拉斯加西南部伊利亚姆纳湖附近的一个营地,进行为期3天的飞钓之旅。对芬克这位贝莱德创始人来说,这是一次近乎宗教般让心灵舒畅的旅行,他本就是个非常健谈的人,趁着旅行,他可以有机会跟许多一同被邀请前来的行业泰斗握手言欢,还能顺便钓到一些鳟鱼和茴鱼。但就在2019年的这次旅行里,发生了一些不一样的事,给全世界的公司都带来了深远的影响。

那一年,阿拉斯加刚刚经历了有史以来最热的7月,大规模毁灭性的野火蔓延至整个阿拉斯加,大片大片原本美丽的田园乡村都笼罩在浓浓烟雾之中。[9]之后不久,芬克带着妻子洛莉,去博茨瓦纳的奥卡万戈三角洲进行狩猎旅行,那是一片郁郁葱葱的绿洲,位于干旱的卡拉哈里沙漠。但那年极端的天气,使得原本应是沼泽的湿地三角洲消失了,大象和其他动物成群结队地死亡。

长期以来,芬克就为人类所造成的气候问题而担忧。然而,这次在阿拉斯加和博茨瓦纳的旅行见闻，才真正直击他的心底，让他深刻意识到这是一个亟须着手解决的紧迫危机。面对过去这么多年一直在思考的问题，如今芬克终于下定决心，动用贝莱德的全部力量去应对。

2020年，芬克写给贝莱德所有投资的上市公司高管的年度信函，成为一记重磅炸弹。在信中，芬克说，贝莱德承诺，将增加专注于可持续发展主题的ETF的数量到现有的2倍，达到150只；将从所有主动管理型基金中，剔除热能煤炭公司；将要求所有公司就各种可持续性指标发布严格、标准化的报告；将用"跟分析信用度、流动性风险等传统投资指标一样严格的标准"，来评估这些公司。

在总结里，芬克表示，气候变化带来的危害太大了，已经对投资构成了风险，贝莱德作为受托人，唯有肩负起自己的责任，采取强有力的行动。他写道："我相信，我们正处于从根本上重塑金融业的关键时刻。每一个政府、公司和股东，都必须直面气候变化问题。"[10]芬克生怕公司董事会没能完全领会他的意思，更明确地发出警告："如果公司没能在与可持续发展相关的信息披露、商业实践和计划上取得长足进步，我们可能会投票更换管理层和董事会。"

总会有一些冷嘲热讽的人存在。他们认为，贝莱德这次大动作的出发点，其实更多是由于失去了1.6万亿美元的巨额日本政府养老金的指数投资，日本方面认为贝莱德没能足够认真地对待ESG问题。[11]如今，全世界许多大型机构投资者越来越重视ESG，因此贝莱德将可持续发展视为其新的箴言，无论是否出于道德上的考虑和重视，单就商业逻辑来说，也是理所当然的。芬克的朋友们，替他鸣不平，站出来说2019年芬克在阿拉斯加和博茨瓦纳的所见所闻，确实深深地触动了他，进而开启了贝莱德的新征程。

不过，这也不是没有隐患的。无论这件事多么重要、多么值得做，都无可避免地把指数提供商拉入政治纷争的领域。被动投资时代即将到来，如何更好地处理被动策略股东和主动策略股东之间的平衡，是一个巨大的挑战，尤其是在当今政治和文化两极分化严重的时候。

大量的冲突和攻击，常常让指数基金公司产生挫败感。贝莱德意志坚定的前公共政策主管芭芭拉·诺维克（Barbara Novick），把其面临的难题形容为"金发姑娘困境"①。2019年，在哈佛大学一次讨论公司治理的圆桌会议上，诺维克说："资产管理人做得够吗？资产管理人做得太多了吗？还是资产管理人做得不多不少刚刚好呢？"[12]

如今已经有不少迹象都表明，人们对贝莱德的敌对情绪很强烈，尤其是一些高管和竞争对手，认为芬克是个道貌岸然、自命不凡的伪君子，非常厌恶他。"我不知道，原来拉里·芬克被封为上帝了。"著名房地产亿万富翁萨姆·泽尔（Sam Zell）在2018年抱怨道。[13]不过这种牢骚还只是小事一桩，跟另一些观点相比，就小巫见大巫了。自从2020年芬克发表了那封关于气候变化的信件之后，一些人认为，芬克这是在借用自己管理的大量投资者的资金，以达到给公共政策领域施加压力的真实目的。

一群保守派的商界领袖，组建了一个名为"股东权益联盟"的综合团体，发布了一封公开信痛斥芬克，说他在利用投资者的钱玩

---

① "金发姑娘困境"来自童话故事《金发姑娘与三只熊》，讲的是金发姑娘不小心闯入一家三口的熊家里，觉得熊爸爸的粥太烫了，熊妈妈的粥太凉了，熊宝宝的粥不烫不凉刚刚好；又觉得熊爸爸的床太硬了，熊妈妈的床太软了，熊宝宝的床不硬不软刚刚好。所以"金发姑娘"常常就用来代指不多不少、刚刚好的状态。——译者注

政治。信中写道:"不管这是不是为了恐吓企业,强迫它们遵循毫无意义且空洞无形的'可持续发展'路线,还是为了逼迫那些'无法容忍'的企业破产倒闭,其影响都是一样的,即公然创造了一种意识形态和法外监管制度。"[14]

另一端的政治派别,同样对芬克进行了猛烈的抨击,激进分子认为,贝莱德在改善气候危机这件事情上,做得还不够。气候问题,是我们这个时代最热门的话题之一,这些情况足以证明,贝莱德已经被卷入这场关于气候问题的战火之中。甚至连阿尔·戈尔也发表了自己的看法。这位美国前副总统曾问道:"我认为,大型被动投资管理人,确实很难做出决定。它们到底是想资助破坏人类文明的行为,还是不想?它们采用的投资模型使得它们无法执行一些策略,而主动基金经理则不受这种限制。在这一点上,我理解它们。它们一直在努力想办法,只是目前还没有成功罢了。"[15]

芬克承认自己并不喜欢这种被左右两派夹击的感觉,但他坚称,他这么做是对的,完全是为了履行自己作为投资者资金管家的使命和职责。他说:"作为客户资金的受托人,我们必须关注长期目标,而长期目标就是做正确的事情……我们的职责就是帮助他们了解气候变化所带来的影响。"并且他还指出,投资者总体上看是支持的,因为贝莱德的规模仍然在持续增长。他说:"我们在做正确的事情,并且正在被左右两派大肆围攻。但投资者认可我们,为我们带来了更多业务量,使我们的声音比以往任何时候都要更有力量。"

不过值得注意的是,被称为"投资行业道德之声"的沃伦·巴菲特,却并不是很热衷于推行ESG。他指出,许多股东实际上更希望公司专注于赚取利润,而不是"做好事",最终的变革还是要基于民主合法性来开展。[16]事实上，已经有一些政府，开始仔细审视大型投资集团可能给资本主义活力带来的潜在不利影响。

▲

2018年12月8日，纽约大学法学院万德柏厅的安诺戴恩·格林伯格休息室里，投资者、监管人士和经济学家齐聚一堂，气氛激烈，跟休息室一贯安静的氛围格格不入。这是一场由美国联邦贸易委员会（FTC）安排的听证会，议题是指数基金行业最具争议性的理论之一——共同所有权。

通常来说，共同所有权理论指的是，当一家公司最大的股东同时是其竞争对手的大股东时，公司就没有动力去开发新产品、新服务，或是打价格战了。这并不是说，它们在一个烟雾缭绕的秘密房间里，共同达成了反竞争协议，而是这种同时持股的方式会间接从心理上导致人们丧失竞争的动力。这个理论可以适用于任何有汇集功能的大型投资工具，共同基金就是其中之一，而指数基金行业的寡头垄断现象，更是使得贝莱德、先锋领航和道富银行与这个理论紧密相关。这三家公司加起来，已经是标普500指数里超过400家公司的大股东了。

这个理论，最早是在1984年由经济学家朱利奥·罗滕伯格（Julio Rotemberg）提出的，但其成为人们关注的焦点还是在2014年。当时有三位年轻的经济学家发表了一篇令人震惊的论文，名为《共同所有权的反竞争效应》（Anti-competitive Effects of Common Ownership）。[17]何塞·阿扎尔（José Azar）、伊莎贝尔·特库（Isabel Tecu）和马丁·施马尔茨（Martin Schmalz）三人，通过仔细分析航空业数据，发现机票价格通常都要高于其实际价值。造成这种现象的原因是，贝莱德、道富银行、先锋领航和伯克希尔－哈撒韦等公司，同时拥有美国航空、达美航空、西南航空和联合航空的大量股份，从而对航线票价产生了影响。

反竞争效应的影响范围非常大。也许共同所有权已经广泛地削弱了作为现代资本主义基石的竞争动力？要说，摩根大通一位主动投资者可能会积极地鼓励银行与竞争对手展开较量，但一只拥有所有美股银行股权的指数基金可能不会这么做。

一开始，共同所有权理论被象牙塔里的经济学家认为是疯言疯语，不予理睬。毕竟，航空业本就是出了名的容易破产的行业，无论是从表面上看，还是私底下看，似乎都不存在反竞争行为。亿万富翁理查德·布兰森曾经有一次开玩笑说，想要成为航空业的百万富翁，最好的方法就是先成为一位亿万富翁，然后投资一家航空公司。不过渐渐地，人们开始关注这个理论。2017年《大西洋月刊》刊登了一篇讨论文章，起了一个很有煽动性的标题《指数基金邪恶吗？》("Are Index Funds Evil?")[18]

2018年年底，负责处理反垄断问题的美国联邦贸易委员会，就这一问题，举行了一次公开的听证会。参加会议的，有律师、法学教授、好奇的财经记者、联邦贸易委员会和证券交易委员会的委员等。会议上，马丁·施马尔茨代表三人发言，陈述了他们的观点，同时贝莱德的芭芭拉·诺维克为了表示重视也出席了会议并发表了反对意见。联邦贸易委员会的委员诺亚·菲利普斯（Noah Phillips）在会议上强调："这场辩论不仅仅是学术上的。世界各地的反垄断机构都在关注着这个理论，就像我们今日齐聚于此进行探讨一样，这些机构也把共同所有权理论纳入各自的分析内容。"[19]

贝莱德、先锋领航和投资公司协会，就共同所有权能否引发反竞争效应，做出的研究结论截然不同。这些指数巨头指出，目前它们基本上仍然只是全部公司里的小股东，考虑到它们与整个经济系统之间的联系，任何反竞争行为也会伤害到他们。

比如说，航空公司不打价格战，它们也许能从这一点上获益，但同时人们可能就不太愿意坐飞机旅行了，并且它们所投资的酒店的生意也会跟着受到影响。博格自己认为外界的评价是荒谬的，因为影响公司行为的因素有很多。举个例子，公司高管的奖金，通常跟股价是挂钩的，这会直接导致管理层做出任何能提升股价的事情，这跟先锋领航或是贝莱德有没有同时持有公司竞争对手的股份，压根儿没关系。

尽管如此，还是有一些反垄断官员，认为共同所有权理论很重要。2017年，杜邦和陶氏化学准备进行公司合并，欧盟委员会审理了它们提交的合并协议，并在审议结果中指出，整个行业存在高度的共同所有权，要求合并后的公司尽快剥离其杀虫剂业务，才能批准此次合并。[20]不久之后，精明能干的欧盟反垄断负责人玛格丽特·维斯塔格（Margrethe Vestager）表示，委员会正在仔细研究共同所有权问题。[21]

一些法学者认为，目前早就已经不是仔细考察的阶段了，必须采取具体的行动了。哈佛大学法学院教授埃纳·埃尔豪格（Einer Elhauge），是专门研究反垄断课题的，他2020年发表的一篇综述性文章回顾了这个领域的发展历程，他在总结里写道："在如今这个时代，横向持股已经构成了导致反竞争局面最大的威胁，主要原因是我们之前并没有去管它。这是说不过去的。"[22]

也许，围绕公司治理和共同所有权的争论，仅仅是另一个更加深远、更加棘手的问题的副产物。所有这些学者、分析家如此仓促地急于找到这一系列问题的解决方法，会不会实际上只是盲人摸象呢？每个盲人只摸到了大象身体的某一个部位，就只凭自己的感觉来说大象像一条蛇，或是像一个树干？指数行业里的巨头公司，管理着庞大的资金规模且仍在高速增长，就像是这样的一头大象。尤其是超大规模这件事本身，出现的时间还不长，是一个核心又棘手的问题，人们还不知道该如何很好地应对。

几乎每个行业都会面对规模太大这个问题，尤其是最近广受诟病的"大型科技公司"。不过指数基金有一点不同，那就是规模大是一种板上钉钉的优势。对传统主动基金来说，规模变大通常会导致业绩下滑。但指数基金是完全商品化的，规模越大，运作成本越低。于是基金费用能做到更低，投资者也就更青睐。通常规模更大的ETF，交易活跃度也会更高，这一点也会吸引不少投资者。所以，大型指数基金的规模会越来越大，这一点已经成为指数基金的固有属性了，未来可能会出现少数几家规模庞大、管理着数万亿美元的投资集团，成为世界上每一家上市公司的股东。

哈佛大学法学教授约翰·科茨（John Coates）有一篇广受关注的论文《论十二人问题》（The Problem of Twelve），研究的就是这个议题。他在论文里指出，被动投资的增长大趋势，可能会导致至高无上的权力最终会落到大约十二个人的手中。这十二个人分别是指数基金巨头、投票顾问，以及几家繁荣兴旺的主动投资集团。[23]

科茨教授警告说："除非修改法律，否则指数化所带来的影响将彻底颠覆'被动'投资这个概念,并在我们有生之年,造成最集中的经济控制局面。这十二个人,甚至有全面掌控整个经济的可能性,这将引发合法性和第一责任人的问题,甚至可以说,这是一个小'c'宪法挑战问题(a small 'c' constitutional challenge)①。"

这似乎有点危言耸听,但在指数基金的诞生地美国,这个趋势已经非常明显,而且根深蒂固,正在加速发展中。过去 10 年,投入美股的资金有 80% 都流向了先锋领航、道富银行和贝莱德。因此,如今标普 500 指数里的全部公司,这三巨头所持有的股份总和已经是 20 年前的 4 倍,从 1998 年的 5% 左右增加到如今的 20% 以上。[24]哈佛大学法学院的卢西安·贝布丘克(Lucian Bebchuk)和波士顿大学的斯科特·赫斯特(Scott Hirst)的研究发现,由于并不是每一位投资者都会在年度股东大会上投票,于是先锋领航、贝莱德和道富银行大约占了股东投票总数的 1/4。

假如这种趋势持续下去,这两位研究人员预测,10 年后三巨头所占的股东投票数将达到 1/3,20 年内将达到 41%。贝布丘克和赫斯特在 2019 年的论文中写道:"三巨头格局下,对于没有控股股东的所有美国大公司,这三家投资集团将在股东投票过程中占据主导地位。"[25]

芬克自然是对这种言论嗤之以鼻的,认为其荒谬可笑。他指出贝莱德和同行的规模虽然很大,但相比起许多其他行业来说,资产

---

① 这应该是这个故事引申来的,1982 年有一个学生在写作业时发现有一条宪法修正案 200 多年了还没有接受表决,这条修正案是国会议员不得在国会召开期间提议给自己涨工资,也许是疏忽等原因,一直被搁置。于是这名学生把这个发现写在了作业里,老师给作业打了 C,认为没有现实意义。但这个发现最终促使了这条修正案于 1992 年被通过。——译者注

管理行业的垄断程度远没有那么高。并且，如果人们一致认为它们的规模会危害到公司治理或产生太大的影响力，那它们也可以通过设立许多独立的、规模较小的公司，来解决这个问题。这些小公司，会各自分散持有现有的股份，拥有自己独立的研究团队和管理团队。这样做，可能代价高昂且非常复杂，但也不是不能实现。芬克说："如果社会公众认为，这将成为一个大麻烦，那也是有办法解决的。我仍然能够给投资者提供透明、方便和低成本的产品。"

然而对博格来说，在他去世之前，这个难题依然困扰着他。到什么时候，为了获取成功和规模所花费的短暂社会成本，会超过给投资者带来的真实、可量化的好处呢？如果想要继续保持指数基金给数百万人带来的好处，那我们能做些什么来改善那些不利影响呢？

2019年1月，博格在去世之前接受的最后几次采访中说道："我们很难预测，规模终将达到多大及所带来的后果是什么。但这些逐渐显露的问题，我们确实必须想办法解决。我们不能忽视问题的存在。只是，我们也不能为了解决问题，而毁掉金融史上最伟大的发明。"[26]

后记

两个半世纪以前,阿姆斯特丹曾是世界商业中心,但那里许多富有的商人,都遭受了世界上第一次金融危机的袭击。当时,英国东印度公司股价暴跌,进而引发了一系列银行倒闭和政府救助,最终被收归国有。这一崩盘事件随后波及整个刚刚建立不久的市场。一位名不见经传的荷兰商人和股票经纪人,由此产生了一个超越时代的想法。

1774年,亚伯拉罕·冯·凯特维奇(Abraham von Ketwich)建立了一个创新型投资集合信托,取名叫"Eendragt Maakt Magt",这是荷兰语,意思是"团结就是力量"。这个信托,面向个人投资者出售2 000股股份,每股售价为500荷兰盾。该信托会将资金投入一个由50种债券组成的多样化投资组合,这50种债券分成10个不同的类别,包括种植园贷款、由西班牙或丹麦支持的收费公路债券,以及各种各样的欧洲政府债券等。当时,一份债券是有实体凭证的,通常是写在纸上甚至是山羊皮上。Eendragt Maakt Magt将这些债券,存放在一个坚固的铁箱里,上了三道锁,只能在Eendragt Maakt Magt的董事会和一位公证人在场的情况下,才能打开。信托的目标是向投资者支付每年4%的分红,并在25年后,支付所有的剩余收益。该信托希望这个投资组合的多样性,能为投资者提供保护。[1]

然而,随后1780年爆发的英荷战争以及1795年拿破仑占领荷兰，严重扰乱了 Eendragt Maakt Magt 的投资。每年的分红从未兑现，投资者直到 1824 年才拿回自己的资金，当时每股价值 561 荷兰盾。尽管如此，Eendragt Maakt Magt 仍是一个天才的发明，激发了后来投资信托在英国的诞生，以及最终进化成我们如今所熟知的共同基金。甚至可以说，它是当今指数基金的开山鼻祖，因为它交易频率很低，采用了多样化的分散配置，以及每年只有 0.2% 的低费用。

你也许会好奇，为什么要回顾 18 世纪阿姆斯特丹的这段旅程呢。这是因为 Eendragt Maakt Magt 让我们看到，金融行业是一个处在持续变革中的行业，并且许多重要的发明往往一开始是被人们所忽视的。指数基金的命运也正是如此。物理学家尼尔斯·玻尔曾经打趣说，想要做预测是很难的，尤其是对未来的预测。但我们可以窥见未来全球投资行业的轮廓大概是什么样子，并猜测一下这对市场意味着什么：除非发生了巨大的灾难，否则在一代人的时间内，全球投资行业里的资金，绝大部分都将被投入一只指数基金，或是类似的指数策略。

金融市场，不总是人们的开心果。在外界看来，它往往是神秘的、变幻莫测的，甚至是危险的。但它是现代资本主义体系的基石，每一个重大的转变都会对全球经济的方方面面产生深远的影响。你可能会说，指数基金时代与你无关，但其实不然。想要彻底弄懂它所带来的无数影响，我们还有很长的路要走。这是金融史上冲破旧束缚的最强大的力量之一，最终可能会重塑资本主义自身。

尽管本书在最后几章啰啰嗦嗦地分析了一系列指数基金潜在的副作用，但我们绝不能忽视博格的观点：在华尔街的历史上，指数基金是为数不多的真正的、当之无愧的对投资者有益处的发明之一，作为一种颠覆性技术，指数基金已经为投资者节省了数千亿美元，在不远的未来，这一数字将毫无悬念地达到数万亿美元。想一想这意味着什么？这意味着，每一位正在存钱的人，也许是为了攒自己的养老钱，也许是为了供孩子上大学，也许是为了买房，也许只是以备不时之需，都直接或间接地从不起眼的指数基金中获益。

是的，指数基金正在悄悄地改变着现代金融业的格局。不过在此之前，共同基金也做了同样的事情，再往前，则是投资信托。尽管人们担心这可能会导致权力被集中到少数人手里，但集中的长期持有未必是件坏事。假如真的带来了不好的影响，我们也有办法来使危害程度降到最低。

20世纪70年代，那些意志坚定、勇于打破传统的叛逆者，创造了指数，他们是现代社会最有影响力却一直不被人们赏识的颠覆者。他们发起的这场指数基金革命，尽管可能会有一些弊端需要我们去识别和解决，但他们所带来的好处是真实的、巨大的。

致谢

这本书的作者署名只有一位,但实际上,它是一群人合力的成果,无论他们是否知晓。

首先最重要的,我要感谢每一位慷慨抽出自己的时间,来告诉我这些故事的人。消息来源,决定了一位记者的生死。我非常幸运,在写书的过程中得到了这么多人的帮助,有些人甚至在有这本书之前,就给了我帮助。尽管有些人让我不要透露名字,但我心里知道你们是谁,我对你们每一位都致以极高的谢意。

很多人不只是跟我通了好几个小时的电话,还很耐心地回复我后续咨询更多细节的邮件。更让我感激不尽的是,即使是在新冠肺炎疫情期间,他们也仍然如此帮助我。值得一提的是,许多早期的先驱,如今都已是 70 多岁、80 多岁,甚至 90 多岁高龄,但他们的活力和智慧让我自惭形秽。

我尤其要感谢热情洋溢的约翰·博格。我曾经在撰写《金融时报周末杂志》(*FT Weekend Magazine*)的一篇文章时,与他交谈过几次。这篇文章也成了本书的核心内容。2018 年 12 月底,他非常贴心地打电话问我,是否已经有了所需要的一切,因为他即将前往医院,可能不久之后就会离开这个世界了。一个月后,他与世长辞,享年 89 岁。毫无疑问,他是一位历史伟人。

还要特别感谢我的经纪人茱莉亚·伊格尔顿（Julia Eagleton），还有我的编辑莉亚·特劳博斯特（Leah Trouwborst）。茱莉亚一直关注我在《金融时报》的文章，甚至比我还更早地意识到这可以成为一个精彩的故事。在写书的整个过程中，即便她身处疫情之中，忙于大西洋、跨机构的奔波之中，她都一直给予我支持和建议。幸运的是，莉亚同意茱莉亚的看法，认为指数基金的故事可以写成一本好书，我将永远感激她。事实证明，写书比我一开始想象的要有趣得多，这在很大程度上要归功于她的热情，以及不厌其烦地回应我大量的邮件。接着，诺亚·施瓦茨伯格（Noah Schwartzberg）接过船桨，泰然自若地将这艘船驶向岸边。露西·伍兹（Lucy Woods）对书中的内容进行了出色的事实核查，还发现我特意引用了特里·普拉切特（Terry Pratchett）的作品，对此表示了赞赏。如果书里还留有某些错误的地方，那自然都怪我。

我也从朋友和熟人那里得到了很多外界的帮助，包括精神上的支持、写作技巧上的指导等，他们帮助我修正了大量的原始冗余描述以及遗漏或错误的地方，还帮我介绍了他们的朋友。我想要感谢查理·埃利斯（Charley Ellis）、伊万·柯克（Ewan Kirk）、约翰·韦尔斯（John Woerth）、吉姆·里普、简·特瓦多夫斯基（Jan Twardowski）、埃里克·克劳西尔（Eric Clothier）、拉里·廷特（Larry Tint）、弗雷德·格劳尔（Fred Grauer）、菲利克斯·萨尔蒙（Felix Salmon）和克里夫·韦伯（Cliff Weber），他们都帮助我检查了书中不同地方的事实问题或解释缺陷。如果还有不对的地方，都怪我自己。查理不光是我写这本书的灵感来源，平时也为我提供了很多灵感。DFA和贝莱德都寄给了我它们内部记录企业历史的书，为书中相关章节提供了重要参考。基普·麦克丹尼尔（Kip McDaniel）热心地为我打开了《机构投资者》的档案室大门,对我这样一个对金融历史痴迷的人来说,那一天过得就像在天堂一样。

我很幸运能与《金融时报》的优秀同事们一起工作,他们每天都会带来智慧的活力,并且在 2020 年的混乱日子里,我写书时还能与他们聊天,是一件特别有乐趣的事情。凯蒂·马丁（Katie Martin）、伊恩·史密斯（Ian Smith）、本·麦克兰纳汉（Ben McLannahan）、托尼·塔塞尔（Tony Tassell）、杰夫·戴尔（Geoff Dyer）、哈里特·阿诺德（Harriet Arnold）、亚当·萨姆森（Adam Samson），以及《金融时报》优秀编辑团队的其他成员,不得不忍受我的多次抱怨,但他们（大多）都很有耐心。还有很多优秀的市场部门和投资团队的同事,这里无法一一列出姓名,但我爱你们所有人,第一轮由我请。说真的,自我 12 年前加入《金融时报》以来,整个大家庭一直让我感到很开心,为此,我必须感谢多年前给我机会的鲁拉·哈拉夫（Roula Khalaf）和安德鲁·英格兰（Andrew England）,以及引领我入职的詹姆斯·德拉蒙德（James Drummond）。可不是随便哪个记者都能有这个荣幸进入这里。

不管愿不愿意承认,所有的记者都是站在巨人的肩膀上。书里很多地方的内容,都由于其他记者、作家和金融历史学家的杰出作品而增添了一分精彩,我试图将他们各自研究的一些主题和内容编织到一起,形成一个统一宽泛的叙述。彼得·伯恩斯坦（Peter Bernstein）给了我很大的启发,他的书对我前面的一些章节有很大的帮助。科林·里德（Colin Read）的文章《有效市场假说》（The Efficient Market Hypothesists）也是如此。刘易斯·布雷厄姆（Lewis Braham）的约翰·博格传记,是任何一个对先锋领航创始人精彩激昂的一生感兴趣的人都必读的书。拉尔夫·雷曼（Ralph Lehman）

的《难以捉摸的交易》（*The Elusive Trade*）详尽地讲述了 ETF 的起源，安东尼·比安科（Anthony Bianco）的《弥天大谎》（*The Big Lie*）生动地讲述了在帕特里夏·邓恩管理之下的富国银行投资顾问部和 BGI 的故事。我还从许多一起共事或仰慕的人身上，学到了很多东西，比如财经记者约翰·奥瑟斯（John Authers）、吉莉安·泰特（Gillian Tett）、詹姆斯·麦金托什（James Mackintosh）、菲利普·考根（Philip Coggan）和杰森·茨威格（Jason Zweig）等，以及行业专家德博拉·富尔（Deborah Fuhr）、本·约翰逊（Ben Johnson）、埃里克·巴尔乔纳斯（Eric Balchunas）和大卫·纳迪格（David Nadig）等。他们都是行业泰斗，我斗胆站在了他们的肩上。

但家人，是我最应该感谢的人。在疫情导致的封锁期间，我的女儿写了一个谜语，得意扬扬地递给了我。纸上潦草地写着："什么东西一直一直在工作，永不停歇？"我惊恐地意识到答案就是我自己。真正热爱自己工作的人不多，而我就是这些幸运儿的其中之一。然而遗憾的是，这可能会让我身边的人承受着代价。我的妻子贡沃尔这么多年来，一直非常有耐心，当我写这本书时，她允许我独自在小木屋里，与世隔绝地生活了好几周，以完成写作。不过她至少大致明白自己嫁的是什么样的人。我所拥有的一切，都要归功于我优秀的父母威伦和彼得，但我之所以会成为一个工作狂，他们也有责任。我的兄弟菲利普认为，我远比如今的我还要聪明许多，这是一个极大的鼓励，幸运的是，他没有受到我一直工作无法停机所带来的不良后果的影响。

这本书，要献给我的孩子们，玛蒂尔德和芬恩，他们可爱的举止照亮了每一天。

参考资料

除非在这里有特别说明，否则本书中的引语，都来自我在 2018 年至 2020 年进行的采访。

第一章　巴菲特的赌局

1. Carol Loomis, "Buffett's Big Bet," *Fortune*, June 2008.
2. Ted Seides, "Dear Warren," letter to Buffett.
3. Stephen Gandel, "The 1975 Buffett Memo That Saved WaPo's Pension," *Fortune*, August 15, 2013.
4. Chris Welles, "Fred Alger, Portrait of a Star," *Institutional Investor*, January 1968.
5. Warren Buffett, "The Superinvestors of Graham-and-Doddsville," speech, Columbia Business School, May 17, 1984.
6. Loomis, "Buffett's Big Bet."
7. Ahmed Kabil, "How Warren Buffett Won His Multi-Million Dollar Long Bet," *Medium*, February 17, 2018.
8. "Over a ten-year period commencing on January 1, 2008, and ending on December 31, 2017, the S&P 500 will outperform a portfolio of funds of hedge funds, when performance is measured on a basis net of fees, costs and expenses," Long Bets Project, 2008.
9. Berkshire Hathaway annual report, 2017.

10. Loomis, "Buffett's Big Bet."
11. Jack Bogle, "Warren Buffett Gave Me a Surprise Shoutout at Berkshire Meeting," *Omaba World-Herald*, April 10, 2018.
12. Bogle, "Warren Buffett Gave Me a Surprise Shoutout at Berkshire Meeting."
13. Berkshire Hathaway annual report, 2016.
14. Justin Baer, "Fidelity Reports Record Operating Profit, Revenue," *Wall Street Journal*, March 3, 2020.
15. Paul Singer, "Comfortably Numb," Elliott Management letter to investors, 2017.

第二章 教父

1. Peter Bernstein, *Capital Ideas: The Improbable Origins of Modern Wall Street* (New York: Wiley, 1992), 23.
2. Bernstein, *Capital Ideas*, 23.
3. Mark Davis, "Louis Bachelier's Theory of Speculation," talk, Imperial College, https://f-origin.hypotheses.org/wp-content/blogs.dir/1596/files/2014/12/Mark-Davis-Talk.pdf.
4. L. Carraro and P. Crépel, "Louis Bachelier," Encyclopedia of Math, www.encyclopediaofmath.org/images/f/f1/LouisBACHELIER.pdf.
5. Carraro and Crépel, "Louis Bachelier."
6. Colin Read, *The Efficient Market Hypothesists: Bachelier, Samuelson, Fama, Ross, Tobin, and Shiller* (Basingstoke, UK: Palgrave Macmillan, 2013), 48.
7. Bernstein, *Capital Ideas*, 18.
8. John Kenneth Galbraith, *The Great Crash, 1929* (Boston: Mariner Books, 2009; originally published by Houghton Mifflin, 1955), 27.
9. Bernstein, *Capital Ideas*, 29.
10. Alfred Cowles, "Can Stock Market Forecasters Forecast?," paper read at a joint meeting of the Econometric Society and the American Statistical Association,

Cincinnati, Ohio, December 31, 1932, https：//cowles. yale. edu/sites/default/files/files/pub/misc/cowles-forecasters33. pdf.

11. Bernstein, *Capital Ideas*, 33.

12. Cowles, "Can Stock Market Forecasters Forecast?"

13. Alfred Cowles, "Stock Market Forecasting," *Econometrica* 12, no. 3/4 (July-October 1944) 206-14, http：//e-m-h. org/Cowl44. pdf.

14. Bernstein, *Capital Ideas*, 35.

15. Bernstein, *Capital Ideas*, 36.

16. Alfred Cowles, *Cowles Commission for Research in Economics* (Monograph No. 3), 2.

17. Robin Wigglesworth, "Passive Attack：The Story of a Wall Street Revolution," *Financial Times*, December 20, 2018.

18. Louis Engel, "What Everybody Ought to Know…About This Stock and Bond Business," *New York Times*, October 19, 1948, https：//swiped. co/file/about-this-stock-bond-louis-engel/.

19. David Bird, "Louis Engel Jr. , Ex-Merrill Lynch Partner, Dies," *New York Times*, November 8, 1982, www. nytimes. com/1982/11/08/obituaries/louis-engel-jr-ex-merrill-lynch-partner-dies. html.

20. James H. Lorie, "Current Controversies on the Stock Market," speech to American Statistical Association, September 1965, www. crsp. uchicago. edu/50/images/lorie. pdf.

21. Tonya Maxwell, "In Memory of James H. Lorie," *Chicago Tribune*, August 11, 2005, www. dailyspeculations. com/vic/JimLorie. html.

22. Maxwell, "In Memory of James H. Lorie. "

23. "Lorie Developed Chicago Approach to Management Education," *University of Chicago Chronicle*, October 6, 2005, http：//chronicle. uchicago. edu/051006/obit-lorie. shtml.

24. Lorie, "Current Controversies on the Stock Market."
25. Lorie, "Current Controversies on the Stock Market."
26. Lorie, "Current Controversies on the Stock Market."
27. L. Fisher and J. Lorie, "Rates of Return on Investments in Common Stocks," *Journal of Business* 37, no. 1 (January 1964): 1-21, at 2.
28. Center for Research in Security Prices, "Louis Engel: The Man Who Brought Wall Street to Main Street," *50th Anniversary Issue: Rates of Return of Investments in Common Stocks*, www.crsp.org/research/louis-engel-man-who-brought-wall-street-main-street.
29. Center for Research in Security Prices, "James Lorie: Recognized the Importance of CRSP for Future Research," *50th Anniversary Issue: Rates of Return of Investments in Common Stocks*, www.crsp.org/research/james-lorie-recognized-importance-crsp-future-research.
30. Lorie, "Current Controversies on the Stock Market."
31. Michael Jensen, "The Performance of Mutual Funds in the Period 1945-1964," *Journal of Finance*, May 1968.
32. Paul F. Miller Jr., "The Dangers of Retrospective Myopia," in *The Book of Investing Wisdom: Classic Writings by Great Stock-Pickers and Legends of Wall Street*, ed. Peter Krass (New York: Wiley, 1999), 49.
33. Edward Renshaw and Paul Feldstein, "The Case for an Unmanaged Investment Company," *Financial Analysts Journal*, 1960.
34. John B. Armstrong, "The Case for Mutual Fund Management," *Financial Analysts Journal*, 1960.
35. Prasanna Chandra, *Behavioural Finance* (New Delhi: McGraw-Hill Education, 2016), 7.
36. Charles D. Ellis, "The Loser's Game," *Financial Analysts Journal*, 1975.
37. Ian Liew, "SBBI: The Almanac of Returns Data," Index Fund Advisors, July

19, 2019, www.ifa.com/articles/draft_dawn_creation_investing_science_bible_returns_data/.

38. Lorie, "Current Controversies on the Stock Market."

39. Bernstein, *Capital Ideas*, 97.

40. Lorie, "Current Controversies on the Stock Market."

第三章　征服运气之神

1. Russell R. Wasendorf Sr. and Russell R. Wasendorf Jr., "Feature Interview: Harry M. Markowitz, Nobel Laureate," *SFO Magazine*, July 2008, 2, www.alt-avra.com/docs/thirdparty/interview-with-nobel-laureate-harry-markowitz.pdf.

2. UBS, "Harry Markowitz," Nobel Perspectives, www.ubs.com/microsites/nobel-perspectives/en/laureates/harry-markowitz.html.

3. Wasendorf and Wasendorf, "Feature Interview: Harry M. Markowitz, Nobel Laureate," 3.

4. Peter Bernstein, *Capital Ideas Evolving* (Hoboken, NJ: Wiley, 2007), xiii.

5. Robin Wigglesworth, "How a Volatility Virus Infected Wall Street," *Financial Times*, April 12, 2018, https://www.ft.com/content/be68aac6-3d13-11e8-b9f9-de94fa33a81e.

6. Wasendorf and Wasendorf, "Feature Interview: Harry M. Markowitz, Nobel Laureate," 3.

7. Wasendorf and Wasendorf, "Feature Interview: Harry M. Markowitz, Nobel Laureate," 3.

8. Natalie Marine-Street, William F. Sharpe interview, Stanford Historical Society, 2018.

9. Marine-Street, William Sharpe interview.

10. Ronald N. Kahn, *The Future of Investment Management* (CFA Institute Research Foundation, 2018), 19, www.cfainstitute.org/-/media/documents/book/rf-publication/2018/future-of-investment-management-kahn.ashx.

11. Marine-Street, William Sharpe interview.

12. The Nobel Prize, "Eugene F. Fama" (biography).

13. Colin Read, *The Efficient Market Hypothesists: Bachelier, Samuelson, Fama, Ross, Tobin, and Shiller* (Basingstoke, UK: Palgrave Macmillan, 2013), 93.

14. The Nobel Prize, "Eugene F. Fama."

15. The Nobel Prize, "Eugene F. Fama."

16. Eugene Fama, "A Brief History of Finance and My Life at Chicago," *Chicago Booth Review*, April 7, 2014, https://review.chicagobooth.edu/magazine/fall-2013/a-brief-history-of-finance.

17. The Nobel Prize, "Eugene F. Fama."

18. Tyler Vigen, "Spurious Correlations," www.tylervigen.com/spurious-correlations.

19. Eugene Fama, "The Behavior of Stock-Market Prices," *Journal of Business* 38, no. 1 (January 1965).

20. Read, *The Efficient Market Hypothesists*, 102.

21. *Institutional Investor*, April 1968.

22. Roger Ibbotson, "Random Talks with Eugene Fama," Ibbotson Associates, 2000.

23. Burton Malkiel, *A Random Walk Down Wall Street* (New York: Norton, 1973).

第四章 量化投资者

1. Peter Bernstein, *Capital Ideas: The Improbable Origins of Modern Wall Street* (New York: Wiley, 1992), 237.

2. Bernstein, *Capital Ideas*, 238, and author interviews with McQuown.

3. Bernstein, *Capital Ideas*, 238.

4. Bernstein, *Capital Ideas*, 238.

5. John McQuown, "A Personal History of Modern Finance," speech, 2011.

6. McQuown, "A Personal History of Modern Finance."

7. McQuown, "A Persona History of Modern Finance."

8. *Institutional Investor*, April 1968.

9. Bernstein, *Capital Ideas*, 241.

10. Robin Wigglesworth, "Passive Attack: The Story of a Wall Street Revolution," *Financial Times*, December 20, 2018.

11. Jeanette Cooperman, "The Return of the King," *St. Louis* magazine, June 23, 2009, www.stlmag.com/The-Return-of-the-King/.

12. Donald MacKenzie, *An Engine, Not a Camera: How Financial Models Shape Markets* (Cambridge, MA: MIT Press, 2006), 100.

13. Deborah Ziff Soriano, "Index Fund Pioneer Rex Sinquefield," *Chicago Booth Magazine*, May 2019, www.chicagobooth.edu/magazine/rex-sinquefield-dimensional.

14. Margaret Towle, "Being First Is Best: An Adventure Capitalist's Approach to Life and Investing, a Conversation with Dean LeBaron," *Journal of Investment Consulting* 14, no. 2 (November 2013).

15. Towle, "Being First Is Best."

16. LeBaron family history, courtesy of Donna Carpenter-LeBaron.

17. LeBaron family history.

18. LeBaron family history.

19. *Pensions & Investments*, November 26, 1973.

20. *Pensions & Investments*, January 1975.

21. *Pensions & Investments*, February 17, 1975.

第五章　守卫叛逆

1. *Institutional Investor*, July 1972.

2. Peter Bernstein, *Capital Ideas: The Improbable Origins of Modern Wall Street* (New York: Wiley, 1992), 242.

3. *Institutional Investor*, July 1972.

4. Email from James Vertin via Charley Ellis.

5. Bernstein, *Capital Ideas*, 240.
6. Myron Scholes, "Derivatives in a Dynamic Environment," Nobel Lecture, December 1997.
7. Perry Mehrling, *Fischer Black and the Revolutionary Idea of Finance* (Hoboken, NJ: Wiley, 2011), 105.
8. Mehrling, *Fischer Black and the Revolutionary Idea of Finance*, 101.
9. James Hagerty, "Bill Fouse Taught Skeptical Investors to Love Index Funds," *Wall Street Journal*, October 31, 2019.
10. "William Lewis Fouse," *San Francisco Chronicle* (obituary), October 17, 2019.
11. Robin Wigglesworth, "William Fouse, Quantitative Analyst, 1928-2019," *Financial Times*, October 24, 2019.
12. Bernstein, *Capital Ideas*, 243.
13. Bernstein, *Capital Ideas*, 244.
14. Bill Fouse, "His Early Bosses Thought Fouse's Indexing Idea Was a Melon," *Pensions & Investments*, October 19, 1998.
15. Bernstein, *Capital Ideas*, 245.
16. Mehrling, *Fischer Black and the Revolutionary Idea of Finance*, 106.
17. Mehrling, *Fischer Black and the Revolutionary Idea of Finance*, 107.
18. Donald MacKenzie, *An Engine, Not a Camera: How Financial Models Shape Markets* (Cambridge, MA: MIT Press, 2006), 85.
19. Frank Fabozzi, *Perspective on Equity Indexing* (New York: Wiley, 2000), 44.
20. Bernstein, *Capital Ideas*, 248.
21. Deborah Ziff Soriano, "Index Fund Pioneer Rex Sinquefield," *Chicago Booth Magazine*, May 2019, www.chicagobooth.edu/magazine/rex-sinquefield-dimensional."
22. *Pensions & Investments*, June 23, 1975.
23. Dean LeBaron, speech to Atlanta Society of Financial Analysts, January 22, 1975.

24. George Miller, "First to Sell, but Not First to Invent," *Wall Street Journal*, September 18, 2011.

25. *Institutional Investor*, February 1976.

26. *New York Times*, March 26, 1977.

27. *Institutional Investor*, July 1972.

28. *Institutional Investor*, February 1974.

29. *Institutional Investor*, April 1980.

30. Bernstein, *Capital Ideas*, 248.

31. Jonathan Laing, "Bye-Bye, Go-Go?," *Wall Street Journal*, June 7, 1973.

32. Laing, "Bye-Bye, Go-Go?"

33. Eric Balchunas, "Passive Funds' Effect on Stocks," Bloomberg, September 18, 2019.

34. Lawrence Rout, "Firms' Pension Fund Managers Often Are Failing to Manage—Instead, They Are Indexing, Without Admitting It, and Charging High Fees," *Wall Street Journal*, January 31, 1979.

35. Charles D. Ellis, *The Index Revolution: Why Investors Should Join It Now* (Hoboken, NJ: Wiley, 2016), 43.

36. *Institutional Investor*, February 1976.

37. Fabozzi, *Perspectives on Equity Indexing*, 43.

38. *Institutional Investor*, June 1977.

39. *Institutional Investor*, February 1976.

40. Fabozzi, *Perspectives on Equity Indexing*, 42.

41. Paul Samuelson, "Index-Fund Investing," *Newsweek*, August 1976.

第六章　刺猬

1. Jack Bogle, *Stay the Course: The Story of Vanguard and the Index Revolution* (Hoboken, NJ: Wiley, 2018), 262.

2. Lewis Braham, *The House That Bogle Built: How John Bogle and Vanguard Reinvented the Mutual Fund Industry* (New York: McGraw-Hill, 2011), chapter 1, ePub.

3. Gene Colter, "Change of Heart," *Wall Street Journal*, September 24, 2004.

4. Braham, *The House That Bogle Built*, chap. 1, ePub.

5. Bogle, *Stay the Course*, 258.

6. Bogle, *Stay the Course*, 258.

7. Braham, *The House That Bogle Built*, chap. 1, ePub.

8. Bogle, *Stay the Course*, 9.

9. Braham, *The House That Bogle Built*, chap. 2, ePub.

10. Braham, *The House That Bogle Built*, chap. 1, ePub.

11. "Big Money in Boston," *Forbes*, April 1949.

12. Jack Bogle, "The Economic Role of the Investment Company" (Princeton thesis, 1951).

13. Braham, *The House That Bogle Built*, chap. 2, ePub.

14. Braham, *The House That Bogle Built*, chap. 3, ePub.

15. Braham, *The House That Bogle Built*, chap 3, ePub.

16. Philadelphia Area Archives Research Portal, Jack C. Bogle Papers, Princeton University Library.

17. Braham, *The House That Bogle Built*, chap. 4, ePub.

18. Bogle, *Stay the Course*, 264.

19. Bogle, *Stay the Course*, 20.

20. Braham, *The House That Bogle Built*, chap. 4, ePub.

21. Braham, *The House That Bogle Built*, chap. 4, ePub.

22. Bogle, *Stay the Course*, 21.

23. *Institutional Investor*, January 1968.

24. *Institutional Investor*, January 1968.

25. *Institutional Investor*, July 1972.

26. *Institutional Investor*, July 1972.

27. *Institutional Investor*, July 1972.

28. Bogle, *Stay the Course*, 24.

29. Braham, *The House That Bogle Built*, chap. 5, ePub.

30. Braham, *The House That Bogle Built*, chap. 5, ePub.

31. Braham, *The House That Bogle Built*, chap. 5, ePub.

32. Bogle, *Stay the Course*, 23, and *Institutional Investor*, July 1972.

33. Braham, *The House That Bogle Built*, chap. 5, ePub.

34. Robin Wigglesworth, "Passive Attack: The Story of a Wall Street Revolution," *Financial Times*, December 20, 2018."

35. Braham, *The House That Bogle Built*, chap. 5, ePub.

36. Bogle, *Stay the Course*, 25.

第七章　博格的蠢事

1. Lewis Braham, *The House That Bogle Built: How John Bogle and Vanguard Reinvented the Mutual Fund Industry* (New York: McGraw-Hill, 2011), chap. 6, ePub.

2. Jack Bogle, *Character Counts: The Creation and Building of the Vanguard Group* (New York: McGraw-Hill, 2002), 7.

3. Jack Bogle, *Stay the Course: The Story of Vanguard and the Index Revolution* (Hoboken, NJ: Wiley, 2018), 32.

4. Braham, *The House That Bogle Built*, chap. 6, ePub.

5. Braham, *The House That Bogle Built*, chap. 7, ePub.

6. Braham, *The House That Bogle Built*, chap. 6, ePub.

7. Jack Bogle, "Born in Strife," *Philadelphia Inquirer*, September 24, 2014.

8. Bogle, *Character Counts*, 7.

9. Paul Samuelson, "Challenge to Judgment," *Journal of Portfolio Management*, Fall 1974.

10. Bogle, *Stay the Course*, 39.

11. Bogle, *Stay the Course*, 189.

12. Charles Ellis, "The Loser's Game," *Financial Analysts Journal*, July/August 1975.

13. Bogle, *Stay the Course*, 44.

14. Bogle, *Stay the Course*, 41.

15. Bogle, *Stay the Course*, 45.

16. Paul Samuelson, "Index-Fund Investing," *Fortune*, June 1976, 66.

17. Bogle, *Stay the Course*, 47.

18. Richard Phalon, "Beating the Market or 'Indexing' It?," *New York Times*, March 26, 1977.

19. *Boston Globe*, August 24, 1976, via Bogle, *Stay the Course*, 47.

20. Bogle, *Stay the Course*, 47.

21. Bogle, *Stay the Course*, 58.

22. Braham, *The House That Bogle Built*, chap. 12, ePub.

23. Braham, *The House That Bogle Built*, chap. 7, ePub.

24. Bogle, *Stay the Course*, 55.

25. Braham, *The House That Bogle Built*, chap. 7, ePub.

26. Braham, *The House That Bogle Built*, chap. 7, ePub.

27. Bogle, *Stay the Course*, 63.

第八章　先锋领航崛起

1. Lewis Braham, *The House That Bogle Built: How John Bogle and Vanguard Reinvented the Mutual Fund Industry* (New York: McGraw-Hill, 2011), chap. 11, ePub.

2. Jack Bogle, *Stay the Course: The Story of Vanguard and the Index Revolution* (Hoboken, NJ: Wiley, 2018), 146.

3. Braham, *The House That Bogle Built*, chap. 10, ePub.

4. Braham, *The House That Bogle Built*, chap. 9, ePub.

5. Ben Yagoda, "Mutually Exclusive," *Philadelphia* magazine, August 1993.

6. Bogle, *Stay the Course*, 147.

7. Bogle, *Stay the Course*, 48.

8. Braham, *The House That Bogle Built*, chap. 12, ePub.

9. John Hechinger and Pui-Wing Tam, "Vanguard 500 Surpasses Fidelity Magellan in Size," *Wall Street Journal*, April 6, 2000.

10. Pui-Wing Tam and John Hechinger, "Vanguard 500 Is Set to Pass Magellan as Biggest Fund," *Wall Street Journal*, January 12, 2000.

11. Bogle, *Stay the Course*, 51.

12. Bogle, *Stay the Course*, 146.

13. Bogle, *Stay the Course*, 146.

14. Bogle, *Stay the Course*, 147.

15. Bogle, *Stay the Course*, 91.

16. J. M. Lawrence, "Frank Brennan, 93; Banker Had an Honest, Caring Way," *Boston Globe*, April 6, 2010.

17. Bill Lane, "Frank Brennan: An Elder Statesman Keeps on Going," *Boston Businesss Journal*, June 22, 1998.

18. Bogle, *Stay the Course*, 148.

19. Braham, *The House That Bogle Built*, chap. 12, ePub.

20. Braham, *The House That Bogle Built*, chap. 1, ePub.

21. Bogle, *Stay the Course*, 143.

22. Erin Arvedlund, "Vanguard Founder Bogle and Surgeons Gather for a Heart-Transplant Reunion," *Philadelpbia Inquirer*, February 21, 2017.

23. Braham, *The House That Bogle Built*, chap. 12, ePub.

24. Robert McGough and Pui-Wing Tam, "Vanguard May Ask Bogle to Retire from

Its Board," *Wall Street Journal*, August 12, 1999.

25. Braham, *The House That Bogle Built*, chap. 12, ePub.

26. Bogle, *Stay the Course*, 263.

27. Robin Wigglesworth, "Passive Attack: The Story of a Wall Street Revolution," *Financial Times*, December 20, 2018.

第九章 新的维度

1. Lydialyle Gibson, "Return on Principles," *University of Chicago Magazine*, January-February 2009, http://magazine.uchicago.edu/0902/features/booth.shtml.

2. Lydialyle Gibson, "Return on Principles."

3. Shawn Tully, "How the Really Smart Money Invests," *Fortune*, July 6, 1998.

4. Lydialyle Gibson, "Return on Principles."

5. David Booth and Eduardo Repetto, "Dimensional Fund Advisors at Thirty," Dimensional Fund Advisors, 2011, 24.

6. Booth and Repetto, "Dimensional Fund Advisors at Thirty," 25.

7. Booth and Repetto, "Dimensional Fund Advisors at Thirty," 27.

8. Investment Company Institute retirement factbook.

9. Booth and Repetto, "Dimensional Fund Advisors at Thirty," 25.

10. Thom Hogan, "IBM Announces New Microcomputer System," *InfoWorld*, September 14, 1981.

11. Booth and Repetto, "Dimensional Fund Advisors at Thirty," 25.

12. Booth and Repetto, "Dimensional Fund Advisors at Thirty," 28.

13. Booth and Repetto, "Dimensional Fund Advisors at Thirty," 43.

14. Crain News Service, "Chicago Money Managers Betting on 'Scrap Heap' Fund," *Crain's Chicago Business*, March 1982.

第十章 智能贝塔

1. Anise Wallace, "Perils and Profits of Pension Advisers," *New York Times*, September 11, 1983.
2. David Booth and Eduardo Repetto, "Dimensional Fund Advisors at Thirty," Dimensional Fund Advisors, 2011, 31.
3. Wallace, "Perils and Profits of Pension Advisers."
4. A. F. Ehrbar, "Giant Payoffs from Midget Stocks," *Fortune*, June 30, 1980.
5. Rolf Banz, "The Relationship Between Return and Market Value of Common Stocks," *Journal of Financial Economics*, March 1981.
6. Booth and Repetto, "Dimensional Fund Advisors at Thirty," 29.
7. Fischer Black and Myron Scholes, "From Theory to a New Financial Product," *Journal of Finance*, May 1974.
8. Chris Welles, "Who Is Barr Rosenberg? And What the Hell Is He Talking About?," *Institutional Investor*, May 1978.
9. Narasimhan Jegadeesh and Sheridan Titman, "Returns to Buying Winners and Selling Losers: Implications for Stock Market Efficiency," *Journal of Finance*, March 1993.
10. Robert Huebscher, "Sharpe Ratio Inventor: 'When I Hear Smart Beta It Makes Me Sick,'" *Business Insider*, May 22, 2014.
11. Eugene Fama and Kenneth French, "The Cross-Section of Expected Stock Returns," *Journal of Finance*, June 1992.
12. Robin Wigglesworth, "Can Factor Investing Kill Off the Hedge Fund?," *Financial Times*, July 22, 2018.
13. Booth and Repetto, "Dimensional Fund Advisors at Thirty," 31.
14. Booth and Repetto, "Dimensional Fund Advisors at Thirty," 32.
15. Booth and Repetto, "Dimensional Fund Advisors at Thirty," 41.

16. Jason Zweig, "Making Billions with One Belief: The Markets Can't Be Beat," *Wall Street Journal*, October 20, 2016.

17. Booth and Repetto, "Dimensional Fund Advisors at Thirty," 56.

18. Michael Lewis, "The Evolution of an Investor," *Condé Nast Portfolio*, December 2007.

第十一章 蜘蛛的诞生

1. Robin Wigglesworth, "Passive Attack: The Story of a Wall Street Revolution," *Financial Times*, December 20, 2018."

2. Jack Bogle, *Stay the Course: The Story of Vanguard and the Index Revolution* (Hoboken, NJ: Wiley, 2018), 108.

3. Wigglesworth, "Passive Attack."

4. Bogle, *Stay the Course*, 110.

5. Jennifer Bayot, "Nathan Most Is Dead at 90; Investment Fund Innovator," *New York Times*, December 10, 2004.

6. Ralph Lehman, *The Elusive Trade: How Exchange-Traded Funds Conquered Wall Street* (Dallas: Brown Books, 2009), 50.

7. Lehman, *The Elusive Trade*, 51.

8. Lehman, *The Elusive Trade*, 51.

9. Bayot, "Nathan Most Is Dead at 90; Investment Fund Innovator."

10. Lehman, *The Elusive Trade*, 52.

11. Lehman, *The Elusive Trade*, 53.

12. Edwin Hill, "The Strangest Stock Market in the World," *Munsey's Magazine*, February 1920.

13. Eric Balchunas, "The ETF Files: How the US Government Inadvertently Launched a $3 Trillion Industry," *Bloomberg Markets*, March 7, 2016.

14. Lawrence Carrel, *ETFs for the Long Run: What They Are, How They Work, and*

Simple Strategies for Successful Long-Term Investing (New York: Wiley, 2008), 13.

15. Donald Katz, "Wall Street Rocket Scientists," *Worth*, February 1992.

16. Laurence Arnold, "Ivers Riley, Who Helped Introduce Spider ETFs, Dies at 82," Bloomberg, February 19, 2015.

17. Lehman, *The Elusive Trade*, 67.

18. Gary Gastineau, *The Exchange-Traded Funds Manual* (New York: Wiley, 2010), 33.

19. Jim Wiandt, "Nate Most, Exchange-Traded Fund Inventor, Dies at Age 90," ETF.com, December 8, 2004.

20. State Street Global Advisors, "SPY: The Idea That Spawned an Industry," January 25, 2013, www.sec.gov/Archives/edgar/data/1222333/000119312513023294/d473476dfwp.htm.

21. Carrel, *ETFs for the Long Run*, 22.

22. State Street Global Advisors, "SPY: The Idea That Spawned an Industry."

23. Balchunas, "The ETF Files."

24. Mark Rubinstein, "The SuperTrust," unpublished paper, December 20, 1990.

25. Lehman, *The Elusive Trade*, 103.

26. Divya Balji, "The $6 Trillion ETF Revolution Began 30 Years Ago in Toronto," Bloomberg, March 9, 2020.

27. Lehman, *The Elusive Trade*, 121.

28. Lehman, *The Elusive Trade*, 127.

29. Lehman, *The Elusive Trade*, 125.

30. Lehman, *The Elusive Trade*, 128.

31. Carrel, *ETFs for the Long Run*, 28.

32. Lehman, *The Elusive Trade*, 129.

33. Eric Balchunas, *The Institutional ETF Toolbox: How Institutions Can Understand*

and Utilize the Fast-Growing World of ETFs (Hoboken, NJ: Wiley, 2016), 72.

34. Lehman, *The Elusive Trade*, 129.

35. Rachel Evans, Vildana Hajric, and Tracy Alloway, "The Fate of the World's Largest ETF Is Tied to 11 Random Millennials," Bloomberg, August 9, 2019.

第十二章 开创者的背水一战

1. Anthony Bianco, *The Big Lie: Spying, Scandal, and Ethical Collapse at Hewlett Packard* (New York: PublicAffairs, 2010), 105.

2. Bianco, *The Big Lie*, 107.

3. Andrew Pollack, "Wells Fargo and Nikko Set Advisory Venture," *New York Times*, June 28, 1989.

4. Bianco, *The Big Lie*, 108

5. Peter Truell, "Barclays to Acquire a Unit of Wells Fargo and Nikko," *New York Times*, June 22, 1995.

6. Truell, "Barclays to Acquire a Unit of Wells Fargo and Nikko."

7. Joel Chernoff, "It's Dunn Deal Now at BGI," *Pensions & Investments*, July 13, 1998.

8. Bianco, *The Big Lie*, 113.

9. Chernoff, "It's Dunn Deal Now at BGI."

10. Bianco, *The Big Lie*, 99.

11. James Stewart, "The Kona Files," *New Yorker*, February 2007.

12. Bianco, *The Big Lie*, 106.

13. Barclays annual report, 1998.

14. Tom Lauricella, "How Barclays Became a Force in ETFs," *Wall Street Journal*, November 1, 2004.

15. Investment Company Institute data.

16. Barclays annual report, 2007.

17. Bianco, *The Big Lie*, 119.

18. Bianco, *The Big Lie*, 119.

第十三章　拉里·芬克的妙手

1. Suzanna Andrews, "Larry Fink's $12 Trillion Shadow," *Vanity Fair*, April 2010.

2. "Larry Fink," Crain's New York Business Hall of Fame, www.crainsnewyork.com/awards/larry-fink.

3. Larry Fink, "Built on the 'Ashes of Failure,'" UCLA commencement speech, June 10, 2016.

4. Richard Henderson and Owen Walker, "BlackRock's Black Box," *Financial Times*, February 24, 2020.

5. BlackRock Official History, shared with author.

6. David Carey and John Morris, *King of Capital: The Remarkable Rise, Fall, and Rise Again of Steve Schwarzman and Blackstone* (New York: Crown Business, 2010), 179.

7. Carey and Morris, *King of Capital*, 180.

8. BlackRock Official History.

9. BlackRock Official History.

10. Carey and Morris, *King of Capital*, 263.

11. BlackRock Official History.

12. Carey and Morris, *King of Capital*, 358.

13. Blackstone statement to author.

14. Devin Banerjee, "Schwarzman Says Selling BlackRock Was 'Heroic' Mistake," Bloomberg, September 30, 2013.

15. BlackRock Official History.

16. Blackstone statement.

17. Chrystia Freeland, "View from the Top: Larry Fink," *Financial Times*, April

24, 2007.

18. Ranjay Gulati, Jan Rivkin, and Aldo Sesia, "BlackRock: Integrating BGI," Harvard Business School, November 13, 2017.
19. Charlie Gasparino, "Merrill Taps Thain After Fink Demanded Full Tally," CNBC, November 14, 2007.
20. Andrews, "Larry Fink's $12 Trillion Shadow."
21. Henderson and Walker, "BlackRock's Black Box."

第十四章 世纪交易

1. David Ricketts and Mark Cobley, "Inside BlackRock's 'Once in a Lifetime' Deal with Barclays, 10 Years Later," *Financial News*, June 11, 2019.
2. BlackRock Official History.
3. Ricketts and Cobley, "Inside BlackRock's 'Once in a Lifetime' Deal with Barclays."
4. Elena Holodny, "The Founder of $5tn Investing Behemoth BlackRock Helped Launch Maroon 5," *Business Insider*, April 18, 2017.
5. Larry Fink, UCLA commencement speech.
6. Investment Company Institute data.

第十五章 珀迪猎枪

1. Robert Netzly, "The Inspire Story," Inspire Investing, www.inspireinvesting.com/story.
2. Netzly, "The Inspire Story."
3. Netzly, "The Inspire Story."
4. Lewis Braham, *The House That Bogle Built: How John Bogle and Vanguard Reinvented the Mutual Fund Industry* (New York: McGraw-Hill, 2011), chap. 12, ePub.

5. Ben Johnson, "Ready, Fire, Aim: The ETF Industry Blasts Its Spaghetti Cannon," Morningstar, June 17, 2016.

6. Janet Levaux, "Vanguard CEO Pleads for Slowdown on ETF Rollouts," *ThinkAdvisor*, January 25, 2016.

7. Index Industry Association, "Index Industry Association's Third Annual Survey Finds 2.96 Million Indexes Globally," Business Wire, October 25, 2019.

8. OECD, "Who Are the Owners of the World's Listed Companies and Why Should We Care?," October, 17, 2019.

9. Inigo Fraser-Jenkins, "The Man Who Created the Last Index," Bernstein, November 23, 2018.

10. Jeff Cox, "BlackRock Distances Itself from the Products That Have Freaked Out the Market," CNBC, February 6, 2018.

11. J. P. Morgan Global ETF Study, 2020, https://am.jpmorgan.com/lu/en/asset-management/adv/insights/portfolio-insights/etf-perspectives/global-etf-survey.

第十六章　新资本队长

1. Peter Santilli, "Tesla Stock Joins the S&P 500: A Game Changer," *Wall Street Journal*, December 21, 2020.

2. Patricia Hurtado, "S&P Index Manager Charged with $900,000 Insider-Trading Scheme," Bloomberg, September 22, 2020.

3. Benjamin Bennett, René Stulz, and Zexi Wang, "Does Joining the S&P 500 Index Hurt Firms?," National Bureau of Economic Research, July 2020.

4. Noel Randewich, "Tesla to Join S&P 500, Spark Epic Index Fund Trade," Reuters, November 16, 2020.

5. Gabriel Rauterberg and Andrew Verstein, "Index Theory: The Law, Promise and Failure of Financial Indices," *Yale Journal on Regulation*, 2013.

6. Nicole Bullock, "Investors Hail S&P 500 Move over Multiple Class Shares," *Fi-

nancial Times, August 1, 2017.

7. "Unilever Ditches Plan to Move to Rotterdam After Shareholder Pressure," DutchNews.nl, October 5, 2018.

8. Johannes Petry, Jan Fichtner, and Eelke Heemskerk, "Steering Capital: The Growing Private Authority of Index Providers in the Age of Passive Asset Management," *Review of International Political Economy*, December 10, 2019.

9. Steve Johnson, "MSCI Peru Ruling Threatens to Unbalance Frontier Index," *Financial Times*, April 29, 2016.

10. Andres Schipani, "Peru Stocks Remain in MSCI EM Indices," *Financial Times*, June 15, 2016.

11. Tracy Alloway, Dani Burger, and Rachel Evans, "Index Providers Rule the World—For Now, at Least," *Bloomberg Markets*, November 27, 2017.

12. Mike Bird, "How China Pressured MSCI to Add Its Market to Major Benchmark," *Wall Street Journal*, February 3, 2019.

13. Vladyslav Sushko and Grant Turner, "The Implications of Passive Investing for Securities Markets," *BIS Quarterly Review*, March 2018.

14. Shelly Banjo and Jenny Leonard, "Rubio Duels with MSCI over Investors' Money in Chinese Stocks," Bloomberg, October 21, 2019.

15. Joe Rennison, Robert Armstrong, and Robin Wigglesworth, "The New Kings of the Bond Market," *Financial Times*, January 22, 2020.

16. Tomas Williams, Nathan Converse, and Eduardo Levy-Yayati, "How ETFs Amplify the Global Financial Cycle in Emerging Markets," Institute for International Economic Policy Working Paper Series, September 2018.

17. Henry Hu and John Morley, "A Regulatory Framework for Exchange-Traded Funds," *Southern California Law Review*, March 13, 2018.

18. John Coumarianos, "How a Dividend ETF Was Bitten by the Index It Mimics," *Barron's*, January 24, 2020.

19. Jason Zweig, "The Stock Got Crushed. Then the ETFs Had to Sell," *Wall Street Journal*, January 21, 2020.

第十七章　这就是水

1. Sam Levine, "David Foster Wallace's Famous Commencement Speech Almost Didn't Happen," *Huffington Post*, May 24, 2016.
2. Miles Weiss, "Peter Thiel Had $244 Million Bet on Volatility Jump at Year-End," Bloomberg, February 16, 2018.
3. Michael Green, "Policy in a World of Pandemics, Social Media and Passive Investing," Logica Capital Advisers, March 26, 2020.
4. Brian Scheid, "Top 5 Tech Stocks' S&P 500 Dominance Raises Fears of Bursting Bubble," S&P Global Market Intelligence, July 27, 2020.
5. Hao Jiang, Dimitri Vayanos, and Lu Zheng, "Tracking Biased Weights: Asset Pricing Implications of Value-Weighted Indexing," CEPR Discussion Paper, December 23, 2020.
6. Marco Pagano, Antonio Sanchez Serrano, and Josef Zechner, "Can ETFs Contribute to Systemic Risk?," European Systemic Risk Board, June 2019.
7. Itzhak Ben-David, Francesco Franzoni, and Rabih Moussawi, "Do ETFs Increase Volatility?," *Journal of Finance*, September 22, 2018.
8. Kenechukwu Anadu, Mathias Kruttli, Patrick McCabe, Emilio Osambela, and Chae Hee Shin, "The Shift from Active to Passive Investing: Potential Risks to Financial Stability?," Federal Reserve Bank of Boston, 2018.
9. Matthew Goldstein and Alexandra Stevenson, "Carl Icahn Calls BlackRock a 'Very Dangerous Company,'" *New York Times*, July 15, 2015.
10. Joe Rennison, "How the Fed Helped Bond ETFs Meet Their Biggest Challenge," *Financial Times*, March 26, 2020.
11. Robin Wigglesworth, "All That Drama About Fixed-Income ETFs Was Over-

played," *Financial Times*, April 22, 2020.

12. Rohan Arora, Sebastien Betermier, Guillaume Ouellet Leblanc, Adriano Palumbo, and Ryan Shotlander, "Concentration in the Market of Authorized Participants of US Fixed-Income Exchange-Traded Funds," Bank of Canada, November 2020.

13. Anadu, Kruttli, McCabe, Osambela, and Shin, "The Shift from Active to Passive Investing."

14. Robin Wigglesworth, Owen Walker, and Josephine Cumbo, "UK Universities Pension Fund Closes Stockpicking Team," *Financial Times*, February 13, 2020.

15. Wigglesworth, Walker, and Cumbo, "UK Universities Pension Fund Closes Stockpicking Team."

16. William Sharpe, "The Arithmetic of Active Management," *Financial Analysts Journal*, 1991.

17. Lasse Heje Pedersen, "Sharpening the Arithmetic of Active Management," *Financial Analysts Journal*, 2018.

18. Berlinda Liu and Phillip Brzenk, "Does Past Performance Matter? The Persistence Scorecard," S&P Dow Jones Indices, December 2019.

19. Robin Wigglesworth, "Active Fund Managers Pray for Turnround as Exodus Continues," *Financial Times*, January 3, 2020.

20. Myles Udland, "Jack Bogle Envisions 'Chaos, Catastrophe' in Markets If Everyone Were to Index," Yahoo Finance, May 6, 2017.

21. Luke Kawa, "Bernstein: Passive Investing Is Worse for Society Than Marxism," Bloomberg, August 23, 2016.

22. Sanford Grossman and Joseph Stiglitz, "On the Impossibility of Informationally Efficient Markets," *American Economic Review*, June 1980.

23. Ben Johnson, "The Cost Matters Hypothesis," Morningstar, February 10, 2016.

24. Michael Mauboussin, Dan Callahan, and Darius Majd, "Looking for Easy

Games. How Passive Investing Shapes Active Management," Credit Suisse, January 4, 2017.

25. Robin Wigglesworth, "Why the Index Fund 'Bubble' Should Be Applauded," *Financial Times*, September 23, 2019.

26. Mary Childs, "Gary Shteyngart's View from Hedge Fund Land," *Barron's*, September 7, 2018.

第十八章 新的企业霸主

1. Mike Murphy, "David Hogg Calls for Investors to Boycott BlackRock, Vanguard over Gun Holdings," MarketWatch, April 18, 2018.
2. BlackRock, "BlackRock's Approach to Companies That Manufacture and Distribute Civilian Firearms," press release, March 2, 2018.
3. Jack Bogle, "Bogle Sounds a Warning on Index Funds," *Wall Street Journal*, November 29, 2018.
4. Simone Foxman, "Paul Singer Says Passive Investing Is 'Devouring Capitalism,'" Bloomberg, August 3, 2017.
5. Bill McNabb, "Getting to Know You: The Case for Significant Shareholder Engagement," speech at Lazard's 2015 Director Event.
6. Larry Fink, "A Sense of Purpose," annual letter to CEOs, 2018.
7. Ian Appel, Todd Gormley, and Donald Keim, "Passive Investors, Not Passive Owners," *Journal of Financial Economics*, 2016.
8. Paul Singer, "Comfortably Numb," Elliott Management letter to investors, 2017.
9. Elizabeth Harball, "'There Is No Silver Lining': Why Alaska Fires Are a Glimpse of Our Climate Future," *Guardian*, August 23, 2019.
10. Larry Fink, "A Fundamental Reshaping of Finance," BlackRock 2020 letter to CEOs.
11. Billy Nauman and Leo Lewis, "Moral Money Special Edition: Hiro Mizuno,

Japan's $1.6tn Man," *Financial Times*, December 12, 2019.

12. David McLaughlin and Annie Massa, "The Hidden Dangers of the Great Index Fund Takeover," *Bloomberg BusinessWeek*, January 9, 2020.

13. Andrew Ross Sorkin, "World's Biggest Investor Tells CEOs Purpose Is the 'Animating Force' for Profits," *New York Times*, January 17, 2019.

14. Shareholder Equity Alliance, Letter to Lawrence Fink, press release, April 15, 2020.

15. Gillian Tett, Billy Nauman, Patrick Temple-West, Leslie Hook, Mehreen Khan, Anna Gross, Tamami Shimizuishi, and Andrew Edgecliffe-Johnson, "Al Gore Blasts BlackRock," *Financial Times*, December 11, 2019.

16. Robert Armstrong, "Warren Buffett on Why Companies Cannot Be Moral Arbiters," *Financial Times*, December 29, 2019.

17. José Azar, Martin Schmalz, and Isabel Tecu, "Anti-competitive Effects of Common Ownership," *Journal of Finance*, May 2018.

18. Frank Partnoy, "Are Index Funds Evil?," *Atlantic*, September 2017.

19. Brooke Fox and Robin Wigglesworth, "Common Ownership of Shares Faces Regulatory Scrutiny," *Financial Times*, January 22, 2019.

20. McLaughlin and Massa, "The Hidden Dangers of the Great Index Fund Takeover."

21. Marc Israel, "Renewed Focus on Common Ownership," White & Case LLP, May 18, 2018.

22. Einer Elhauge, "How Horizontal Shareholding Harms Our Economy—And Why Antitrust Law Can Fix It," *Harvard Business Law Review*, 2020.

23. John Coates, "The Future of Corporate Governance Part 1: The Problem of Twelve," Harvard Public Law Working Paper, October 2018.

24. Lucian Bebchuk and Scott Hirst, "The Specter of the Giant Three," National Bureau of Economic Research, June 2019.

25. Bebchuk and Hirst, "The Specter of the Giant Three."

26. Robin Wigglesworth, "Passive Attack: The Story of a Wall Street Revolution," *Financial Times*, December 20, 2018.

后记

1. Jan Sytze Mosselaar, *A Concise Financial History of Europe* (Rotterdam: Robeco, 2018).